한국
근대사
산책

7권

한국 근대사 산책 7

ⓒ 강준만, 2008

초판 1쇄 찍음 2008년 8월 18일 • 초판 7쇄 펴냄 2020년 1월 9일 • 지은이 강준만 • 펴낸이 강준우 • 편집 박상문, 김소현, 박효주, 김환표 • 디자인 최진영, 홍성권 • 마케팅 이태준 • 관리 최수향 • 펴낸곳 인물과사상사 • 출판등록 제 17-204호 1998년 3월 11일 • 서울시 마포구 양화로 7길 4(서교동) 삼양E&R빌딩 2층 • 전화 02-325-6364 • 팩스 02-474-1413 • www. inmul.co.kr • insa@inmul.co.kr • ISBN 978-89-5906-089-4 04900 [978-89-5906-070-2(세트)] • 값 14,000원 • 이 저작물의 내용을 쓰고자 할 때는 저작자와 인물과사상사의 허락을 받아야 합니다. 파손된 책은 바꾸어 드립니다.

한국 근대사 산책

7권

간토대학살에서 광주학생운동까지

강준만 지음

인물과
사상사

제 **1** 장

간토대학살과 의열투쟁

01

간토대지진과
조선인 집단학살

6000여 명의 조선인 대학살

조선에선 먹고살 길이 없어 일본으로 건너간 조선인 노동자들은 열악한 노동 조건은 말할 것도 없거니와 늘 죽음의 공포와도 싸워야 했다. 노동 착취에 대해 이의를 제기하다간 쥐도 새도 모르게 살해당할 수 있었기 때문이다.

1922년 7월 일본 니가타현 모부가와(信濃川) 수력발전소 건설현장에서 재일 조선인 노동자 100여 명이 집단학살당하는 사건이 일어났다. 이를 『동아일보』 1922년 8월 2일자는 이렇게 보도했다.

"일본 신농천 강물에 조선인 노동자의 송장이 여러 번 떠내려와 이를 조사한 결과, 실로 천하에 놀라운 사실을 발견하였던지라. 신농천(信濃川, 모부가와) 발전소 건설 공사장에서 노동하는 조선인 600명은 당초에 조선에서 일본 사람이 모집하여 갈 때는 하루에 8시간 노동하

1923년 간토대지진 당시. 도쿄의 한 건물이 불타고 있다. 이 사건으로 일본에서는 10만~14만 2000명 이상이 사망했고 3만 7000명이 실종됐다.

고 80원 받기로 약속을 하였다. 그러나 가서 본즉 매일 새벽 4시부터 저녁 9시까지 하루 17시간 동안을 소와 말보다 심하게 때리고 차며 강제로 노동을 시켰다. 이런 고역을 견디지 못하고 도망하여 나오는 자가 있으면 공사업자는 즉시 육혈포로 쏘아 죽이고 다른 조선 사람의 본보기로 보인다며 신농천의 강물에 던져버렸다. 지난 26일 저녁에도 1500척이나 되는 절벽에서 한 명의 조선 사람이 던져지는 것을 그 지역 경관이 목격하고도 그대로 바라보기만 했다. 이와 같이 학살당한 조선 사람의 숫자가 몇 명이나 되는지는 확실하지 않으나 질병에 걸렸다고 살해당한 자까지 합치면 그 숫자는 100명을 넘을 것이다."[1]

1922년 9월 도쿄 YMCA에서는 조선인 600여 명이 모여 일부 양심적인 일본 지식인들과 함께 대규모 규탄대회를 열기도 했지만, 이후에도 집단학살은 자주 벌어졌다. 최악의 집단학살은 1923년 9월 간토 (關東)대지진 때 일어났다.

1923년 9월 1일 오전 11시 58분, 일본 도쿄와 요코하마 일대에 진도 7.9의 격진이 밀어닥쳐 14만여 명의 인명이 희생되고 가옥 57만 채가 전파(全破)·소실됐다. 대지진이 발생하자 '조선인이 우물에 독을 풀었다' '조선인들이 폭동을 일으켜 도둑질을 하고 불을 지른다'는 등의 유언비어가 급속히 퍼져나갔다. 이에 현혹된 일본인들은 도시 빈민들로 구성된 자경단을 중심으로 '조선인 사냥'에 나섰는데, 당시 도쿄 일대에 살던 조선인 3만 명 가운데 6000여 명이 단지 조선인이라는 이유만으로 9월 1일부터 6일 사이에 무차별 학살됐다. 하지만 조선인 학살이 자경단에 의해서만 이루어진 것은 아니었다.[2]

일본 정부가 퍼트린 유언비어

2003년 8월 25일 일본 변호사연합회는 간토대지진 당시 일본 정부 자료와 형사재판 기록 등을 토대로 조선인 학살을 유발한 유언비어가 일본 정부에 의해 조직적으로 유포됐다는 조사 보고서를 발표했다. 연합회는 조선인 학살은 일본 정부가 유발한 책임이 있다면서, 고이즈미 총리에게 사죄와 진상규명을 권고했다. 간토대지진 80년 만에 일본의 공공 단체가 처음으로 일본 정부의 책임을 인정한 것이다.[3]

일본 변호사연합회 조사보고서에 따르면, 조선인 학살을 유발한 유언비어는 당시 경찰이나 군 기록에도 허무맹랑한 유언비어에 불과하다는 것이 일관되게 기술돼 있다. 지진 발생 다음 날 취임한 일본 총리 야마모토 곤베에(山本權兵衛)는 다음과 같은 글을 남겼다.

"9월 2일 오후 3시 자경단원이 '폭탄과 독약을 소지하고 있다' 며 경찰서로 끌고 온 조선인이 갖고 있던 것은 설탕이었다."[4]

유언비어의 진원지는 일본 정부였다. 지진이 난 후 내무성 경보국 (警保局)이 방화와 폭동 등의 소문을 '조선인 폭동' '내습' 등의 표현을 써가며 사실인 것처럼 전국에 통보한 것이 조선인 학살의 '큰 원인' 이 됐다. 또 지바현 후나바시(船橋) 해군송신소에서 내무성 경보국장 명의로 전국의 부(府)·현(縣)지사에게 보낸 전문에는 "도쿄 부근의 진재(震災)를 이용해서 조선인들이 각지에서 방화하고, 현재 도쿄 시내에서는 조선인들이 폭탄을 소지하고 석유로 방화하려 하고 있으니, 각지에서는 충분히 주도면밀한 시찰과 조선인의 행동에 대한 엄밀한 단속을 실시하라"고 적혀 있었다.

내무성은 사이타마현 등 도쿄 인근의 현에 대해선 "재향군인회원, 소방수, 청년단원 등과 협력해서 조선인들을 경계하고, 일단 유사시에는 신속히 적당한 방법을 강구할 것" 등을 지시했다. 내무성의 이런 지시는 사실상 조선인 학살을 허가하는 내용이었다. 이 같은 정부 주도의 선전은 일본인들을 흥분시켰으며, 학살 방법은 잔인함의 극치였다. 일본인들은 죽창이나 몽둥이, 총칼 등으로 닥치는 대로 조선 사람을 죽여 강물에 던지거나 불에 태웠다.[5]

살해 이유는 오직 조선인이라는 것만으로 충분했다. 일본인 자경단은 지나가는 사람을 붙잡고 일본인인가 조선인인가를 구별하기 위해 '15엔 55전' 이나 '10엔 50전' 을 일본어로 발음하게 했다고 한다. 조선어에는 머리글자에 탁음이 없기 때문에 이 발음만으로도 조선인을 가려낼 수 있었다는 것이다.[6]

10엔 50전을 '쥬엔고쥬세엔' 이 아니라 '추엔코쥬세엔' 이라고 발음

살해되어 철길 위에 버려진 조선인들. 2003년 일본 변호사연합회는 조선인 학살을 유발한 유언비어가 일본 정부에 의해 조직적으로 유포됐다고 발표했다.

하는 사람은 조선인으로 간주되었다. 발음에 문제가 있으면 일본인이라도 조선인으로 몰려 살해되기도 했다.[7] 그 밖에도 "기미가요를 불러라" "도도이쯔(일본속요)를 읊어보라"는 등의 구별법이 동원되었다. 또 "이놈은 넓적한 얼굴이다" "홑눈꺼풀이다" "납작한 뒤통수이다" "장발이다" 등 외견상의 차이를 식별의 근거로 삼아 거리에서 조선인을 골라 죽이는 일이 벌어졌다.[8]

'이 원수를 갚을 자 누구인가'

일본 호세이대학 명예교수 마쓰오 쇼이치(松尾章一)도 2003년 9월에 출간한 『간토대지진과 계엄령』에서 대학살은 일반인이 조직한 자경단이 저지른 것으로 치부돼왔지만 실은 계엄령 아래 치안을 장악한 군대와 경찰이 직접 개입했다며 그 증거를 밝혔다. 그는 학살이 공공연히 자행될 수 있었던 것은 메이지유신 이래 일본 정부가 다른 아시아 민족에 대한 차별과 멸시 사상을 국민에게 주입한 결과라고 했다.[9]

집을 믹고 경찰서를 찾아 보호를 요청한 사람은 경찰서에서, 군에 연행된 조선인은 수용시설에서 '폭동 방지'라는 명목 아래 무참히 살해됐다. 이를 은폐하기 위해 시신은 대부분 하천에 버려지거나 암매장됐다. 요코하마 등지에서 노동을 하던 700여 명의 중국인도 희생됐다. 마쓰오는 군부의 학살 가담에 대해 "일본 사회 내의 조선독립운동 세력, 사회주의자, 공산주의자 등 혁명세력을 일거에 진압해 국가총동원 체제를 확립하기 위한 토양을 조성하려 한 것"이라고 분석했다.[10]

당시 상하이(上海) 임시정부에서 비밀리에 파견된 특파조사원은 제1차 조사보고서를 보내면서 다음과 같이 통곡하였다.

"나는 피가 끓고 …… 뛰며 가슴이 두근거리고 눈물이 앞을 가리어 과연 붓을 들고 이것을 쓰기에 차마 못함이 있나이다. 이것을 보는 우리 사람이 뉘가 그렇지 않으리까만은 몸소 뫼 같은 송장을 봄에 가슴이 쓰리며 …… 몸이 떨리나이다. 아아 천지가 다함이 있은들 우리의 쌓인 원한이야 가실 날이 있으릿까. 슬프다, 이 원수를 갚을 자 누구인가."[11]

『동아일보』와 『조선일보』는 한국인 학살에 대한 외신이 들어오자 이를 보도하려고 기사를 썼으나, 일제의 사전검열로 한 줄도 보도할 수 없었다. 두 신문이 1923년 9월 1일부터 11월 11일 사이에 일제 당국에서 차압 처분당한 기사 건수만 해도 18회였다. 일본에서 발행되는 신문으로 같은 기간에 한국에 들어온 것을 처분한 것이 403건, 한국 내의 각종 보도문건을 처분한 것이 602건이었다. 그럼에도 한국인 학살이 사람들의 입을 통해 퍼져나가자 일제는 1923년 9월 7일 '유언비어 취체령'을 발표해 단속에 들어갔고, 그 결과 체포 투옥한 것이 111건에 122명, 불온 언동자로 훈계 방면한 것이 1156건에 1317명이었다.[12]

한국조차 외면하는 간토대학살

간토대학살 뒤에도 무고한 조선인의 떼죽음은 꼬리에 꼬리를 물고 일어났다. 그러나 이렇게 생명이 위협받는 상황에서도 조선인의 일본 이주는 해마다 꾸준한 증가세를 보였다. 당시 일본 경찰의 자료에 따르면 1919년 3만 6000명이던 재일 조선인은 1929년 38만 8000명, 1939년에는 103만 명으로 늘었다. 1925년 11월 일본 정부가 '무허가 노동자 모집에 따른 자' '취직처가 불확실한 자' '가진 돈이 10원 미만인 자'가 현해탄을 건너오는 것을 단속했음에도 밀항 브로커가 생겨날 정도로 도일하는 조선인은 끊이질 않았다. 모국 조선에서는 먹고살 것이 너무나 부족했기 때문에 그나마 일자리가 있는 일본 제국주의 본토로 몰려든 것이다.

　1925년 일본 내무성 경보국 보안과의 정보자료는 재일 조선인의 대다수를 차지하는 노동자의 삶에 대하여 "불결한 지역에 모여 사는 것이 보통인데 방 하나에 6명~7명이 잡거하고 있다"며 "비, 이슬을 겨우 피할 정도의 판잣집에서 악의악식(惡衣惡食)을 견디어야 하는 비참한 지경"이라고 기록하고 있다. 또한 조선인 노동자는 건강하다는 미명 아래 광산에서는 가장 힘들고 위험한 채탄작업에 집중적으로 배치되고 있었다.

조선인에 대한 멸시와 차별은 학교에서도 마찬가지였다. 그해 10월 소준(小樽)고등상업학교에서는 조선인이 폭동을 일으킨 것을 가정하고 학생들에게 이를 진압하는 군사교육을 실시하였다. 그러자 조선인 학생과 그 지역의 조선인 인사늘이 항의했는데, 오히려 제쏘낭하는 수모를 겪어야 했다.

일제의 의무교육 제도도 일본 지역의 조선인에게는 적용되지 않았다. 재일 조선인들은 신간회 도쿄지회, 일월회, 재일본 조선노동총동맹 등의 각종 단체를 만들어 조직적으로 반일 투쟁에 나섰다. 매년 4대 투쟁이라고 하여 '3·1운동 기념일' '5월 1일 노동절' '간토대학살 추도일' '국치일' 등에 조선인의 단결과 독립을 주장했다.[13]

현재 간토대지진이 발생한 9월 1일은 일본에서 '방재(防災)의 날'로 지정돼 있으며 매년 언론은 다양한 특집기사를 내보내고 있지만, 6000명 이상의 조선인이 억울하게 학살된 사실은 거의 다루지 않고 있다. 간토대지진을 '10만 명 이상의 사망자와 행방불명자를 내고 45만 채의 주택이 불에 탄 재해'로만 기억할 뿐, 조선인과 중국인의 무고한 죽음에 대해서는 애써 외면하고 있는 것이다. '관동대지진 조선인학살 진상규명위원회' 위원장 김종영은 "히틀러가 600만 명의 유대인을 학살한 아우슈비츠에는 기념관이 들어섰고 피살자 수가 조선인의 10퍼센트 정도인 중국 당국도 진상규명에 열의를 보이고 있다"며 "한국에 그 흔한 기념관이나 추모시설이 한 곳도 없다는 것은 부끄러운 일"이라고 말했다.[14]

02

'조선혁명선언' 과
의열투쟁

김익상의 '조선총독부 투탄 사건'

임시정부와 공산주의자들이 갈등과 분열로 몸살을 앓고 있을 때 의열단은 묵묵히 의열 투쟁에 임하고 있었다. 의열단을 이끈 김원봉(1898~1958)은 "우리가 광복운동을 시작한 이래 임시정부를 조직하고, 군대를 조직하고, 혹은 공산당과 제휴하고 혹은 국민회의를 개최하는 등 여러 가지를 강구해보았으나 얻은 바가 무엇이냐? 조선총독을 죽이기를 5명~6명에 이르면 후계자가 되려는 자가 없을 것이고 동경에 폭탄을 터트려 매년 2회 이상 놀라게 하면 그들 스스로 한국을 포기하게 될 것이다"고 역설했다.[15]

'부산경찰서 폭파의거' 가 일어난 지 1년만인 1921년 9월 12일 오전 10시 10분경 서울 남산 왜성대(倭城臺, 현재 서울 중구 예장동 일대)의 조선총독부 청사 2층에서 굉음과 함께 폭탄이 터졌다. 일제는 범인을 잡기 위해 헌병과 경찰을 총동원하였으나 범인은 잡히지 않았다.

사건이 있은 지 6개월이 지난 1922년 3월 28일 오후 3시 30분 육중한 몸체의 배 한 척이 상하이 부두에 입항하였다. 이 배엔 필리핀을 방문하고 상하이에 들르기로 한 일본 육군대장 다나카 기이치(田中義一, 1864~1929, 훗날 수상 역임)가 타고 있었다. 배에서 내린 다나카가 마중 나온 인사들의 환영을 받는 바로 그때, 군중 속에서 중국인 옷을 입은 한 청년이 다나카를 향해 권총을 발사하였다. 세 발의 총성이 울리자 총을 든 청년은 그곳에서 '대한독립만세'를 크게 외쳤다.

그러나 총탄은 다나카에게 맞지 않고, 다나카 앞을 급히 지나던 젊은 서양 여자의 가슴에 박혔다. 이번엔 양복을 입은 또 다른 한 청년이 달아나는 다나카를 향해 권총을 쏘고 이어서 폭탄을 던졌지만, 모두 다 실패로 돌아가고 말았다. 현장에서 체포된 두 청년은 오성륜(1900~1947)과 김익상(1895~1925)이었다. 심문 과정에서 6개월 전에 일어난 '조선총독부 투탄 사건'은 의열단원 김익상의 소행임이 비로소 밝혀졌다.[16]

오성륜의 총에 맞아 죽은 서양 여자와 관련, 박노자는 "외적의 괴수 곁에 우연히 섰다가 민족 투사의 의탄(義彈)에 맞아 무고하게 쓰러지는 '의도되지 않은 희생'의 문제는 한국 독립운동에 어두운 그늘을 계속 드리웠다"며 다음과 같이 말했다.

"예를 들면 아나키즘 경향의 '직접행동' 단체인 의열단이 1922년 3월 28일 상하이 부둣가에서 일제의 해외 침략정책의 입안자였던 다나카 기이치 남작에게 총탄과 폭탄 세례를 준비했는데, 여의치 않게 다나카에게 피해를 주지 않은 채 총소리에 놀라 다나카를 껴안은 브라질 출신의 미국 여성 스니더 부인을 오살하고 몇 명의 미국인, 영국

일제가 만든 김익상 신상기록카드 사진. 그는 조선총독부를 폭파시키고 오성 륜과 함께 일본 육군대장을 폭살시키려고 했다.

인, 중국인에게 부상을 입히고 말았다. 남편과 함께 세계 일주를 하다 가 아무 죄도 없이 고통스럽게 죽어간 스니더 부인의 참사는 상하이 의 외국 조계를 경악하게 해 한국 독립운동 전체에 대한 탄압 강화로 이어졌다."[17]

김상옥의 '종로경찰서 투탄 사건'

다나카 살해 미수 사건이 일어난 지 약 10개월 후인 1923년 1월 12일 저녁 8시. 서울 시내 한복판인 종로 네거리에 있던 종로경찰서(현 제일 은행 본점 자리)에 폭탄이 날아들어 일경(日警)과 신문기자 등 수십 명

일제의 조선인 탄압의 대표적 기관이었던 종로경찰서에 폭탄을 던진 김상옥. 사건 발생 10일 후 그는 일본 경찰 1000여 명과 대치하다 자결했다.

의 사상자가 발생하는 사건이 일어났다. 당시 종로경찰서는 조선인 탄압의 대표적 기관으로 이곳에 폭탄을 던진다는 것은 엄두도 낼 수 없는 일이었기에 세상의 놀라움은 그만큼 컸다.

사건 직후 일경은 총동원령을 내려 범인 검거에 나섰고 실패를 거듭한 끝에 사건 발생 10일 만에 겨우 단서를 잡을 수 있었다. 범인은 당시 33세의 의열단원 김상옥(1890~1923)이었다. 1월 22일 김상옥은 서울 효제동에서 단신으로 일본 경찰 1000여 명과 대치하며 시가전을 벌였다. 이 과정에서 일경 측은 간부 등 수 명이 목숨을 잃었고 김상옥은 자결로 최후를 장식하였다.[18]

당시 경신중학생이던 구본웅(1906~1953)은 등굣길에 목격한 이 장면을 잊지 못해 서양화가가 된 7년 후인 1930년 당시 상황을 그림으로 그리고 짤막한 시를 덧붙였다.

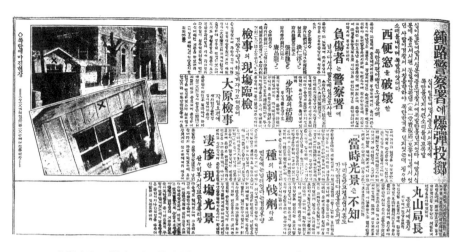

김상옥의 종로경찰서 폭탄 투척 사건을 보도한 1923년 1월 14일자 『동아일보』.

"아침 7시, 찬바람. 눈 쌓인 벌판. / 새로 지은 외딴 집 세 채를 에워싸고 / 두 겹 세 겹 늘어선 왜적의 경관들. / 우리의 의열 김상옥 의사를 노리네. / 슬프다. 우리의 김 의사는 / 양손에 육혈포를 꽉 잡은 채, 그만─. / 아침 7시. 제비 길을 떠났더이다. / 새봄 되오니 제비시여 넋이라도 오소."[19]

일제는 당시 보도를 금지했지만 『동아일보』는 호외나 1월 12일, 14일, 17일, 18일, 22일자 기사에서 김상옥의 활동상을 연이어 보도했고 3월 15일 보도금지가 해제되자마자 '계해 벽두의 대사건 진상'이란 호외를 발행해 이 사건을 널리 알렸다. 이 호외는 일본 경찰과 맞서다 자결한 김상옥의 마지막 장면을 이렇게 전했다.

"숨이 진 후에도 육혈포에 건 손가락을 쥐고 펴지 아니하고 숨이 넘어가면서도 손가락으로 쏘는 시늉을 했다……."[20]

신채호의 '조선혁명선언'

의열 활동이 모든 이들로부터 환영을 받은 건 아니었다. 특히 다나카를 암살하려다 한 서양 여자를 죽게 만든 사건은 의열단에 대한 상하이 여론을 악화시켰으며, 임시정부의 일부 인사들조차 의열단의 활동을 '공포 수단'에 의지한 '과격주의'의 소치라고 비판하게 만드는 결과를 초래했다. 이에 의열단은 자기 노선의 정당성을 천명할 신인문의 필요성을 느끼게 되었다.[21]

1922년 말, 김원봉은 베이징으로 신채호(1880~1936)를 방문하여 의열단의 행동강령 및 투쟁목표를 글로 써달라고 요청했다. 그는 행동만 있고 선전이 뒤따르지 않으면 일반 민중이 겉으로 나타난 폭력만을 보고 그 폭력 속에 들어 있는 정신을 이해하지 못할 것이라 생각해 신채호를 만난 것이다. 신채호가 이 요청에 응해 김원봉과 함께 상하이를 방문하고 유자명(1891~1985)의 도움을 받아 1923년 1월에 내놓은 것이 그 유명한 '조선혁명선언'이다.[22]

'조선혁명선언'은 무정부주의 사상가 바쿠닌(Mikhail Aleksandrovich Bakunin, 1814~1876)의 '총파괴' 노선에 폭력행동을 주장하는 상디칼리즘이 가미된 이른바 아나코 상디칼리즘(Anarcho syndicalism)에 입각하여 기초된 것으로 알려져 있다.[23] 아나키즘의 테러리즘에 영향을 받았으며, 특히 크로폿킨(Pyotr Alekseevich Kropotkin, 1842~1921)의 이론을 기반으로 민족주의 사상과 접목한 글이라는 평가도 있다.[24] '조선혁명선언'은 우선 '내부의 적'에 대해 경고했다.

"내정독립이나 참정권이나 자치를 운동하는 자 누구이냐? 너희들은 '동양평화' '한국독립보전' 등을 담보한 맹약이 묵(墨)도 마르지 아니하야 삼천리 강토를 집어먹던 역사를 잊었느냐? …… 일본 강도

의열단의 폭력투쟁 정신을 담고 있는 조선혁명선언문. 김원봉의 요청을 받고 신채호가 유자명의 도움을 받아 작성했다. 사진은 조선혁명선언 초판 원문의 일부.

정치하에서 문화운동을 부르는 자 누구이냐? 문화도 산업과 문물의 발달한 총적(總積)을 가리키는 명사니 경제약탈의 제도하에서 생존권이 박탈된 민족은 그 종족의 보전도 의문이거든 하물며 문화발전의 가능이 있으랴? …… 이상의 이유에 거하야 우리는 우리의 생존의 적인 강도 일본과 타협하려는 자, 내정독립, 자치, 참정권론자나 강도정치하에서 기생하려는 주의를 가진 자(문화운동자)나 다 우리의 적임을 선언하노라.”

그러면 대안은 무엇인가?

“민중은 우리 혁명의 대본영이다. 폭력은 우리 혁명의 유일한 무기다. 우리는 민중 속에 가서 민중과 손잡고 끊임없는 폭력 암살 파괴 폭동으로써 강도(強盜) 일본의 통치를 타도하고, 우리 생활에 불합리한 일체 제도를 개조하여 인류로서 인류를 압박치 못하며, 사회로서 사회를 약탈하지 못하는 이상적 조선을 건설할지니라. …… 고유적 조선의, 자유적 조선 민중의, 민중적 경제의, 민중적 사회의, 민중적 문화의 조선을 건설하기 위하여…… 우리 2000만 민중은 일치하여 폭력 파괴의 길로 매진해야 하리라."[25]

의열단원들은 '조선혁명선언'에 감격했다. 이는 즉시 팸플릿 형태로 인쇄되어 국민대표회의에 참석한 각 단체 대표에게 배포되었다. 효과는 즉각 나타나 국내에서 온 일부 대표는 귀국을 포기하고 단원으로 가입하기까지 하였다.[26]

신채호의 아나키즘

이광표는 "한국독립운동사에 찬연히 빛나는 불후의 명문(名文) '조선혁명선언'은 민족주의자에서 아나키스트로, 단재의 일대 사상적 전환을 상징적으로 보여주는 의미심장한 글이다. 조국 독립과 민중혁명을 위해 일생을 바친 단재 신채호. 그 처절하고도 치열했던 혁명정신을 가장 잘 보여주는 것은 다름 아닌 아나키즘 사상이다"며 다음과 같이 말했다.

"1925년 46세 이후 그는 완전한 아나키스트로 변신했다. 독립군 10만을 양성하는 것보다 한발의 폭탄을 던지는 것이 더 낫고 1억 장의 신문 잡지보다 한 번의 무력 폭동이 더 낫다는 신념의 발로였다. 단재는 왜 아나키스트가 된 것일까. 1910년 중국으로 망명한 그에게 안창호의 준비론이나 이승만의 외교론은 독립을 쟁취하기에는 너무나도 유약했다. 3·1운동 이후 일제의 회유적인 문화정치에 타협하는 민족운동도 마찬가지였다. 그리고 민중의 피를 빨아먹는 조선의 특권계급에 민족의 독립을 맡긴다는 것도 불가능한 일이었다. 즉 단재에게 있어 일체의 권력, 일체의 기득권을 딛고 민족을 해방하는 유일한 길은 폭력 민중혁명뿐이었다. 단재의 아나키즘은 조선 독립이라는 제한된 민족주의의 틀을 넘어서고 있기에 더욱 찬란하다. 한 나라 약소민족의 독립이라는 좁은 의미의 민족주의를 넘어 전 세계적 반(反)제국주의 투쟁을 지향했던 단재 신채호. 그는 단순한 무정부주의자 테러리스트가 아니다. 아나키즘의 원래 이념처럼 진정한 자유주의자 공동체주의자였던 것이다."[27]

한국의 무정부주의 세력은 1920년대 초반 베이징(北京)을 중심으로 형성되었다. 이들은 베이징과 상하이를 중심으로 활동하면서 1924년 4월 재중국무정부주의자연맹, 1928년 3월 재중국무정부공산주의자연맹, 1931년 9월 남화한인청년연맹이란 단체를 조직하였으며, 선전활동을 위해 『정의공보』 『탈환』 『자유』 『남화통신』 『혁명』 등을 발간하였다.[28]

의열단원의 조직관과 생활

의열단은 단원으로 입단하려 오는 자를 막지 않고 가는 자, 즉 탈단하는 자를 붙잡지 않았다. 조직 자체는 별달리 중요시하지 않았다. 이와 관련, 염인호는 다음과 같이 말했다.

"조직에 대한 이러한 생각으로 보아 의열단은 당시 북경 일대에서 풍미하고 있던 아나키즘 사상의 영향을 많이 받았던 것 같다. 아나키즘에서는 모든 권력기구를 부정하고 있는데 약산 김원봉과 의열단이 정통 아나키즘을 신봉하였다고 볼 수는 없지만 적어도 임정이나 국민회의 주도자들을 자리나 탐내는 사람 정도로 바라보았던 사람들과 생각을 같이하였던 것으로 보인다."[29]

그러니 탈단을 완전히 자유롭게 내버려둔 것 같지는 않다. 의열단원이었던 김학철(1916~2001)은 의열단 신참 훈련 시 의열투쟁의 현장에 데리고 가 지켜보게 했다며, 그 이유에 대해 다음과 같이 말했다.

"그렇게 하면 '임상 경험'도 쌓으려니와 영원히 배심(背心)을 먹지 못하게 된다는 것이다. 살인자사(殺人者死)라 적측(敵側)으로 돌아누워 봤자 기다리고 있는 것은 사형밖에 없을 테니까."[30]

김산(1905~1938)은 의열단원의 생활에 대해 기록을 남겼다. 그는 "의열단원들은 마치 특별한 신도처럼 생활하였고, 수영, 테니스, 그밖의 운동을 통해 항상 최상의 컨디션을 유지하도록 하였다"며 다음과 같이 말했다.

"매일같이 저격 연습도 하였다. 이 젊은이들은 독서도 하였고, 쾌활함을 유지하고 자기들의 특별한 임무에 안맞은 심리상태를 유지하기 위해 오락도 하였다. 그들의 생활은 명랑함과 심각함이 기묘하게 혼합됐다. 언제나 죽음을 눈앞에 두고 있었으므로 생명이 지속되는 한 마음껏 생활하였던 것이다. 그들은 기막히게 멋진 친구들이었다. 의열단원들은 스포티한 멋진 양복을 입었고, 머리를 잘 손질하였으며, 어떤 경우에도 결벽할 정도로 말쑥하게 차려입었다. 그들은 사진 찍기를 아주 좋아했는데 언제나 이번이 죽기 전에 마지막으로 찍는 것이라 생각했다."[31]

03

박열 · 김지섭과
의열단의 변화

박열의 일왕 부자 폭살 계획

신채호의 '조선혁명선언'이 나온 그해에 일본에 있던 박열(1902~
1974)은 일본 제국주의의 상징인 일왕을 처단하여 조선의 자주독립으
로 만민평등의 사회를 만들겠다는 생각을 품고 있었다. 그는 1923년
9월 일본 왕세자 결혼식 날에 일왕 부자를 한꺼번에 폭살하려고 폭탄
입수를 계획했다. 이 계획을 추진하기 위해 의열단원 김한을 통해 상
하이 의열단 측으로부터 폭탄을 입수하려 했으나 뜻을 이루지 못했
다. 다시 자신의 추종자이며 같은 '불령사(不逞社)' 회원인 김중한에게
부탁했다. 그러나 김중한의 일본인 처가 경찰에 밀고하여 간토대지진
와중에 박열과 그의 일본인 아내 가네코 후미코(金子文子)를 비롯한 불
령사 동지들이 체포돼버리고 말았다.[32]

이 사건이 발표되자 일본 언론은 대서특필했다. 이는 간토대지진

와중에 정치적으로 이용돼 '대역사건'으로 포장되었고 조선인 대량
학살을 호도하는 데 악용되었다. 도쿄의 조선유학생 학우회가 총궐기
태세로 수감 중인 박열을 지원하고 나섰지만, 국내 언론은 검열과 통
제로 사건 내용을 구체적으로 보도하지 못했다.[33)

박열 부부는 1925년 9월 일본 대심원 특정법원에 섰다. 박열은 공
편에 앞서 4가지 조건을 법원에 제시했다. 첫째, 조선민족을 대표하
는 입장에서 조선의 왕관 · 왕의를 착용토록 할 것. 둘째, 법정에 서는
취지를 선언토록 해줄 것. 셋째, 조선어를 사용토록 통역을 준비할
것. 넷째, 피고의 좌석을 일인 판사의 좌석과 동등하게 만들 것 등이
었다. 박열이 제시한 4가지 조건 중 일제는 첫째, 둘째 조건은 들어주
고 셋째는 거부, 넷째는 재판장의 간청으로 철회했다.[34)

박열 부부의 법정 투쟁

1926년 3월 25일 가네코와 박열은 사형을 언도받았으며 두 사람은
옥중 결혼식을 올렸다. 일본 당국은 국제 사회의 비난을 무마하고 일
왕의 자비를 과시하기 위해 형량을 무기로 감형했지만, 가네코는 같
은 해 7월 23일 의문의 자살로 생애를 마감했다.[35)

박열은 1945년 10월 27일에서야 석방되었는데, 그의 감옥생활은
날수로 따지면 8091일, 햇수로는 22년 2개월 1일이었다. 김삼웅은
"석방 이후 일본에서 신조선건설동맹위원장 등 민단 건설에 노력하
던 박 의사는 1948년 8월 정부수립 기념행사 참석차 귀국했다가 6 ·
25 때 서울 장충동에서 인민군에 납북되었다. 납북 후 북한에서 재북
평화통일촉진협의회 회장 등을 역임하다가 1974년 1월 18일 74세로

수감 중인 박열과 그의 아내 가네코 후미코의 모습. 일본의 왕과 왕세자를 폭살하려고 했던 이들 부부는 감옥에서도 뉘우치는 기색이 없었다고 한다. 아래는 박열 부부가 재판을 받는 장면.

타계, 평양 근처 애국열사능에 안장되었다"며 다음과 같이 말했다.

"남쪽에서 태어나 일본에서 항일운동을 하다가 북쪽에서 사망한 박 의사는 20세기 민족사의 비극을 상징한다. 1989년 3·1절에 건국훈장 국민장이 추서되었지만 아직도 그의 독립투쟁과 아나키즘사상에는 '흑도(검은 파도)'가 덮여 있는 실정이다. 생가나 향리 어디에도 박 의사의 추모비 하나가 세워져 있지 않다. 비운의 애국투사이다."[36]

박열을 변호하고 대심원 특별법정에서 무죄를 주장한 일본인 변호사 후세 다츠시(布施辰治, 1880~1953)는 변호사 수임료를 거부함은 물론이고 공판에 필요한 각종 비용 전부를 자비로 부담하였다. 가네코가 옥사하자 후세는 그녀의 유골을 인수하여 박열의 고향 묘지에 매장할 수 있도록 도왔다. 그는 한국 농촌에 대해서도 "한국의 농업 시설이 발달하면 할수록 한국의 가난한 농민들은 점점 생활고에 빠지게 되고, 결국은 한국에 살 수 없게 된다"고 하는 등 한국 민중을 위해 싸웠다. 2004년 한국 정부는 후세의 활동에 대해 건국훈장을 수여했는데, 독립운동에 공헌한 사람에게 주어지는 이 훈장을 일본인이 받은 것은 그가 처음이다.[37]

김지섭의 일왕 궁성 폭파 시도

1923년 3월 의열단원인 김지섭은 같은 단원인 김시현·유석현 등과 함께 국내에 있는 일제의 침략기관을 파괴하기로 하고 대량의 폭탄을 중국으로부터 국내로 반입하려 했다. 그러나 이 계획은 동지로 위장 침투한 경기도 경찰부 소속 조선인 경찰 황옥의 밀고로 실패하고 말았다. 김시현·유석현 등은 일경에게 체포되었고, 체포를 피한 김지섭은 그해 12월 무려 12일간 석탄 운반 화물선 창고에 몸을 숨긴 채 일본에 도착했다. 1923년 12월 31일 일본 후쿠오카현에 도착한 김지섭은 상하이의 동지들에게 보낸 편지에 다음과 같이 썼다.

"동지 여러분 앞. 삼가 새해를 축하합니다. 제(弟)는 288시간 만에 세상 구경을 하게 되었습니다. 참말 지저(地底)의 생활이었습니다. 그 속에서 생각할 때에는 이 세상 비애, 적막, 번민 모든 고통이 한꺼번에 이 사람의 흉중으로 총집되어 경도광랑(驚濤狂浪)의 소리만 들릴 적에 할 일 없이 어서 나와 어복(魚腹)으로 들어가라고 유인하고 최촉하는 공포를 주던 것이 마치 왕생(往生)의 일인 것 같습니다."[38]

도쿄로 향하는 기차 안에서 제국의회가 휴회됐다는 소식을 접한 김지섭은 거사 계획을 변경하여 일본 제국주의의 상징인 일왕의 궁성을 폭파키로 결정하였다. 1월 5일 도쿄에 도착한 김지섭은 궁성의 규모·구조를 사전 답사한 후 날이 저물기를 기다렸다. 오후 7시경 일본인 관광객과 뒤섞여 궁성 앞 니주바시(二重橋, 일왕이 거처하는 황거 정문에 놓인 다리로 원래는 나무로 만든 것이나 메이지 때 철제로 만들었다) 앞으로 접근하자 감시 경찰이 의심스런 눈초리로 더 이상 궁성 쪽으로 접근하지 말 것을 종용하자 김지섭은 일경을 향해 폭탄 한 발을 던지고 재빨리 이중교를 건너 궁성 정문 쪽으로 향했다. 이에 궁성 보초병 2명이 달려들며 총을 겨누자 김지섭은 나머지 폭탄 2발을 일경들이 달려드는 궁성 쪽을 향해 연속적으로 던졌다. 그러나 폭탄 3발은 모두 불발이었다. 김지섭이 습기 많은 화물선을 타고 오는 바람에 폭탄의 화약이 도쿄로 오는 동안 모두 젖어버린 것이 원인이었다.[39]

그럼에도 이 사건이 일본 사회에 던져준 충격은 컸다. 정운현에 따르면, "김 의사의 의거로 일본 전역은 경악을 금치 못하였다. 자신들이 '신(神)'으로 받드는 일왕의 궁성에 조선인이 폭탄을 들고 뛰어들 줄은 전혀 예상치 못했기 때문이었다. 내무차관의 견책에 이어 경시총감·경무부장·궁성 경비책임 경찰서장 등 치안 책임자가 줄줄이 파면되었다."[40]

현장에서 체포된 김지섭은 1924년 9월 9일 열린 공판에서 직업을 묻는 판사에게 "조선 독립당원과 혁명사원이다"라고 말했다. 재판정에서 김지섭은 자신에게 사형이 아니면 무죄를 줄 것을 주장하였으나 일제는 무기징역을 언도하였다. 1927년 20년으로 감형된 김지섭은 고문 후유증이 악화돼 이듬해 2월 20일 뇌일혈로 지바(千葉)형무소에서 순국하였다.[41]

의열단의 분열

1924년에 들어와 의열단의 활동은 급격히 침체되었다. 의열단이 국외로는 사회주의운동의 성장에 호응하지 못하고 국내로는 대중운동과 사상운동의 발전에 부응하지 못한 탓이었다. 의열단 내 사회주의자들이 의열단 고위간부 출신인 윤자영(1894~?)이 이끄는 상하이 청년동맹회(1924년 4월 5일 결성)로 이동해 간 것도 한 이유였다.[42]

당시 사회주의자들은 의열단이 의열투쟁 제일주의 노선을 걸음으로써 이상주의, 자유주의, 기타 개인적 허무주의를 조장하고 있다고 비난하고 있었다.[43] 개조파 계열의 상하이 청년동맹은 "파괴의 목적물이 개인 또는 건물에 있지 않고, 정치상·경제상 기타 각 방면의 현상 제도·조직, 그 이민족의 통치권을 파괴하는 데 있다"면서 "개인의 암살과 건물의 파괴는 이를 계속 보편화할 때 사회를 암흑된 상태

로 빠뜨린다"고 의열단을 비판했다.[44]

의열단원들은 청년동맹회 사무실을 찾아가 윤자영 등을 구타했다. 1924년 12월 8일 김원봉이 입원한 윤자영을 찾아가 사과하는 굴욕을 감내해야 했다. 자금 결핍 때문에 그러지 않을 수 없었으니, 이래저래 의열단의 권위가 추락한 것이다.[45]

그런 침체된 상황에서 신채호의 '조선혁명선언'은 다시 음미해보건대 의열단에게 새로운 진로 모색을 알리는 신호탄이었다. 한상도는 "'조선혁명선언'의 완성으로 의열단은 항일투쟁 노선을 한층 더 정당화시키고 이념적 지표로 삼게 되었다"며 다음과 같이 말했다.

"이 선언에서 구체화된 '민중직접혁명론'은 김원봉과 의열단의 향후 진로를 바로 제시한 것으로, 그들이 민중직접혁명의 선도적 역할을 담당한다는 필연성을 제기했다. 이로 인해 의열단은 노선을 재정립하고 방향을 전환한다. …… 결국 전 민중의 무장화란 곧 자신부터 무장화가 선행되어야 한다는 뜻으로 유자명 등은 노선 전환에 반대했지만, 김원봉은 투쟁 역량의 재충전을 위해 황포군관학교에 입교하기로 결심한다."[46]

김산은 "1924년, 조선의 계급관계가 뚜렷이 변화해서 조선의 정치 방향이 전반적으로 재조정될 시기에 이르자 의열단은 민족주의자, 무정부주의자, 공산주의자로 분열되었다"며 다음과 같이 말했다.

"이렇게 분열된 이유는 조선 자체의 대중운동이 상당한 수준까지 솟구쳐 오르고 있었으며 1924년에 이르러 대중운동이 공산주의 이데올로기로 기울어졌기 때문이다. 대중운동의 발전은 의열단원들에게 커다란 자극을 주었으며 마르크스주의의 정당성을 새로이 증명해주었다. 개인적인 테러리즘이 더는 필요가 없게 되었는데 이는 정치활동을 할 수 있는 대중운동이 존재했기 때문이다. …… 당시 왜놈들은 선전과 대중운동보다는 폭탄과 총을 훨씬 더 두려워하였다. 1924년까지 300명에 가까운 가장 우수하고 용감한 의열단원들이 왜놈들에게 살해되었다. 별로 성과도 없이 희생만 늘어가자 단원들의 사기가 저하되었다. 남아 있는 의열단원의 태반은 공산주의자와 합류하였으며 대중적인 정치활동에 가담하기를 원했다."[47]

의열단의 노선 전환

황포군관학교는 1924년 1월 제1차 중국국민당 전당대회에서 성립된 제1차 국공합작의 결실로 세워졌다. 1921년 7월 상하이에서 코민테른(Comintern)의 지원하에 창당된 중국공산당과 쑨원(孫文, 1866~1925)이 지도하는 국민당이 손을 잡은 것이다.

그러나 쑨원은 1925년 3월 도시 군벌들과 담판을 짓기 위해 베이징으로 가는 도중 간암으로 사망했다. 그는 "혁명은 아직 끝나지 않았다"는 유언을 남겼으며 오늘날 중국의 국부(國父)로 추앙받고 있다.

1920년대 한국인에게 쑨원은 일제 침략을 비판하고 민족 독립을 요구하는 수단이자 방안이었기에, 한국인들은 그의 죽음을 아쉬워했다. 비록 일제의 탄압으로 불발로 끝나긴 했지만, 쑨원 서거 100일을 기념해 쑨원 추도회를 열고자 할 정도였다. 물론 그건 쑨원 추도회를 내세운 '독립운동' 시도였다. 『조선일보』는 경찰의 집회 금지조치를 비판하는 안재홍의 논설을 게재했고, 『동아일보』는 쑨원의 초상을 싣는 등의 방법으로 항의의 뜻을 표했다.[48]

오늘날에도 쑨원과 한국의 관계를 연구한 기존 연구들은 쑨원이 한

쑨원은 정말 일제의 한국 침략을 비판하고 한국의 독립운동을 지원했을까? 일부 학자는 그가 전통적 중화주의를 벗어나지 못한 인물이었다고 평가한다. 사진은 중국의 국부(國父)로 추앙받는 쑨원과 제1차 국공합작의 결실로 세워진 황포군관학교.

국의 독립운동을 지지했다거나 중국 내 한인 독립운동가들과 밀접한 관계를 지녔다는 점을 부각시키고 있다. 그러나 배경한은 『쑨원과 한국』에서 이견을 제시했다. 쑨원은 한국이나 필리핀, 베트남을 포함한 주변 약소민족들의 영토를 되찾아야 할 중국의 영토로 간주하는 발언을 여러 차례 하는 등 전통적 중화주의에서 벗어나지 못한 인물이었다는 것이다. 실제로 쑨원은 1924년 11월 28일 일본 고베에서 있었던 '대(大)아시아주의' 강연에서 "러일전쟁에서 일본이 러시아를 이기고 새로운 열강이 된 이후 일본은 아시아 약소민족들의 희망이 되어왔다"고 말하기도 했다.[49]

어쨌든 쑨원의 유언에 따라 국민당은 각지의 지방 군벌들을 상대로 북벌(北伐)을 단행했고 1925년 7월에는 무한(武漢)에서 국민정부를 수립했다. 그러나 쑨원의 사망으로 국민당과 공산당 간의 갈등이 더욱 표면화되었으며, 1927년 7월에는 권력투쟁에서 이긴 황포군관학교

교장 장제스가 국민혁명군 총독에 임명돼 군대 내의 공산당 세력을 일소하고 실권을 장악했다.[50]

김원봉은 1926년 3월 8일 황포군관학교 4기생으로 입교해 6개월 동안 군사·정치 교육을 받고 10월 5일 졸업했다. 2654명의 졸업생 중 한국인은 김원봉을 포함해 24명이었다.[51] 김원봉이 황포군관학교에 입교한 것은 민중에 대한 교육과 선전의 필요성 때문이었다. 그는 독립이 곧 혁명이며 혁명은 제도 변혁과 함께 이루어져야 한다는 것과 민중을 '각오' 시키기 위해서는 탁월한 지도이론이 필요하다는 것을 깨달았는데, 이는 사회주의의 영향을 받은 결과였다.[52]

김원봉은 "민중을 각성시키는 길은 오작 탁월한 지도이론이다. 교육과 선전이다. 그 밖의 다른 길은 없다. 혁명은 곧 제도의 변혁이다. 몇몇 요인의 암살과 몇 개 기관의 파괴로는 결코 제도를 변혁할 수 없다"고 말했다.[53]

1928년 10월에 발표된 의열단 강령은 대지주 토지의 몰수, 중요 산업의 국유화를 천명하는 등 1926년에 발표된 조선공산당의 강령과 거의 일치했다. 그래서 이 시기의 의열단의 활동을 사회주의운동, 김원봉을 사회주의자로 보는 경향이 있는데, 염인호는 의열단이 사회주의자들에 의해 무정부조직으로 낙인찍히게 되었다며 의열단은 사회주의 단체이기보다는 민족주의 단체이며, 김원봉 역시 민족주의자였다고 주장했다.[54]

'꼬르뷰로'의 설립과 해산, 이승만 탄핵

당시 공산주의자들은 무엇을 하고 있었던가? 상하이파와 이르쿠츠크파가 자유시 참변으로 인해 화해하기 어렵게 되자 코민테른은 두 파를 모두 해체하고 '꼬르뷰로(고려국, 高麗局)'를 설치하여 국내에서의 당 건설에 착수했다.[55]

1923년 말 꼬르뷰로는 창조파를 지지하여 한국독립당의 창설을 지지하는 한명세(1885~?)와 공산당의 우선 조직을 주장한 이동휘(1872~1935)가 대립했다. 결국 이동휘 등이 12월 31일 꼬르뷰로 탈퇴 선언을 하자 국제공산당은 1924년 2월 창조파 인사들에게 추방령을 내리며 꼬르뷰로를 해산했다.[56]

한편 의정원(임시정부의 국회)을 무시한 대통령 이승만(1875~1965)의 '독재'에 불만을 품은 의정원 의원들은 1924년 9월 '대통령 유고안(有故案)'을 통과시키고 국무총리 이동녕(1869~1940)을 대통령 대리로 선출했다. 그리고 12월 16일 박은식(1859~1925)을 국무총리에 선임했다.

1925년 3월 11일 의정원은 이승만에 대한 심판서를 발의하고, 3월 18일 '임시대통령 이승만 탄핵안'을 가결시켰다. 이어 1925년 3월 23일 제2대 대통령에 국무총리 박은식을 선출했고, 박은식은 다음 날인 3월 24일 대통령에 취임했다.[57] 하지만 취임한 지 4개월 만에 박은식은 신병으로 사임하고, 11월 1일 67세를 일기로 타계했다. 박은식은 다음과 같은 유언을 남겼다.

"독립운동을 하려면 전 민족적으로 통일되어야 한다. 독립운동을 최고 운동으로 하며, 독립운동을 위해서는 어떤 수단·방략을 쓸 수 있는 것이다. 독립운동은 우리 민족 전체에 관한 공공사업이므로 운동 동지 간에는 애증친소의 구별이 없어야 한다."[58]

한편 만주 지역에선 1925년 1월 독립운동단체인 정의부(正義府)가 조직되었다. 통의부를 중심으로 하여 지린주민회, 의성단, 서로군정서 등이 통합하여 정의부를 결성하고 지린성(吉林省) 화전에 본부를 두었다. 1927년 초 만주 한인 사회는 남만주 일대의 정의부, 압록강 상류 지역의 참의부, 북만주 중동선 지역의 신민부 등 3부가 각기 커다란 세력권을 형성했는데, 이들은 1929년 3월 국민부로 통합을 이루게 된다. 그러나 이 지역에서도 상호 유혈 충돌을 빚는 등 갈등과 분열이 끊이질 않았다.[59]

2007년 8월 단재 신채호와 함께 창조파의 수장으로 활동했던 김응섭(1876~1957)의 회고록이 50년 만에 공개되었다. 김응섭은 회고록에서 상하이 임시정부를 "몇 사람이 안전지대에서 행복스러운 휴양이나 하는 것"으로 비판하고, "각계각층을 망라하는 강력한 혁명단체를 건설해야 한다"고 주장했다. 김응섭은 또 당시 만주에서조차 자신의 정치적 목적을 위해 지역감정을 악용하려는 이들이 있음을 개탄했다. 그는 "만주로 이주한 조선인은 약 100만 명으로 경상도인이 가장 많고, 평안도, 함경도 등의 순이었는데 풍속이 조금씩 다른 탓인지 지방열이 생기기 시작해 서로 반목하는 불상사가 많았다"며 "정치 활동가들이 이를 이용해 자기 기반을 구축하려 했다"고 분개했다.[60]

제**2**장

자치운동과 출세주의

01

자치운동과
출세주의

이광수의 '민족적 경륜'

1923년 5월 파격적인 대우를 받으며 동아일보사에 입사한 이광수(1892~1950)는 『동아일보』 1924년 1월 2일에서 6일까지 5회에 걸쳐 장문의 논설 「민족적 경륜」을 썼다. 그는 이 논설에서 일본을 부인하는 무장 항일노선의 무모함을 지적하면서 일본의 주권 아래 법률이 허용하는 범위 안에서 활동하는 자치운동을 주장했다. 이는 큰 논란을 빚었다.[1]

김민철은 이광수가 "자치운동을 주장하여 사실상 조선인의 독립의지를 희석시키는 논지를 폈다"고 본 반면,[2] 정진석은 "「민족적 경륜」은 조선에서의 합법적 투쟁을 주장한 내용이었는데 일제의 통치를 승인하는 것으로 일부에서 오해했"다고 평가했다.[3]

「민족적 경륜」은 이광수의 단독 작품이 아니었다. 1923년 가을부

친일작가의 대명사가 된 춘원 이광수. 그는 최초의 근대 장편소설 『무정』으로 한국문학사에 영광의 이름을 떨쳤으나 「민족개조론」으로 한국사에 길이 남을 오명을 얻은 '논쟁적' 문필가이다. 사진은 1919년 28세 당시 모습.

터 신석우, 김성수, 송진우, 최린 등은 김성수 집에 모여 민족운동을 벌일 단체를 조직해야 한다는 문제를 협의하면서 법이 허용하는 범위 안에서 운동이 전개되어야 한다는 결론을 내렸는데, 바로 이것이 반영된 게 「민족적 경륜」이었다. 그들은 이 논설이 나간 뒤 연정회(研政會)라는 단체의 조직을 협의했다. 하지만 논설에 대한 반향이 매우 나빠 『동아일보』 불매운동까지 벌이지자 잠시 주춤할 수밖에 없었다.[4]

연정회는 1924년 1월 중순 극비리에 결성된 단체다. 결성 회합에는 최린, 김성수, 송진우, 최원순, 이종린, 박승빈, 이승훈, 서상일, 조만식 등이 참석했다. 김운태는 "이 단체의 결성 공작에는 일제 관헌이 음양으로 관여한 것으로 추측이 된다"고 했다.[5]

『동아일보』는 「민족적 경륜」 파동에 대해 '수사(修辭)의 졸(拙)'이라고 해명했지만,[6] 최민지는 이 논설이 나오게 된 배경이 김성수(1891~1955)가 경영하던 경성방직과 총독부와의 관계와 무관하지 않았을 것이라며 다음과 같이 주장했다.

"총독부 당국은 1924년부터 김성수의 경성방직에 사업보조비라는 명목으로 해마다 막대한 보조금을 주었고, 그 결과 기업적으로 어느 정도 궤도에 오를 수 있게 되었다. 1차 세계대전 후의 불경기와 일본의 조선 경제의 수탈 착취로 일제하에서는 민족경제나 민족자본의 성장은 불가능하였다. 이런 속에서 막대한 일제의 보조금으로 성장한 경성방직과 김성수를 생각해 볼 때『동아일보』가 일제의 식민 정책에 정면으로 대결하기는 어려웠으므로, 『동아일보』는 그들과 일면 협력 관계를 유지하면서 지원을 얻어 내고 동포들에게는 민족산업을 장려 육성하도록 호소함으로써 판로를 확보하는 양면 작전을 써왔다. 이것이 곧 그들이 전개한 물산장려운동으로서의 경제운동이었다."[7]

총독부 권력과의 '타협'은 필요했다

반면 권희영은 "자치론을 중심으로 하는 담론을 1920년대와 1930년대에 걸쳐서 한국의 지도적인 부르주아 그룹, 말하자면 『동아일보』 그룹 등이 전개했던 것은 일제의 권력에 대한 '단순한 항복' '어쩔 수 없는 복종'이라고 보기에는 석연치가 않다. 만일 우리가 정치를 본질적으로 '타협'이라고 볼 수 있다면, 문자 그대로의 의미에서 총독부 권력과의 '타협'은 필요했다"며 다음과 같이 주장했다.

"1920년대 중반 『동아일보』가 중심이 되어 전개했던 자치론, 이광수의 사회사상 등은 모두 이러한 맥락에서 파악할 수 있다고 생각된다. 이러한 자치론적 입장에 대해 지금까지는 사회주의자 혹은 '민족주의 좌파'의 비판을 근거로 지나치게 공격적으로 평가해왔다고 본다. …… 그 실제에 있어서 사회주의자들의 폐해는 오히려 자치론자들의 폐해를 능가했던 것이다. 사회주의자들은 그 출발에서부터 프롤레타리아 헤게모니론에 집착해 실제로 좌우합작을 곤란하게 만들었고……."[8]

1999년 2월, 자치운동의 중심인물이었던 송진우(1889~1945)의 마음을 알 수 있는 문서가 처음 공개됐다. 김동명이 일본 유학중 국립국회도서관에서 입수한 문서는 사이토(齋藤實, 1858~1936) 총독의 정치참모 아베 미쓰이에(阿部充家)가 사이토에게 보낸 보고서 형식의 편지이다. 아베는 1925년 7월 미국 하와이에서 열린 태평양문제조사회에 참석해 이승만, 서재필과 접촉한 송진우를 도쿄에서 만나 대화한 내용을 편지에 썼다. 이 편지는 비록 전언이지만 송진우의 생각을 헤아릴 수 있다는 점에서 주목할 만한 사료로 평가된다. 그 내용은 다음과 같다.

"송(진우)과의 대화를 유추해 보건대 (이승만과 서재필이) 공산주의, 암살폭동 등의 실행수단에 의지하는 것에 찬성하지 않고 자치제도하에서 실질적으로 조선 민족의 행복을 증진시키기 위해 노력한다고 말한 것으로 보입니다. 송이 '나의 입장은 선생들과 다르지만 조선의회라도 개설된다면 (의원으로) 출마해 참여하려는 각오인데 이의가 없으십니까' 하고 물으니 (두 사람은) '물론이다' 라고 말했다는 것이 상징하듯 얼마나 그들 두 사람(이승만, 서재필)의 생각이 변했고 (이러한 변화가) 앞으로의 조선에 커다란 영향을 끼칠 것임을 알아야 한다고 생각합니다."[9]

행정 관청의 자문기관에서 의결기관으로 거듭나게 된 경성부협의회. 1920년대 조선자치론은 그 선의야 어찌됐든 조선 민중에게 일제의 조선지배를 당연시하도록 처세할 것을 권하는 측면이 있었다.

'출세(出世)'라는 단어의 성격 변화

한편 천도교를 구파와 신파로 분열시킨 뒤 신파의 주도권을 장악한 최린(1878~1958)은 아베와 긴밀한 협조 속에 자치운동을 추진하고자 하였다.[10] 최린은 1926년 9월 일제의 경비 지원으로 구미 각처로 여행을 떠났다. 당시 파리에 체류 중이던 여류화가 나혜석(1896~1946)과의 염문이 떠돌던 시기가 바로 이 무렵이다.

약 한 달 후인 10월 말에 최린은 다시 일본으로 돌아왔다. 그리고 아베를 만나 "오늘날 조선의 독립이 불가능하다는 데 확신을 하고 있으며 조선의회 설치가 조선 민심의 안정을 꾀하는 데 가장 긴요하고, 나도 민중의 신임만 얻으면 조선의회의 한 사람이 되기를 사양치 않겠다"며 '조선자치론'에 대한 자신의 입장을 표명했다.[11]

지역 유지들은 조선자치론에 기대를 걸고 있었다. 이와 관련, 정태헌은 "상층 부르주아들은 식민지 지배를 수용한 가운데 식민통치 기구의 자문역할을 수용하거나 지방의회에 진출하기도 했다"며 다음과 같이 말했다.

"3·1운동에 의한 식민통치 변화를 타고 지방의회를 의결기구로 전환할 것을 요구하기도 했다. 그러나 전황제하의 일본에서 1926년부터 '보통선거제'(만 25세 이상의 남자)가 실시되었지만 일제가 조선에서만 선거권 제한(도·부·읍·면세 등 각 지방세 5엔 이상 납세자)을 유지한 것에 대해서는 침묵했다. 자신들에게만 허용된 지방의회를 통해 정치력을 발휘하려고 모색했지만 그마저도 능력 밖의 범주임을 알았을 때, 지역 유지로서 위세를 과시하는 데 머무를 수밖에 없었다."[12]

이영훈은 "신흥지주들은 대체로 그들의 사회적 성공을 가져다준 일제의 식민지 지배에 협력적"이었다며 "그들은 직접 총독부의 관료로 진출하거나 각급 협의회의 위원으로 활약하였습니다. 예컨대 1925년 전국에 군수를 지낸 250명의 조선인이 있었는데, 그 대부분이 중인 출신이었습니다"라고 말했다.[13]

1922년에 나온 이광수의 '민족개조론'이나 1924년부터 본격화된 자치운동은 그 선의야 어찌되었건 조선 민중을 상대로 일제의 조선 지배를 당연시하는 처세를 할 걸 권하는 것에 다름 아니었다. 이전엔 전혀 다른 의미로 사용되었던 '출세(出世)'라는 단어가 지금과 같은 의미를 갖게 된 것도 바로 1920년대 중반부터였다.

이에 대해 최봉영은 "일본 문화의 유입과 함께 '출세'라는 일본식 용어가 수입되어 재가자(在家者)가 스님이 되기 위해 집을 떠난다는 의미의 출세라는 단어에 이와는 정반대의 의미, 즉 세속적 성공으로서의 출세라는 의미가 새롭게 첨가되었다"며 다음과 같이 말했다.

"어느 날 갑자기 새로운 모습으로 등장하여 다른 사람의 이목과 관심을 집중시키면서 일시에 성공을 거두는 '출세작'이라는 일본어는 타협적 신문화운동에 참여하고 있던 지식인들의 요구와 잘 부합하였다. 왜냐하면 조선시대에 추구된 입신양명은 국가라는 무대가 전제되어야 하기 때문에 국가를 잃은 식민지에서는 불가능하였다. 따라서 식민지 백성이 추구하는 것은 양명이 아니라 출세였다. 출세는 역사적 명예가 아닌 당장의 성가(聲價)를 추구하는 것으로, 유행과 인기에 의존하는 대중문화의 성장과도 부합하였다. 이에 따라 점점 대중의 이목을 집중시키는 출세인이 관심의 대상으로 떠오르는 사회로 변모해 갔다."[14]

관(官)은 공포와 숭배의 대상

출세의 지름길은 관료가 되는 것이었다. 관료는 민(民) 위에 군림했다. 일본인은 물론 조선인 관료들도 민중에게 반말을 일삼으며 상전 행세를 했다. 『동아일보』 1924년 1월 11일자에 따르면, "조선인으로서 누구나 행정관청에서 혹은 사법관청에서 심지어 관립 교육기관에서 모욕을 두어 번 당해보지 않은 사람은 없을 것이다."[15]

모욕이 누적되면 공포로 변하기 마련이다. 1924년 강원도 정선에 유행성 감기가 돌았을 때 예방책으로 "조선총독 제등실" "영무리 주재소 순사 무등 병길"과 같은 글을 써서 방문 앞에 걸어두는 풍속이 널리 번졌다고 한다. 이에 대해 이규태는 다음과 같이 말했다.

"일제 때 조선 총독은 피지배 민족에게 있어 무섭기 그지없는 존재였으며 특히 탄압을 선행시킨 경찰통치 체제 아래에서 경찰관은 염라대왕이나 사천왕, 장비보다 더 무서운 존재가 아닐 수 없었다. 순박한 민심은 당대의 민심에 가장 공포를 주는 존재를 이같이 병귀를 쫓는 수단으로 서슴없이 이용했으며, 이 같은 민속에서 당시 일제의 탄압이 얼마나 무서웠던가를 거꾸로 가늠해볼 수 있는 좋은 민속이라 하겠다."[16]

또 『경성일보』 1923년 10월 31일자에 따르면, 경북 영일군 동해면 구만동에서는 학질 환자에게 우편국의 날짜도장이 찍힌 우표를 태운 후 그 재를 물에 타 먹이고, 등에다 소인 찍힌 우표 3장을 발라 두는 치료법이 굉장히 유행했다고 한다. "누가 뭐라 해도 관청의 힘만큼 두려운 것은 없다"는 생각이 지배적이었기 때문이다. 이에 대해 이규태는 이렇게 해설한다.

"비단 일제의 총독이나 경찰뿐만 아니라 예부터 우리나라 관권은 민권 위에 군림하여 착취와 수탈을 하는 두려운 존재였기에 관물 또한 병귀를 쫓을 수 있는 힘이 있다고 생각하였다. …… 우표뿐만 아니라 관인이 찍힌 종이면 더 효과가 난다 하여 면사무소의 주인(朱印)을 마구 찍어 한 장에 한 되씩 받고 팔아먹는 미신 사건까지 발생했던 것이다. 우리 전통 사회의 관과 민과의 함수관계를 엿볼 수 있는 민속이 아닐 수 없다."[17]

그러나 그런 조선 민중에게도 '욱' 하는 건 있었다. 이는 자해(自害)의 형태로 나타나기도 했다. 1921년부터 3년간 『조선일보』와 『동아일보』에 게재된 화재 기사는 월 평균 12건이었는데 그중 평균 8건이 자가방화(自家放火)였다. 이규태는 "한국인의 이 자가방화는 특수한 개개인의 이상(異常)에서 저질러진 것이 아니라 어떤 공통된 한국인 공

일제시대 종로경찰서의 모습. 식민지하 조선인들에게 경찰관은 염라대왕이나 사천왕, 장비보다 더 무서운 존재였다.

유의 잠재의식의 발로로 보는 편이 옳겠다"고 했다.[18]

   그러나 모두가 늘 '욱' 할 순 없었으며, 일제의 지배 체제에 순응함으로써 개인과 가문의 영광을 지키려는 이들도 많았다. 1924년에 설립된 경성제국대학은 자치운동과 더불어 확산된 출세주의 문화의 첨병 노릇을 하게 된다.

『시대일보』 창간으로
몰락한 최남선

『시사신문』 폐간, 최남선의 출옥

'참정권 청원서'를 제출하기 위해 도쿄를 자주 드나들던 『시사신문』의 민원식(?~1921)은 제3차 청원서를 내기 위해 도일(渡日)했다가 1921년 2월 16일 일본 동경 철도호텔에서 27세의 유학생 양근환(1894~1950)에게 칼로 피살당했다.[19]

민원식이 피살당하자 『시사신문』은 곧 휴간 끝에 폐간되었다. 『시사신문』은 관권을 이용한 강매와 총독부의 지원금에 의존하여 발행되었으며 대부분 무료로 배포되는 '기증지'가 많아서 실제 구독료 수입은 거의 없었다. 민중들이 모두 구독을 거부하고 문에 '시사신문 不見'이라고 써 붙였던바 시사신문은 '불견(不見) 신문'이라고까지 불렸다.[20]

이 새로운 상황에 주목한 이가 있었으니 바로 최남선(1890~1957)이

자타공인의 '잡지광' 최남선이 『시대일보』라는 일간지 경영을 꿈꾼 이유는 무엇일까? 충분한 자금 없이 신문을 창간한 것을 계기로 그는 언론인, 문인, 사학자, 독립운동가로서 쌓아올린 명성을 모두 잃어야 했다.

다. 최남선은 자신이 내던 주간지 『동명』이 발행 후 2일~3일 안에 2만 부가 팔릴 정도로 인기가 높자 이에 고무되어 일간지를 창간할 결심을 한다.[21] 우선 『동명』에 대해 알아보기로 하자.

앞서 보았듯이 '잡지광' 최남선은 '기미년 독립선언서'를 기초해 2년 6개월의 징역형을 받았지만, 형기를 다 채우지 않고 1921년 10월 18일에 가출옥했다. "청년들을 규합하는 데 대단히 좋은 영향이 있을 것"이라는 일제 당국의 배려 때문이었는데, 이 배려는 『동명』의 창간으로 구체화되었다.[22]

조선총독부는 조선은행 총재 미노베(美濃部)에게 『동명』의 발행자금을 지원하도록 주선하였는데, 그 이유는 "최의 잡지가 발행되면 내지(일본)의 건전한 출판물을……번역해서……조선 사상계의 악화를 구하고, 또 진학문·이광수들의 생활비의 출처로 삼도록 하기 위해서였다.(사이토 문서, 1923. 4. 23)"[23]

또 최남선이 가석방된 지 2개월 만인 1921년 12월 25일 서울에서 일본 도쿄에 있는, 사이토 총독의 정치참모이자 총독부 일어판 기관지 『경성일보』의 사장을 지낸 아베에게 보낸 편지에 이런 대목이 있다.

"잡지는 '동명(東明)'이라는 이름으로 원서를 제출하였습니다. …… 잡지 건은 진력한 성과가 가까운 시일 안에 나타나지 않을까 생각합니다. 금후의 처분은 모든 것을 하나로 하여 선생님의 가르침에 어긋나는 일이 없도록 신경을 쓰고 있습니다."(이 편지는 1999년 1월 『서울신문』이 일본 국회도서관 헌정자료실에서 입수해 처음으로 공개한 것이다.)[24]

편지를 받고 아베는 사이토 총독에게 즉각 경과 설명을 한다. 아베는 "최의 잡지 발행은 내지(일본을 지칭)에서의 건전한 출판물을 극히 평이한 조선어로 번역하는 일로 이에 의해 조선 사상계의 악화를 구할 수 있다"고 평가하면서 "도쿄 학생계(도쿄 조선인 유학생들)의 동향을 살피니 최도 하나의 구(舊)인물로 배치되는 추세가 있다"며 "최를 중심으로 조선의 유생과 (젊은) 학생 사이에 하나의 세력권을 만들면 그들 각자의 논전(論戰)에 의해 사상 악화(독립사상의 약화를 의미)의 효과를 볼 수 있다"고 말하고 있다.[25]

『동명』에서 『시대일보』로

그리하여 1922년 9월 3일 『동명』(주간)이 창간되었다. 『동명』은 타블로이드판(일반 신문지의 절반 크기, 254mm×374mm) 22면으로 간행된, 당시로서는 드문 대형 주간지였다. 『동명』 운영에서 최남선이 '글' 쪽을 주로 맡았다면, 공동 창간자인 진학문(1894~1974)은 '돈' 쪽에 많이 관여했다. 1922년 1월 진학문은 아베에게 편지를 보내 "자금 문제에

1922년 9월 3일에 창간된 주간잡지 『동명』. 총독부 지원으로 발행됐다고
하지만 최남선은 『동명』 발행 당시에도 이미 빚더미에 올라앉아 있었다.

대해 미노베 등과 상의했다"고 보고하고 있다. 그는 생활비까지 일본
총독부의 직접적인 도움을 받았다. 아베는 그해 5월 사이토 조선 총
독에게 보낸 편지에서 "진학문의 생활상의 안정에 대해서도 주의를
하신바 이것도 또한 깊이 감사드린다"고 말해 일제에 협력한 대가로
그에게 돈이 주어졌음을 분명히 하고 있다.[26]

　『동명』의 창간을 전후로 나온 잡지들 중 시사와 정치 문제를 다룰
수 있는 잡지엔 백태진의 『신천지』(월간, 1921년 7월 10일 창간), 박희도

의 『신생활』(순간, 1922년 3월 11일 창간), 장도빈의 『조선지광』(월간, 1922년 11월 1일 창간) 등이 있었다.

우여곡절 끝에 최남선은 『동명』을 1923년 6월에 23호로 폐간시키고, 1924년 3월 31일 『시대일보』를 창간했다. 일제는 애초부터 민영지를 3개 정도 허용할 방침이었으므로 종간된 『시사신문』 대신 최남선에게 『시대일보』를 발행하도록 허가를 내준 것이다.[27]

그런데 『동명』 발행에 총독부의 지원이 있었다곤 하지만 지원액이 영 시원치 않았던 것 같다. 왜냐하면 최남선은 『동명』 발행만으로도 이미 상당한 액수의 빚더미 위에 올라앉아 있었기 때문이다.[28] 그런데 왜 최남선은 돈이 훨씬 더 많이 드는 일간지 경영을 꿈꾸게 된 것일까? 최남선이 일간지 창간에 무모하게 달려들었다는 건 윤치호의 고민으로도 입증된다.

윤치호의 고민

최남선의 『시대일보』 창간 준비는 윤치호(1865~1945)에게 큰 고민을 안겨주었다. 윤치호는 1923년 10월 13일자 일기에 다음과 같이 썼다.

"오전에 최남선 군이 찾아와 말하기를, 자기가 『시대일보』라는 이름의 새 일간지를 발행하는 데 필요한 인가를 받았다고 한다. 40만 원의 자본금을 지닌 주식회사를 세우는 작업이 순조롭게 진행 중이라고 한다. 전국의 많은 부자들이 주식의 대부분을 출자했고, 그는 3만 원을 내야 한단다. 그는 내가 자기에게 할당된 금액을 대주길 바라고 있다."

최남선 이야기는 다음 날인 14일자 일기에도 등장했다.

"최남선 군이 내게 말한 것 때문에 걱정이 태산 같다. 그는 학문적인 면에서나 인격적인 면에서나 내가 진심으로 존경하는 인물이기 때문이다. 내가 들어줄 수 없는 청을 가지고 찾아오지 않았더라면 좋았을 것을. 그들은 내가 돈을 산더미처럼 쌓아놓고 사는 줄 아는 모양이다. …… 조선인들은 누군가의 경제 상태에 대해 터무니없는 정보를 날조하고, 그 정보에 근거해서 의연금을 구걸하러 다닌다."

그로부터 20일이 지난 11월 4일자 일기도 여전히 최남선 이야기다.

"최남선 군이 10시 30분쯤 찾아와 1시간 30분 동안이나 『시대일보』를 발행할 수 있게 현금 3만 원을 대달라고 성화를 부렸다. 그는 요즘 자금시장이 얼마나 경색되어 있는지 잘 모르는 모양이다. 그의 청을 들어줄 수 없다고 아무리 얘기해도, 그는 자기의 요구를 되풀이했다. 그는 학자이지 사업가는 아니다. …… 최 군이 신문을 발행해 이윤을 남기는 데 실패할 게 뻔하다. 그가 『동아일보』를 능가하는 반일적 논조를 펴는 걸 일본인들이 그냥 놔둘 리가 없기 때문이다. 만일 그가 반일적인 논조에서 『동아일보』에 뒤처지면, 조선인들은 그의 신문을 성원하지 않을 것이다. 설령 그가 『동아일보』와 어깨를 나란히 하는 데 성공한다 하더라도, 발행부수 면에서 『동아일보』를 누르지는 못할 것이다. 내가 왜 또 하나의 얼간이 신문에 3만 원이나 되는 거금을 대줘야 하나? 차라리 훨씬 더 유익한 교육사업에 그 돈을 쓰겠다."[29]

보천교의 자본 유입

최남선은 돈을 어디에서 구했는지 결국 창간을 하긴 했다. 조선총독부의 재정지원을 받아 창간했다는 주장도 있지만, 그랬다 하더라도

1910년대~1930년대를 풍미했던 보천교 삽일전. "일제가 망하고 조선이 해방된 뒤 새 왕조가 열린다"고 주장한 보천교는 최남선의 『시대일보』 창간에 돈을 대주었으며, 기관지 『보광』을 통해 교의 전파에 힘썼다.

넉넉한 지원은 아니었던 것 같다. 『시대일보』는 다른 신문들과는 달리 1면을 정치면으로 꾸미지 않고 대담하게 사회면으로 만드는 등 신선한 감각을 보여주었지만, 내내 자금난에 허덕였다.[30]

최남선은 1924년 말경 『시대일보』에서 완전히 손을 떼었다. 최남선에게 쏟아진 사회의 비난과 사내 분규 때문이었다. 최남선은 충분한 자금도 없이 신문을 창간해놓고 돈이 달리자 창간 2개월 후인 6월 2일에 보천교(普天敎)에 발행권을 넘긴다는 조건 아래 자본을 끌어들이는 계약을 맺었다. 바로 이것 때문에 사회적으로 비난이 빗발쳤으며 사원들도 크게 반발하였다.[31]

1910년대~1930년대에 크게 교세를 떨친 보천교는 "일제가 망하고 조선이 해방된 뒤 새 왕조가 열린다"고 주장했는데, 그로 인해 일제

치하에서 좌절과 허탈에 빠진 사람들이 구름처럼 모여들었다. 1922년 출판사 보광사를 만들었고 이듬해부터 기관지 『보광(普光)』을 발행하여 교의를 전면에 선포하기 시작하는 동시에 보천교를 미신으로 매도하는 일제의 주장을 반박하기도 했다. 교주인 차경석은 '차천자'로 이름이 오르내렸고, 총독부조차 그 신도수를 수백만 명으로 헤아렸다.(보천교는 1930년대 말 차경석의 죽음과 일제의 탄압으로 급격히 쇠락했지만 지금까지도 그 명맥을 유지하고 있다.)[32]

사원들은 일부 시민들과 합세하여 7월 15일 『시대일보』에 관한 모임을 갖고 "사회의 공기인 신문이 한 교파의 손에 넘어가는 것을 반대한다"고 결의했다.[33] 『개벽』 1924년 8월호는 "최남선(사장)·진학문(편집국장)으로 보면 팔려도 더럽게 구린내 나게 팔려먹었다. 돈이란 거기에 눈이 뒤집혀 자기 몸까지 팔아먹었다 해도 可하다"고 맹렬히 비난하였다.[34]

최남선의 몰락

김삼웅은 총독부가 최남선의 회유를 위해 잡지, 신문사의 경영 자금 이외에도 생활비 명목으로 월 3만 원과 고급 주택까지 주었다고 주장했다.[35] 그러나 박용규는 만약 매월 3만 원의 돈을 총독부로부터 받았다면 최남선이 사회적 지탄을 받아가면서까지 1만 원을 받고 보천교에게 『시대일보』를 넘기려고 했을 리가 없다고 반박했다.[36]

1925년 4월 홍명희(1888~1968)는 『동아일보』 주필직을 사임하고 다른 인사들과 함께 재단을 구성하여 『시대일보』를 인수했다. 그러나 자금난으로 1926년 8월부터 휴간한 끝에 결국 발행권이 취소되어 폐

간되고 말았다.[37]

『시대일보』 사건으로 언론인, 문인, 사학자, 독립운동가로서 쌓아올린 최남선의 명성은 큰 타격을 받았다. 그는 송진우의 권유로 1925년 8월부터 1928년 10월까지 객원으로 『동아일보』의 사설을 집필하였으나 자신의 실패에 크게 낙담한 탓인지 그 무렵부터 노골적인 친일의 길을 걷게 된다.

최남선은 1928년 10월 조선총독부의 조선사편수회의 촉탁으로 임명되었고, 12월에는 조선사편수회 위원이 되었다. 한국 최고의 단군연구가이자 조선학의 제창자인 최남선이 식민사학의 총본산으로 들어갔으니 논란이 없을 리 만무했다. 정인보(1893~?)는 "최남선이는 죽었다"며 조문(弔文)을 썼으며, 일부 사람들은 종로의 명월관에 모여 굴건(屈巾)・제복(祭服) 차림으로 제상(祭床)을 차려놓고 대성통곡을 하면서 최남선 장례식을 지냈다. 최남선은 이후 일본에 가서 조선인 대학생의 학병을 권유하는가 하면 중추원 참의, 만주 건국대 교수, 만주 『만선일보』 고문 직책을 맡는 등 노골적인 친일 행각을 벌였다.[38]

과유불급(過猶不及)이라고 했는데, 과욕이 원인이 아니었을까? 최남선이 재정적 배경도 없이 일간지를 창간하는 과욕을 부리지 않았더라면, 그가 빚더미에 올라앉는 일도 없었을 것이고 총독부에 기대어 삶을 도모하는 일도 일어나지 않았을지 모른다.

기자단 결성과 찬영회

『시대일보』 창간을 전후해 신문계에 일어난 한 가지 의미 있는 변화는 기자단의 결성이다. 오늘날에도 기자단 제도는 일본과 더불어 한국이 갖고 있는 유별난 제도인데, 그 기원이 바로 이때로 거슬러 올라간다.

1922년 일본인 기자들까지 포함된 기자단이 결성되었다. 1922년 3월 31일 경제부 기자들이 결성한 경제기자단이 바로 그것이다. 이어 1923년 12월 18일엔 체신국 출입기자와 체신국 관리들이 공동으로 구성한 광화구락부, 1924년 5월 16일엔 이왕직(李王職, 조선 왕실의 일을 맡아보던 관청) 출입기자들이 만든 이화구락부, 1927년 8월 27일엔 스포츠 기자들이 만든 운동기자구락부, 1927년 12월 6일엔 연예부 기자들이 만든 찬영회(讚映會)가 결성되었다.[39]

가장 흥미로운 이야깃거리를 제공한 건 찬영회다. 외화 배급사인 기신양행에서 발족한 찬영회의 결성 시 멤버는 『동아일보』 이익상, 『매일신보』 이서구, 『조선일보』 안석주, 『중외일보』 김기진, 정인익, 김을한, 심훈 등이었다.

영화인들은 찬영회에 불만이 많았다. 일부 찬영회 회원은 배우와 제작자를 공개적으로 무시했고 기자들 모임에 여배우를 불러내 술을 마시기도 했으며, 시사회를 열 때마다 영화사에 부담을 씌웠기 때문이다.[40] 그래서 이른바 '찬영회 사건'이 벌어지는데, 이건 1930년대의 영화를 살펴볼 때에 이야기하기로 하자.

03

출세의 첨병,
경성제국대학 설립

공부하지 못하면 땅이나 파먹고 산다

1911년 제1차 조선교육령의 반포와 함께 기존의 여러 가지 유형의 보통학교는 다시 관립, 공립, 사립의 3종으로 재편되었다. 사립학교를 통한 민족의식의 고취는 1911년 절정에 달했으나 일제의 탄압에 꺾이고 말았다. 1911년 사립학교 수는 1467개교에 학생 수는 5만 7352명이었으나 1917년에는 822개교에 4만 3643명으로 줄었다.[41]

일제의 사립학교 탄압으로 서당이 증가하기 시작했다. 1911년 서당은 1만 6540곳, 생도는 14만 1604명이었는데, 1917년에는 그 수가 늘어 각각 2만 4294곳, 26만 4835명이 되었다. 이에 일제는 1918년 2월 21일 '서당규칙'을 제정 공포하여 서당을 탄압했다. 서당 개설 시 도지사의 인가를 받고 서당의 교과서는 조선총독부편찬 교과서를 사용하도록 하며, 조선총독부가 적격자로 인정하지 않는 자는 서당의 개

일제 때 보통학교에 입학하기 위해서는 구두시험을 치러야 했으며 입학 경쟁률이 평균 2대 1, 경성 지역 4.6대 1이었다. 게다가 수업료가 비싸 가난한 집 아이는 학교에 다니기 힘들었다.

설자나 교사가 될 수 없게 했다. 도지사가 서당의 폐쇄나 교사 변경 등 기타 필요한 조치를 병행할 수 있다고 규정한 것이다.[42]

3·1운동 직후 조선총독부가 민심수습책의 일환으로 추진한 '3면 1교주의(3面1敎主義)'라는 공립보통학교 증설 정책으로 1920년부터 1925년까지 매년 평균 100교 이상의 공립보통학교가 증설되었다. 과거엔 기피 대상이었던 보통학교에 학생들이 몰려들기 시작했다. '서당은 전통교육, 보통학교는 근대교육'이라는 생각이 일반화되었다.[43] 『동아일보』 1922년 3월 23일자는 경기도의 상황을 다음과 같이 보도하였다.

"금년 신학기에 각 학교에서는 모든 지원자가 정원의 몇 배씩이나 몰리어 이를 다 수용할 수 없고 별별 규정을 다 마련하여 지원자의 입학원서를 거절하였으나, 결국은 정원의 4배 혹은 5배가량의 지원서를 받아서 그중에 연령이라든지 가정과의 관계 등 여러 가지 내규를 정하여 명 24일 오전 10시부터 시내(경성부 내) 각 공립보통학교에서는 학생을 선발할 터인데 금년에는 경성뿐이 아니라 각 지방에서도 큰 혼잡을 이룬 모양이며 조선 각 도 중에 보통학교의 수효가 가장 많다 하는 경기도 각 군에서는 정원보다 몇 배의 학생이 답지하여 선발 방침에 여러 가지로 고심을 하였다."[44]

1923년에 이르러선 공립보통학교의 학생 수가 서당의 학생 수를 추월했다.[45] 왜 이런 변화가 일어난 걸까? 한우희는 보통학교 교육열의 발흥 요인으로 '실력양성론의 확대 전파' '상급학교의 선발배치 기능과 지위획득 요구' '학교 교육을 관리가 되기 위한 수단으로 보는 전통적 교육관' 등을 들었다.[46]

이 시기의 실력양성론은 '교육→실력→독립'이라는 기본 논리는 포기하지 않았지만, '독립'은 멀어지고 '문화' '행복' '생존' 등의 가치가 부각되는 양상을 보였다. 독립 전망이 어두워진 탓이다. 보통학교 출신자 및 학부형의 대다수는 봉급생활자, 특히 관공리가 되기를 희망했다. "공부하지 못하면 땅이나 파먹고 산다"는 속설은 일상적 진리에 가까운 것이었다.[47]

'유전 입학 무전 낙제'

보통학교 입학 경쟁률은 지역에 따라 달랐는데 평균적으로 2대 1이었다. 경성 지역의 경쟁률이 가장 높아 일부 학교의 경우엔 4.6대 1의 경쟁률을 기록하기도 했다.[48] 이 경쟁을 뚫고 보통학교 명찰을 달기 위해서는 교사 앞에서 구두시험을 치러야 했다. 어린 학생들에게 "언니는 사과 세 개를 가지고 너는 사과 두 개를 가졌는데 둘을 합하면 몇 개가 되느냐?" "(백 원짜리 지폐를 내보이며) 이것은 얼마짜리냐?" "다른 사람이 네 발등을 밟아 피가 나면 어떻게 할 테냐?"와 같은 질문을 던지는 식이었다. 1922년 3월 광주공립보통학교 입학식에서는 입학시험에 떨어진 400여 명의 아이들이 운동장을 점거하고 하염없이 우는 일장 비극이 연출되기도 했다.[49]

이 제도는 '유전(有錢) 입학 무전(無錢) 낙제' 라는 유행어를 남겼다. 『동아일보』 1924년 3월 30일자 기사 「부자 전유의 교육」에 따르면, "인천공립보통학교에서는 지난 26일부터 사흘 동안 신입아동의 '자격검정' 을 하였는데 그 소위 검정한 내용을 보면 기가 막힐 지경이다. 우선 아이들의 정신과 지혜를 헤아리기 위한 시험문제로 말하자면 너무 정도에 지나치게 어려운 것이 많았다. 이는 정원을 초과한 지원 아동을 억지로 떨어내자는 의도임을 짐작할 수 있다. 또한 학부형의 자격에 대하여 '학교에 기부를 많이 하였느냐?' '가산이 넉넉하냐?' 는 등 문답을 하여 필경은 재산도 넉넉하고 학교에 기부도 많이 한 사람의 자제는 무조건 합격시키고 가난한 사람의 자제는 물어볼 것도 없이 낙제시켰다 한다. 일전에 인천부 내무과장은 '돈 없는 사람의 자제를 공부는 시켜 무엇 하느냐' 는 말을 하여 물의를 일으킨 바 있다. 윗물부터가 이러하니 아랫물인 학교 당국이 이러한 태도를 갖게 되는 것은 너무나 당연한 일이다."[50]

실제로 돈 없는 사람은 자녀를 보통학교에 보내기가 어려웠다. 보통학교는 재원의 상당 부분을 학생들의 수업료에 의존했기 때문에 설령 가난한 아이가 입학했다 해도 수업료 부담을 견디기 어려웠다. 수업료를 가져오지 않으면 아동을 학대하는 일이 자주 일어났다. 『동아일보』 1924년 4월 24일자에 실린 한 독자의 글에는 "바로 엊저녁이다. 어린 학생 4, 5인이 가두 한 모퉁이에서 이러한 담화를 하고 있었다. '오늘 너 왜 학교에 안 왔니. 그까짓 도적놈의 학교. 응 월사금 때문에 그랬구니. 선생도 도적놈들이다고'" 하는 내용이 실렸다. 여기에 세무 당국은 수업료를 체납한 아동의 가정을 찾아가 이자를 더해 가재도구를 차압하는 짓까지 저질렀다.[51] 1929년의 보통학교 취학률이 18.4퍼센트 수준에 머물렀으며, 1920년대를 통틀어 대략 입학자의 32~60퍼센트 정도가 중도 퇴학한 것은 바로 그런 이유 때문이다.[52]

중등학교 입학시험 경쟁률은 '10 대 1'

"엇지하면 나도 학교에 다닐 수 잇슬가. 엇지하면 공부를 하게 되겟슴닛가."

1920년대 한 소년 잡지에 실린 이 글은 상급 학교에 진학하지 못하는 자신의 신세를 한탄한 내용이다. 사회적 상승 수단인 교육에 대한 욕망은 차별받는 식민지 조선인에게 친일과 반일의 가치로 따질 수 없는 대상이었다.[53]

경쟁도 사뭇 치열해서 평균적으로 중등학교는 10 대 1, 전문학교와 대학은 학교에 따라 3 대 1에서 20 대 1의 경쟁률을 보였다.[54] 오늘날 수능시험처럼 거국적인 차원으로 치러지는 시험은 중등학교 입학시험이었다. 경쟁률이 워낙 높다 보니 시험장은 흡사 전쟁터를 방불케했다.

200명 뽑는 데 1200명이 지원할 만큼 중등학교 입학 경쟁률은 매우 심각했지만, 일제는 조선인을 위한 중등학교를 증설하지 않았다. 사진은 경성제2고등보통학교(지금의 경복고등학교).

『동아일보』 1921년 3월 27일자 기사 「처참한 입학시험 광경」은 "비참한 입학시험이 얼마나 어린 사람의 가슴을 태우는지 알아보고자, 26일에 거행한 보성고등보통학교의 시험장을 구경했다. 모자 쓴 1000여 명의 학생들이 이른 아침부터 떼를 지어 몰려들었다. 학교의 넓은 운동장에 수험생이 가득 차서 와글거리고 소란한 모양은 동원령을 받은 군인이 영문(營門)에 모여들 때를 방불케 했다"며 다음과 같이 말했다.

"입학 정원이 200명 밖에 안 되는데 지원한 생도는 1200여 명이라니까, 누구든지 1000명을 제치는 재주가 없으면 입학할 가망이 없다. 수험표를 타는 그네의 얼굴은 모두 불안해보였다. 1000여 명의 수험생을 수용하기 위해 학교의 교실 전부와 맞은편에 있는 중동학교 교실 전부를 사용하는 것으로도 모자라 근처에 있는 종로소학교까지 빌리게 되었다. 수험표를 받아 든 학생들은 대열을 지어 지정된 시험장에 들어갔다. 시험지를 돌린 후 한참 동안 시험지에 번호와 성명 쓰기에 분주하더니 다시 시험장이 적막해졌다. 전장(戰場)에 임한 그들의 얼굴에는 모두 큰 불안감이 감돌았다. 괴로운 빛으로 몸을 비틀고 손가락도 잡아 뽑고 애를 쓰는 모양은 보는 사람으로 하여금 애석한 마음을 견디지 못하게 한다. 책상 위에는 그들의 병기인 두어 자루의 연필이 날카롭게 깎여 있다. 선전을 포고하는 종소리가 울리자 그들의 눈은 일시에 빛나며 시험문제 붙이는 곳을 향했다. 시험문제가 붙자 그들의 격렬한 백병전이 일어나고 연필소리만 처참히 들릴 뿐이다."[55]

1925년 5월 당시 일인 중등학교 학생 수는 1만 180명인 반면 조선인 중등학생은 6309명이었다. 인구 비례로 보면 일인 학생이 조선인 학생보다 75배나 더 많았다. 일제는 조선인을 위한 중등학교를 증설하지 않았다. 학교의 경비 부담에 있어서는 조선인이 일인보다 8.4배 이상 많은 세금을 내고 있었음에도 말이다.[56]

여학생, 사범학교, 민립대학 설립운동

여학생들의 경우엔 입학 경쟁률이 더욱 심했다. 『신여성』 1924년 4월호에 따르면, "입학난! 이것은 조선 사람이 금방 당하는 큰 설움이지만 그중에도 여자의 입학난 이것은 정말 심하다. 보아라 조선에 조선 사람을 가르키는 학교라고 원톄 몇곳이 못되는 것이나 여자를 가르치는 학교는 그중에도 적지 아는가."[57]

사범학교는 어떠했던가. 조선총독부가 1921년에 설치한 사범학교는 1922년 관립경성사범학교로 개편되었으며, 1929년에는 대구사범학교와 평양사범학교 설립되었다. 사범교육만큼은 어떤 분야보다 더 철저한 통제를 받았지만, 학비 전액 면제, 상위 40퍼센트의 학생에게는 생활비 지급 등의 혜택이 있어 대인기였다. 입학 경쟁률은 10 대 1을 넘는 게 예사였다.[58] (1917년생인 박정희는 1932년 대구사범학교에 입학하여 1937년에 졸업했다.)

1922년 보성전문·연희전문·이화여전 등을 민립대학으로 승격시키려는 민립대학 설립운동이 벌어졌다. 『동아일보』 1922년 2월 3일자 사설 「민립대학의 필요성을 제창하노라」에 이어 1922년 11월 이상재(1850~1927)가 민립대학 설립준비회의 회장으로 선출되었지만, 일제의 반대로 이 운동은 6개월 만에 사실상 주저앉고 말았다.[59]

사회주의자들도 민립대학 설립에 반대했다. 심지어 1923년 전조선청년당대회는 '민립대학 설립운동 타도'를 결의하기까지 했는데, 대중교육의 보급이 더 필요하다는 이유에서였다. 이들은 노동자들의 강습소, 농촌의 야학과 간이학교, 고학생들의 합숙소 등에 더 많은 관심을 표명하면서 설령 민립대학이 세워진다고 하더라도 노동자와 농민은 들어갈 수 없다고 선전했다. 실제로 이게 먹혀들어가 민중적 지원을 얻어내는 데 실패했다.[60]

경성제국대학 설립 이유

조선총독부는 한국인에 의한 교육운동을 억누르고 식민지배의 효율화를 노려 1924년 5월 총독부령으로 경성제국대학(서울대 전신)을 설립했다. 경성제국대학 개교식에 초청을 받은 민립대학 기성회 회장이며 조선교육협회 회장인 이상재는 YMCA 회관에서 "오늘은 우리 민립대학 개교식 날이니 다 같이 가세!"라고 했다. 이 말을 듣고 사람들이 의아해서 물으니, 이상재는 다음과 같이 답했다.

"저놈들이 우리나라에 관립대학이라도 만들어줄 놈들인가? 우리가 민립대학을 만들겠다고 하니까 그것이 될까봐 신수를 쓴 것이지! 그러니까 경성제국대학은 우리 민립대학이란 말이야."[61]

일제가 조선인의 민립대학 설립을 저지하기 위한 정략으로 경성제국대학을 설립했다는 게 통설이다. 그러나 정선이는 이 통설에 대해 이의를 제기했다. 정선이는 경성제국대학 설립 이유로 첫째 사이토가 민족분할 정책으로 내세운 '친일 수재 양성'과 이에 따른 일제의 식민지 고등교육정책의 적극적인 전략 변화, 둘째 조선합병의 정당성과 식민통치의 필연성, 식민정책을 학술적으로 뒷받침하기 위한 연구자와 연구기관에 대한 수요, 셋째 총독부의 식민지 개척을 위한 적극적인 이민정책의 발판, 넷째 일본 본국의 교육제도 개혁으로 인한 고등교육의 재편성 등 4가지를 들었다.[62] 정선이는 이상재의 위와 같은 발언에 대해선 다음과 같이 말했다.

"민립대학 설립운동은 그 취지가 관립대학의 관료주의를 경계하는 대항적 성격에서 출발하였음에도 불구하고, 실력양성론의 논리 위에서 식민지 대학으로부터 근대적 지식과 기술을 획득하는 것은 무방한 일이라고 보았던 것이다. 이들이 갖는 식민지 상황에 대한 타협적 시각, 실력양성 논리에 기초한 근대화론, 엘리트주의에 기초한 대학 인식은 식민지교육이 갖는 이데올로기에 대한 비판에 앞서 대학교육의 기회 확보라는 측면에 열중하도록 만들었다."[63]

일제는 일본 전역에서 적극적으로 광고와 선전을 했다. 경성제국대학은 조선에 진출할 수 있는 발판으로 간주해 경성제대 진학을 '프론티어 정신'으로 명명했다.[64] 일제는 예과에 이어 1926년 4월에 법문학부와 의학부만 개설하고 조선인이 요구한 농학, 공학, 이학 분야는 개설하지 않았다. 1941년에 가서야 이공학부가 생겼다.[65]

그간 일제는 "이치를 캐는 자를 되도록 적게 하고 농공상 등 즉 실업에 종사하는 자를 많이 만든다"는 정책을 써왔다.[66] 그렇게 천박한 수준의 공리주의를 강조했던 일제가 처음에 법문학부와 의학부만 개설했다는 것은 정선이가 지적한 '총독부의 식민지 개척을 위한 적극적인 이민정책의 발판'으로서의 용도가 컸다는 걸 시사해준다.

정선이가 지적한 두 번째 이유는 경성제국대학이 1925년 6월에 개편된 조선사편수회와 더불어 "한국사 왜곡의 양대 조직"으로 기능하는 데에서도 찾아볼 수 있다. 조선사편수회엔 경성제국대 총장을 비롯한 교수들이 많이 참여하였다. 박걸순은 "경성제대는 아카데미즘을 위장하여 조선사편수회와 함께 유기적 관계하에서 효과적인 식민지배 수단으로서 식민사학의 연구를 진행하였던 것이며, 공동으로 참여할 수 있는 학회를 다중적으로 조직하였던 것으로 해석된다"고 했다.[67]

'경성제국대학 예과 개교식' 참관기

한국 최초의 대학입시는 1924년 3월 18일부터 21일까지 나흘간 실시됐다. 당시엔 신학기가 4월에 시작됐기 때문에 '입시 시즌'이 3월이었다. 내로라 하는 조선인 수재들이 모였음은 물론 일본까지 가서 지

1924년 5월 총독부령으로 설립된 경성제국대학(서울대 전신)은 조선인의 세금으로 지어지고 운영됐지만, 개교 당시 조선인 학생은 168명 중 44명에 불과했다. 사진은 서울 청량리에 신축된 예과 건물.

원자를 모집하여 치른 '조선제국대학 예과 입학시험'에는 647명이 응시하여 180명이 합격했다. 그러나 이 180명의 수재는 그로부터 3개월이 지난 후에야 입학식을 겸한 개교식을 치르고 '경성제국대학 예과 학생'이 되었다.[68] 처음엔 '조선제국대'였으나 수개월 만에 '경성제국대'로 이름이 바뀌었다. '조선제국대'로 하면 조선을 식민지가 아니라 하나의 제국으로 인정해주는 꼴이 된다며 일제는 황급히 '경성제국대'로 바꾸었다.[69]

『개벽』1924년 7월호에는 '경성제국대학 예과 개교식' 참관기가 실렸는데, 이는 한국 최초의 대학 입학식 풍경이기도 했다.

"6월 12일 오전 10시 30분부터 식을 행한다기에 분주히 대학 예과가 있는 청량리로 향했다. 도착하니 귀빈석, 내빈석, 학부형석은 벌써 어지간하게 차 있었다. 그날은 마침 도지사 회의가 있는 날이었다. 지방에서 상경한 도지사들은 오전 회의까지 취소하고 개교식에 참석했다. 고관대작이 운집한 까닭에 문간에는 자동차가 즐비했다. 서양식 교육이 도입된 지 30여 년이 지나도록 조선에는 최고 학부가 없었다. 중학이나 전문학교를 졸업한 청년이 공부를 계속하고자 해도 외국에 유학 가지 않는 한 공부할 도리가 없었다. 조선에 대학이 생긴다는 것은 마땅히 축하할 만한 일이었다. 그러나 이 기쁘고 경사스러운 날, 식장에는 묘한 기운이 감돌았다. 즐거운 표정을 짓는 사람들 가운데 드문드문 무겁고 착잡한 표정을 짓는 사람이 섞여 있었다."

이어 기사는 "경성제대는 조선 땅에 있으면서도 조선의 대학이 아니었다"며 다음과 같이 말했다.

"예과와 법문학부, 의학부만 완성하는 데 임시비만 500만 원가량 들었고, 경상비는 매년 40만~50만 원이었다. 조선에 있는 10여 개 전문학교 경상비를 다 합친 금액보다 많았다. 그 엄청난 경비는 물론 조선인의 고혈을 짜내 벌어들이는 세금으로 충당됐다. 그런데 그 학교에서 가르치는 사람 중 조선인은 한 사람도 없었다. 168명 학생 중 조선인은 고작 44명이었다. 출입문에서 사무원이 주는 그 학교일람 비슷한 인쇄물을 읽을 때 나는 이루 말할 수 없는 서글픈 느낌이 전광(電光)같이 머리로 지나가는 것을 느낄 수 있었다. 그뿐만 아니라 그곳에 초대를 받아 온 사람들도 거의 전부가 남이고, 조선 사람 특히 제 정신을 가진 조선 사람은 몇 안 됐다. 나머지는 모두 다 '왜장대' 앞에 가서 허리를 굽히는 자들이었다. 그러니까 우리는 그저 남의 세상에 돈만 내는가 하였다."

수석은 조선인 학생 유진오(1906~1987)였다지만, 조선인 학생이 전체의 4분의 1 밖에 안 되었다니 그런 말이 나오게도 생겼다. 입학식은 예정보다 40분가량 늦게 시작되었다고 한다.

"항용 있는 '칙어봉독(勅語奉讀)'과 '기미가요(君代)' 합창의 식순이 지난 뒤에 아리요시 예과부장이 단에 올라 식사를 하였다. '제군에게 배부한 인쇄물 중에 있는 것과 같이 현재 본교 학생은 문이과를 통하여 전부 168명 중에 조선인은 44명뿐이오. 기타는 모두 일본인인데 그중에는 일본에서 중학을 졸업한 사람이 반수 이상 있으나 그 다수는 조선에 부형이나 친척을 둔 사람들입니다.' 이것은 금춘 예과생을 모집할 때에 조선 학생에게는 학교에서 보는 학과시험 이외에 특별히 경찰서에 의탁하야 '신분시험'까지 보게 하면서도 일본 각지의 신문에 모집광고까지 내서 일본 학생을 모집한 데 대한 변명이었다. 그저 그럴 것 없이 '조선 사람에게는 고등교육 기회를 내심 주고 싶지 않으나 기미년(1919년)에 약속한 것도 있고 또한 외국 사람 보는 눈도 있고 하여 부득이 명색이나마 대학을 만든 이상, 자기의 이익을 도모치 않을 수 없어서 그런 것입니다' 하는 것이 오히려 설명하기에 조리도 있고 또한 말하기도 쉽지 않을까 하였다."[70]

'요보'의 굴레를 뛰어넘을 수 있는 길

일본인들은 조선인을 '요보'라 불렀다. 조선인들이 많이 쓰는 '여보'란 말에서 나온 이 말은 '조센징'보다 좀 더 풍자적이고 무시하는 뉘앙스를 갖고 있는 말이었다. 천정환은 '조센징'의 상대어가 '왜놈'이라면 '요보'는 '쪽바리'나 '게다짝'의 상대어라고 했다.[71] 일본인들은 "조선인인 주제에"라는 말을 입에 달고 다니며 조선인을 모욕하곤 했는데, 1927년 홍병삼은 『조선인인 주제에』라는 책을 통해 이를 비

판하기도 했다.[72]

1920년대 조선의 현실을 가장 잘 드러낸 소설로 평가받는 염상섭 (1897~1963)의 『만세전』(1924)에서는 조선의 현실이 '무덤'으로 호명 되었다.[73] 하정일은 『만세전』에서 돋보이는 것 중의 하나는 '식민지 화의 심리적 효과에 대한 성찰'이라며 다음과 같이 말했다.

"식민지화의 심리적 효과는 자기 비하와 민족적 열등감으로 요약 된다. 먼저 자기 비하는 기차에서 만난 갓 장사에게서 잘 나타난다. 왜 머리를 아직도 기르고 있냐는 이인화의 질문에 갓 장사는 머리를 깎으면 경찰에게 개화당이나 운동가 아닌가 하는 의심을 사 고생하게 되니 '요보' 소리 들으며 천대를 받더라도 편하게 사는 것이 더 좋다 는 말인데, 굴종을 도리어 편하게 생각하는 갓 장사의 태도는 자기 비 하의 극치라 해도 과언이 아니다. …… 민족적 열등감의 참담한 실상 을 극명하게 보여주는 예가 국수집에서 일하는 한 소녀의 경우이다. 그 소녀의 어머니는 조선인인데 아버지는 일본인이다. …… 조선인 어머니가 자신을 길러주었음에도 불구하고 '조선말보다는 일본말을 하고, 조선옷보다는 일본옷을 입고' 일본인 아버지를 찾아 아무런 기 약도 없이 일본으로 건너가려는 소녀의 행동은 한마디로 민족적 열등 감의 표현이라 할 수 있다. 이러한 민족적 열등감은 '조선 사람은 난 실혀요. 돈 안이라 금을 주어도 실혀요!' 라는 소녀의 절규에서 처연하 게 표출된다."[74]

그러나 경성제국대학 출신은 사회적으로 '요보'의 굴레를 뛰어넘 을 수 있는 특별한 위치를 점유했다. 광복 이전까지 경성제국대학은 조선 유일의 '대학'으로 35년 동안 식민지 조선에서 대학을 졸업한 자는 오직 경성제국대학 졸업생 810명뿐이었다.

여기에 500년 묵은 관존민비(官尊民卑) 사상이 가세했다. 윤치호는 『신민』 1927년 3월호에 쓴 「오백년 유래의 사환심(仕宦心)을 버려라」라는 글에서 "오백년 이래 백의인뇌(白衣人腦) 속에 길러온 양반심(兩班心)"과 "집안이 망하거나 사회가 퇴폐하거나 불구하고 글 읽어 과거(科擧)하는 것만을 최고 이상으로 하던 사환심"을 지적했다.[75] 그러나 그렇게 말하는 윤치호 자신은 어떤가? 관존민비와 사환심을 비판할 수 있는 위치에 오르기 위해서라도 최고의 학력과 학벌을 가져야 할 이유는 충분했다.

경성제국대생의 출세주의

조선인이 출세의 등용문인 경성제국대학에 들어가는 건 매우 어려운 일이었기에 경성제대는 조선인들 사이에 출세 경쟁을 유발하는 효과를 냈다. 경성제국대학 설립연도인 1924년에 인구 1만 명당 조선인 재학생이 0.6명인 데 반하여 조선 거주 일본인 재학생은 19.1명이었고, 1942년에도 조선인 재학생이 1.8명인 데 반하여, 일본인 재학생은 46.5명이었다. 조선인은 공부를 아무리 잘하더라도 사상 및 신분 검증을 받아야만 들어갈 수 있었다. 그 좁은 문을 뚫고 들어간 조선인은 출세의 '보증수표'를 거머쥔 셈이었으며, 이들은 해방 후에도 각 부문의 지도자로 군림하였다.[76]

1993년 장세봉은 「일제의 경성제국대학 설립과 운영」이란 논문을 통해 경성제국대는 교육 본연의 목적보다는 친일 인재 양성에 더 심혈을 기울였다고 지적하면서 "이 때문에 경성제대 등 일제하의 관립학교 등은 해방 이후 한국고등교육의 전사로 수용될 수 없으며 오히려 철저한 비판과 극복의 대상으로 인식돼야 할 것"이라고 주장했다. 장세봉은 800여 명의 한국인이 포함된 경성제대졸업생 2300여 명이 일제의 지배 엘리트로 편입되어 두드러진 활동을 펼쳤음을 적시했다.[77]

김상봉은 "경성제국대학은 식민통치를 직접 담당하는 관료기구와 식민통치를 이데올로기적으로 뒷받침하는 교육권력, 그리고 식민지 수탈을 위한 공기업 등 이 땅의 주요 권력기관에 진출하여 식민통치를 돕는 토착 권력집단의 모태가 되었던 것이다"며 "경성제대 이외의 대학을 불허하여 대학교육의 기회를 원천적으로 봉쇄했을 뿐 아니라 하나뿐인 대학을 참된 학문공동체가 아니라 한갓 권력 획득과 출세의 도구로 만들어버림으로써 대학교육을 왜곡하고 이후 한국 사회에 학벌주의의 씨앗을 뿌렸다"고 했다.[78]

경성제국대생의 사무라이적 엘리트 의식

경성제국대학교는 조선 학생들에게 일본식 엘리트주의, 즉 일본 지배층의 '무사적 윤리'를 심어주는 악영향을 초래하였다. 조선인 학생들은 일본인 학생들이 하는 '객기 부리기'에 동참했다. '달리는 전차 세우기'를 하거나 '파출소 앞에서 일본인 경찰관의 발에 오줌 누기' 등의 만용적 행동을 따라 한 것이다.

윤선이는 "이러한 행동은 한국의 전통문화에서 발견하기 힘든 것이다. 식민지 사회에서 조선인 학생이 이러한 만용적 행동들을 할 수 있었다는 사실은 주목할 만하다"고 했다.[79]

훗날 조선인 졸업생들은 "학생들의 호연지기를 길러준다고 해서

학교에서 학생들을 치켜 올리고 학생들의 언동을 대범하게 대해"주었고, "호랑이 같은 일본인 경찰도 학생에게는 비교적 관대했다"고 회고했다. 이른바 '달밤의 소동' 사건에 대한 회고담을 들어보자.

"예과에 다니던 한 조선인 학생이 버스 안에서 여차장에게 '고것 참 예쁜데' 하고 농담을 했는데, 운전사와 차장이 합세해서 '경성제대에 다니면 제일이냐, 버릇 좀 고쳐야겠다'리고 큰소리로 외치는 바람에 많은 승객 가운데 크게 망신을 당했다. 이 소문이 예과에 퍼지자 순식간에 60여 명의 조선인 학생이 모여 당시 운전사와 차장들의 합숙소가 있는 청량리 역전으로 몰려가 몽둥이와 돌멩이로 숙소를 완전히 때려 부쉈다."[80]

조선인 학생들은 사무라이적 엘리트 의식과 더불어 '일본 문화와 서구 문화에 대한 열등감을 내재한 이중적인 모순구조의 엘리트 의식'을 갖게 되었다. 그건 극도의 서구화와 더불어 일본에 대한 뿌리 깊은 열등감을 내재한 것이었다. 조선인 학생들은 저항의식을 아예 포기하거나 숨어서 교가를 한글로 부르는 수준의 매우 소극적인 자세를 취했다.[81]

반면 조선인 학생들의 고시열풍은 뜨거웠다. 예과를 거쳐 본과로 갈 때에 거의 대부분 법학과로 진학했다. 문학계 학과를 졸업한 학생들은 고시준비를 하기 위해 다시 법학과로 진학하여 2개의 학위를 얻는 경우도 적지 않았다. 식민 고등관료로 진출하기 위한 고시열풍 문화가 형성된 것이다.[82]

경성제국대와 서울대

정선이는 "해방 이후 국립 서울대학교는 설립 과정에서, 경성제국대학의 부지와 건물, 해방 당시 재학생들을 그대로 흡수하였고 경성제국대학 졸업생들의 다수는 서울대학교의 교수로 재직하였다. 부지와 건물, 재학생들을 수용하면서 서울대학교는 경성제국대학과의 고리를 철저히 단절하지 못했다"며 다음과 같이 말했다.

　"공식적인 서울대학교사는 개교를 1946년으로 잡고 있지만 한편으로, 『서울대학교 의과대학사』, 『서울법대백년사』에서 볼 수 있듯이 경성제국대학을 그 뿌리로 간주하는 이중적 인식의 대학사를 가지고 있다. 즉, 국립 서울대학교의 설립 주체는 명백히 대한민국 정부임에도 불구하고, 법학부와 의학부는 개별적인 단과대학사를 통해 경성제국대학을 그 모체로 간주하고 동문의 범위를 경성제국대학 출신자에게까지 확대하고 있는 것이 현실이다. 국립 서울대학교는 대한민국 최고의 대학이라는 자부심을 가지면서도 스스로의 대학 정체성에 대한 치열한 반성과 고찰을 가지지 못했다고 할 수 있겠다. 서울대학교가 그동안 이루어낸 많은 업적들에도 불구하고 대학 정체성의 반성 부재에서 비롯된 식민지적 엘리트 의식은 여전히 왜곡된 형태로 남아 서울대학교를 중심축으로 하는 현재의 대학교육 체제와 문화에 영향력을 발휘하고 있다."[83]

　서울대와 경성제국대의 다른 점은 여러 가지가 있겠지만, 서울대는 경성제국대의 출세지향주의만큼은 그대로 물려받았다. 군사정권 시절엔 육사와 서울대 법대 출신들이 권력의 요직을 독점한다고 하여 '육법당'이라는 용어까지 만들어졌고, 정치학과도 법대 못지않아 '서울대 정치학과 정년 교수 1호(김영국 교수)'는 1995년에서야 탄생했다.

1946년 정치학과가 개설된 이래 정년퇴임 전에 지병으로 세상을 떠난 민병태 교수와 현직 교수들을 제외하곤 모두 정관계에 진출했기 때문이다.[84] 경성제국대학의 그늘은 길고 짙다.

제**3**장

한반도를 휩쓴 사회주의 열풍

'처세의 상식' 이 된
사회주의

3 · 1운동은 '한국 사회주의의 어머니'

1920년대 한반도엔 사회주의 열풍이 휘몰아쳤다. 윤치호는 사회주의의 성장 원인을 기본적으로는 일본 통치에 의한 조선인의 '걸식 상태' 에 있다고 말하면서, 한편으로는 타인에 빌붙어 살 능력밖에 없는 민중이 '부자의 집과 토지의 몰수에 의해 그 기생주의의 욕망' 을 채우기 위한 것이라고 생각했다.[1]

그러나 사회주의 열풍은 이런 시각만으로는 설명되기 어렵다. 사회주의 사조(思潮)는 1917년 러시아혁명, 1919년 윌슨이 제창한 민족자결주의 등 1910년대 후반의 세계사적 상황으로부터 적잖은 영향을 받은 것이었다.[2] 특히 3 · 1운동은 '한국 사회주의의 어머니' 였다.[3] 뒷날 조선공산당 중앙위원을 지낸 구연흠(1883~1937)은 '공산당선언' 의 어법을 빌려 다음과 같이 말했다.

1920년대에 몰아친 사회주의 열풍의 근원은 3·1운동이었다. 3·1운동 이후 조선의 지식인들은 친일인사나 사회주의자가 되었다. 사진은 파고다공원에서 '독립선언'이 있었다는 소식을 들은 시민들이 종로에서 '대한독립만세'를 외치는 모습.

"오호! 괴물은 침입해왔다. 지금으로부터 77년 전에 칼 마르크스, 엥겔스가 말한 유럽을 배회하던 그 유령의 발자국이……한국에 침입한 때는 바로 1919년 3월 1일에 발발한 민족 독립운동이 실패로 돌아간 직후였다."[4]

게다가 워싱턴회의(1921. 11~1922. 2)가 조선의 독립 문제를 묵살해한국인들에게 큰 실망과 좌절을 안겨주었다. 이 회의를 현지에서 취재한 『동아일보』기자 김동성(1890~1969)은 당분간 한국의 독립은 절망적이라는 판단을 내리는 반면 일본은 세계 5대 강국의 반열을 뛰어넘어 3대 강국의 하나라고 인식하게 되었다. 이런 생각은 많은 지식인들에 의해 공유되었고 이후 그들은 친일노선으로 택하거나 사회주의자가 되었다.[5]

이광수의 경우를 보자. 상하이에 있을 때 3·1독립선언서에 서명한 사람 중에 윤치호가 당연히 들어 있을 것이라고 생각했던 이광수는 그가 들어 있지 않을 뿐 아니라 오히려 반대했다는 것을 전해 듣고 극구 비난하였다. 그러다가 워싱턴회의에서 조선 문제가 거론조차 되지 않는 것을 보고 귀국한 이후에는 이미 그걸 예측했던 윤치호에게 존경심을 갖게 되었다.[6]

사회주의 단체들의 창립

그런 상황에서 해외 한인들 사이에서 사회주의 열풍이 분 건 당연한 일이었으며, 이는 국내에도 영향을 미쳤다. 1920년 가을 국내 최초로 서울에서 사회혁명당이란 사회주의 단체가 결성되었는데, 이는 상하이 임시정부 국무총리 이동휘(1873~1935)의 한인사회당과 연계되어 조직되었다.[7]

다른 사회주의 단체들도 다수 창립되었다. 1920년 4월 1일 서울에서 약 60여 명의 사람들이 모여 조선노동공제회라는 최초의 노동자 단체를 결성했다. 조선노동공제회는 전국에 20여 개의 지회를 둔 가운데 1만 5000여 명의 회원을 확보하였으며 기관지로 『공제(共濟)』를 발간하였다.

그러나 조선노동공제회는 민족주의자, 사회주의자, 선진 노동자 등으로 구성돼 내부의 복잡한 사상적 갈등이 일어나자 1922년 10월에 해체되고 그다음 날 노동자 계급의식이 불분명한 회원을 일소하고 노동자의 해방을 전면에 내세운 조선노동연맹회를 창립했다. 노동단체들은 1920년부터 전 세계 노동자들의 명절인 메이데이 기념행사를

1924년 4월에 결성된 조선노농총연맹 창립총회 기념사진. 사회주의와 노동자로서 계급의식에 눈뜬 조선의 민중들은 서로 연대하고 단체를 결성하기 시작했다.

산발적인 동맹파업, 시위행진 등의 형태로 전개하였다.[8]

1924년 4월에는 노동운동과 농민운동을 아우르는 전국 조직으로 조선노농총연맹이 결성되었다. 조선노농총연맹은 '노농(勞農)계급의 해방과 신사회의 실현'을 내걸고 "소작료는 3할 이내로 할 것"이라는 결의를 채택했다.[9]

조선노농총연맹은 1927년에 조선농민총연맹과 조선노동총동맹으로 분화되는데, 이는 노동자 수의 증가에 따른 것이었다. 1920년 공장 노동자의 수는 5만 5279명이었으나 1928년에는 9만 9547명으로 늘었다. 여기에 광산, 철도, 운수, 해운 부문 노동자까지 합하면 노동자의 수는 약 100만 명에 이르렀다.[10]

서울청년회와 화요회 · 북풍회의 대립

당시 '개조'와 '개벽'이라는 용어가 유행한 것도 바로 그런 흐름을 반영하는 것이었다. '청년'이란 용어도 시대적 유행어가 되었으며, 사회주의 이념으로 무장한 각종 청년단체들이 많이 생겨났다. 1923년부터는 국내 사회주의 단체들의 헤게모니 경쟁이 치열해질 정도였다. 특히 서울청년회와 북풍회(북성회)는 때로 주먹까지 휘두르면서 헤게모니 장악 경쟁을 벌였다.[11]

서울청년회는 1921년 1월 27일 서울에서 조직된 사회주의 단체로 1923년 3월 전조선청년당대회를 주최한 데 이어 1924년 4월 전조선노농대회를 열었으며, 조선청년총동맹을 결성하는 데 있어 주도적 역할을 하였다. 서울청년회는 화요회 · 북풍회와 끊임없이 대립하고 반목했다.[12]

화요회(火曜會)는 1924년 11월 19일 서울에서 조직된 사회주의 단체로 신사상연구회가 개편된 것이다. 신사상연구회는 1923년 7월 7일 "홍수같이 몰려오는 신사상을 연구하여 갈피를 찾아보려는 목적"으로 만들어진 연구단체로 홍명희, 홍증식, 김찬, 윤덕병 등이 주요 인물이었으며 당시 회원 수는 60여 명이었다. 마르크스의 생일이 화요일인 것을 따서 화요회로 이름을 지었다고 한다.[13]

북풍회는 1924년 11월 25일 서울에서 조직된 사회주의 단체로 도쿄에 있는 유학생 중심의 사상단체 북성회의 국내 본부였다. 북풍회는 서울청년회와는 반목 대립했지만 화요회와는 협력관계를 맺어 나중에 같이 조선공산당을 결성했다.[14]

조선여성동우회와 분파 갈등

이런 흐름에 자극받아 1924년 5월 23일 우리나라 역사상 최초로 사회주의 여성단체인 조선여성동우회(朝鮮女性同友會)가 결성되었다. 정종명, 주세죽, 허정숙, 정칠성 등이 발기인이 되어 조직한 조선여성동우회는 창립선언문에서 당시 여성들이 노예 상태에 놓여 있음을 지적하면서 다음과 같이 주장했다.

"사람으로서 사람다운 생활을 하지 못하고 권리 없는 의무만을 지켜오던 여성대중도 인류 역사의 발달을 따라 어느 때까지든지 그와 같은 굴욕과 학대만을 감수하고 있을 수는 도저히 없게 되었다. 우리도 사람이다. 우리에게도 자유가 있으며 권리가 있으며 생명이 있다. 우리는 성적으로나 경제적으로나 남성의 압박 · 노예가 되고 말았다. 아! 우리도 살아야 하겠다. 우리도 잃었던 온갖 우리의 것을 찾아야 하겠다."[15]

1927년 해체하기까지 조선여성동우회는 각 지방에 40여 개의 여자청년회를 조직했고, 순회강연과 토론 · 강좌 등을 통해 사회주의 여성운동의 정신을 소개했다. 각 지역에서는 1923년부터 1927년 근우회가 조직되기 직전까지 약 200개의 여성운동단체가 결성되었는데, 그중 사회주의적 입장을 확실하게 표명한 것은 4분의 1정도였다.[16]

당시 사회주의 단체들 간 갈등이 얼마나 심했는가는 조선여성동우회마저 그 바람에 휩쓸려 한때 두 파벌로 나뉘었다는 게 잘 말해준다. 서울청년회계와 화요회, 북풍회계의 대립은 그들의 아내들을 통해서도 나타났다. 1925년 1월 18일 허정숙(허헌의 딸로 임원근의 아내), 주세죽(박헌영의 아내), 김조이(조봉암의 아내) 등 반(反)서울청년회 계열은 경성여자청년동맹을 발기하였고, 1925년 2월 21일 박원희(서울청년회 김

사국의 아내) 등 서울청년회 계열은 경성여자청년회를 조직하였다.[17]

신용하는 초기 사회주의, 공산주의 운동단체들의 이런 분파 및 종파 갈등의 원인으로 첫째, 사회주의 · 공산주의 운동이 외부에서 여러 다른 경로로 도입되었을 뿐 아니라 코민테른이 막강한 규제력과 승인 권한까지 가져서 민족 내재적 자주성이 약했다는 점. 둘째, 국내 사회주의 · 공산주의 운동이 일제의 엄중한 살인적 탄압 아래서 철저한 비밀결사운동으로 진행되었기 때문에 의사소통이 어려웠다는 점. 셋째, 사회주의 · 공산주의자 운동가들은 거의 모두 지식인으로서 사회 현장에서 근로하면서 활동하는 것이 아니라 배후에서 현장의 노동자 · 농민 · 활동가들을 조종하는 일에 더 친숙했다는 점 등을 들었다.[18]

반면 전명혁은 "세계 공산주의운동사 어디에서도 처음부터 단일한 사상적 체계를 가지고 당이 운동을 시종일관 이끌었던 예는 존재하지 않았다"며 "1920년대 일제하 사회주의운동에서 분파투쟁의 격렬함은 오히려 운동의 역동성을 의미하였다"고 주장했다.[19]

'사회주의 신문'이 된 『조선일보』

사회주의 열풍과 언론은 서로 영향을 주고받는 관계였다. 1922년 3월 '신생활을 제창함, 평민문화의 건설을 제창함, 자유사상을 고취함'이란 구호를 내세운 '한국 최초의 사회주의 잡지'가 창간되었으니, 바로 『신생활』이다. 이 잡지는 '김윤식 사회장' 사건을 계기로 『동아일보』에서 나온 김명식 등이 주도해 만든 잡지로 자본주의 사회에 대한 비판과 아울러 사회주의 사상 선전에 주력하였다.[20]

1922년 8월 12일 조선총독부 경무국장은 주요 언론사의 사장을 불러놓고 독립사상, 과격사상, 공산주의사상을 유포하는 언론에 대해서는 강력 처벌하겠다고 경고했다. 『신생활』이 1922년 11월호와 12월호를 러시아혁명 기념 특집으로 기획하자 '적화사상'을 선전했다는 이유로 관계자들 구속, 1923년 1월 잡지에 대한 폐간 명령과 함께 인쇄기를 몰수했다.[21]

그러나 '열풍'을 막는 데엔 한계가 있는 법이다. 『개벽』과 『동아일보』는 레닌 사망 이후 러시아의 정치적 상황에 대해 긍정적으로 평가하거나 그의 죽음을 애도하는 다수의 기사를 게재했다. 『동아일보』 1925년 1월 13일자는 경성청년회가 레닌에 대한 추도식을 준비하고 있다고 보도하면서 "오는 21일은 이미 신문지상으로 50여 차례나 보도를 전했던 세계무산혁명의 아버지 레닌이 세상을 떠난 지 1주년"이 되는 날이라고 했다. 대부분의 기념식은 일제 경찰로부터 방해를 받아 무산되었지만, 『동아일보』는 레닌의 추도식과 관련된 기사들을 자주 보도했다.[22]

특히 『조선일보』는 1924년 9월부터 사회주의 논조를 펴기 시작해서 '사회주의 신문'이라는 평을 받았다. 『조선일보』는 이미 1924년 6월 18일자 사설을 통해 자치론자들을 '도당'이라고 호칭하면서 '구더기'에 비유했다.[23] 점점 사회주의를 향해 나아가는 『조선일보』의 예고탄이었던 셈이다.

『조선일보』 1925년 3월 14일자 사설은 카를 마르크스 42주기를 맞아 "과학자 더욱이 경제학상 신기원을 획한 경제학자로서 사회철학상 신진리의 탐구자로서 불후의 공적을 쌓고 사상가로서 혁명가로서 백대(百代)의 사표가 되고 또한 노동계급 운동의 지도원리의 계시자로서 애(愛)와 의(義)을 위하야는 만승군주의 위세와 삼순구식(三旬九食)

의 빈곤에도 백절불굴(百折不屈)하고 용전역투하던 혁명가로서 천만 푸로레타리아트의 추앙과 존경을 받던 그의 영령은 이에 영원히 진세(塵世)를 이별하였다"고 극진한 찬사를 바쳤다.[24]

　같은 시기 『동아일보』에도 공산주의나 사회주의를 소개하고 옹호하는 논설과 기사들이 실리긴 했으나 비판 논설·기사도 같이 실어 균형을 취한 반면 『조선일보』는 '마치 공산주의 이념의 교과서와 같은 인상을 강하게' 줄 정도로 사회주의·공산주의에 심취하였다. 『동아일보』의 경우 1926년 이후엔 과격한 공산주의운동을 견제하는 사설·논설 등이 증가하는 양상을 보였으나, 『조선일보』는 1933년까지 사회주의 신문으로서의 기조를 유지해 갔다.[25]

겉만 빨간 홍당무나 사과

사회주의가 인기를 누리면서 한국 특유의 '쏠림' 현상이 나타났다. 배경식은 "1920년대에 접어들면서 사회주의를 신봉하고 사회혁명을 논하지 않는다면 사람 축에도 들지 못하는 시대 풍조가 나타났다. 사회주의는 젊은이들의 의식 속에 급속도로 파급되어 '입으로 사회주의를 말하지 아니하면 시대에 뒤진 청년' 같이 생각될 정도로 영향력을 발휘하였다. 심지어 사회주의는 젊은이들 사이에서 일종의 '처세의 상식' 이란 치장용의 지식으로 전락하기도 하였다"며 다음과 같이 말했다.

　"당시 발간된 『혜성』이란 잡지는 사회주의 서적을 광고하면서 '사회주의를 믿고 안 믿는 것도 딴 문제요, 사회주의가 실현되고 안 되는 것도 딴 문제이다. 다만 사회주의가 무엇인지는 알아야만 행세할 수 있는 것이 오늘의 형편이다'라고 하였다. 이러한 처세의 상식으로 행세하기 위해 유행병처럼 사회주의자를 자처하는 자가 늘어났다. 사회주의에 대하여 거의 무지상태이면서도 독선적으로 사회주의자인 척하는 작태는 기이하게도 당시 이른바 지식청년의 풍조가 될 정도였다. 이러한 자들을 비아냥거려 일본 경찰은 '마르크스 보이' 또는 '겉만 빨간 홍당무나 사과'라고 하였다."[26]

『조선지광』1927년 5월호는 "경향 각처에서……입으로 사회주의를 말하지 아니하면 시대에 뒤진 청년같이 생각하게 되었다"고 했다. 사회주의에 반대 입장을 표명한 한 파리 유학생은『중외일보』1927년 4월 18일자에 쓴 글에서 그런 세태를 다음과 같이 풍자했다.

"수년 전만 하여도 맑스 등록상표 아닌 사상상품은 조선사상 시장에 가격이 적었고, 맑스 신도가 아니면 시대의 낙오자라는 불미한 칭호를 얻게 되었다. 억지로라도 맑스 도금술과 맑스 염색술을 발명하여 사상적 낙오자됨을 면하기에 노력했었다."[27]

3·1운동이 '한국 사회주의의 어머니'였던바, 사회주의 열풍은 사상으로 하는 독립운동의 연장선상에서 나타난 것이라고 보는 게 옳을 것 같다. 사회주의 혁명이나 독립혁명이나 약자의 위치에서 거대한 절벽에 도전하는 일이라고 하는 공통점이 그 열풍의 근원은 아니었을까?

조선공산당
창당

조선은 조선인의 조선이다

1925년 4월 17일 서울 아서원에서 비밀리에 공산당 창당대회가 열렸다. 이때 결성된 조선공산당은 재외 한인 공산주의 세력이 아닌 한국인의 '수십만 조직 군중 속에서' 108명으로 조직된 최초의 순수한 국내 당이었다.[28]

조선공산당은 슬로건으로 "조선은 조선인의 조선이다"고 선언했다.[29] 이 슬로건이 시사하듯이 조선공산당은 코민테른의 전폭적인 지원하에 결성되었던 것이 아니며 조선공산당의 결성이 결코 긍정적인 평을 받은 것도 아니었다. 이 점이 바로 훗날 조선공산당이 해체의 길을 걷게 되는 주요 이유가 된다.[30]

당시 국내에서는 상하이파와 이르쿠츠크파에서 활동했던 공산주의자뿐 아니라 일본에 유학했던 청년지식인들이 사상 서클을 만들어 경쟁적으로 활동하고 있었다. 또한 사회주의 단체들이 다수 창립되고, 1924년 4월에는 조선노농총동맹이 창립에 성공했다. 이러한 분위기에 힘입어 창당된 조선공산당은[31] 표면적으로는 서울청년회 계열을 제외한 국내외의 모든 공산주의그룹들이 연합한 형태를 취하였지만, 실제로는 화요회가 당 조직을 주도했다.[32]

당시 노동운동, 농민운동, 청년운동 등은 '일본 경찰의 감독과 감시 아래' 합법적으로 활동이 가능했으나 공산주의 단체의 활동은 불법이었다.[33] 그래서 조선공산당 창당대회는 일제의 눈을 돌리기 위해 표면적으로 전조선기자대회와 전조선민중운동자대회를 준비하면서 비밀리에 개최되었다.[34] 전조선기자대회를 이해하기 위해선 잠시 일제 치하의 언론단체에 대한 설명이 필요하다.

우리나라 최초의 전조선기자대회

일제 치하의 언론인들은 일제의 탄압에 대항하기 위해 언론단체를 결성하였다. 가장 대표적인 언론단체인 무명회(無名會)는 1921년 11월 27일에 결성되었는데, 회원 자격을 '조선인 기자'라고 폭넓게 규정하여 발행인이나 편집인, 기자가 모두 참여할 수 있도록 하였다. 무명회의 목적은 문화 보급의 촉진, 언론 자유의 신장, 여론의 선도, 회원의 명예와 권리의 옹호, 회원 상호간 친목 도모 등이었다.[35]

그러나 무명회는 창립 다음 해인 1922년까지만 몇 차례 모임을 가졌을 뿐 1923년부터는 사실상 아무 일도 하지 않았다. 그리하여 1924년 친일단체인 각파유지연맹 간부들이 『동아일보』 사장 송진우와 취체역(대표이사) 김성수를 폭행한 사건, 그리고 그로 인해 일어난

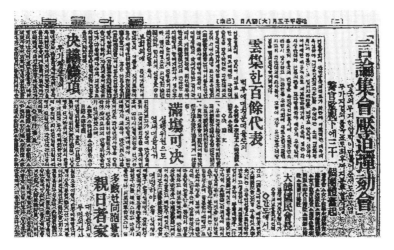

『동아일보』 1924년 6월 9일자에 실린 '언론집회압박탄핵대회' 관련 기사. 기자들은 일제의 언론탄압에 대항하기 위해 무명회(無名會)와 같은 언론단체를 결성하기 시작했다.

'언론집회압박탄핵대회' 라는 민중대회의 성격을 띤 항일언론 투쟁 시에도 아무런 역할을 하지 못했다.

1924년 8월 17일 언론인 30여 명은 모임을 갖고 무명회를 부활시키고 회원의 가입 자격을 "민주의 정신과 배치되지 아니하는 신문기자"로 한정한다고 결의하였다. 이 결의에 따라 그 자리에 참석했던 『매일신보』 기자 2명을 그 자리에서 퇴장시켜버렸다.[36)]

1924년 11월 19일엔 사회부 기자 20여 명이 모여 철필구락부라고 하는 새로운 언론단체를 결성하였다. 이 단체는 회원 가입의 자격을 사회부 기자로 제한했으며, 신문 강연회 등과 같은 사업을 벌였다. 철필구락부의 주장에 따르자면, 우리나라 최초의 신문 강연회는 철필구락부가 1925년 2월 5일 YMCA에서 입장료 10전을 받고 개최한 강연회다. 또 철필구락부는 1925년 5월경 회원 총회를 열고 사회부 기자의 급료를 최저 80원으로 인상 지급하도록 요구할 것을 결의하였는데, 이는 우리나라 언론사상 최초로 기자단체에 의한 급료 인상 투쟁으로 기록되고 있다.[37]

무명회와 철필구락부가 공동으로 벌인 가장 큰 행사가 1925년 4월 15일부터 3일간에 걸쳐 서울에서 열린 우리나라 최초의 전조선기자대회나. 이 대회에는 20여 신문·잡지사 기사 463명이 참가했나.[38] 전조선기자대회는 "죽어가는 조선을 붓으로 그려보자! 거듭나는 조선을 붓으로 채찍질하자!"는 구호를 내걸었으며 그 '취지서'에서는 다음과 같이 밝혔다.

"언론은 권위가 그의 생명이다. 현하 우리의 언론은 과연 어떤 언론인가? 우리는 힘껏 그 권위를 북돋우고, 그 생명의 발약(潑躍)함을 보아야 하겠다. 우리는 한 번도 원만히 모여 보지 못했다. 원만히 모이면 반드시 그만한 효과가 있을 것이다. 본 대회의 권위가 여기에 있다. 만천하 언론계의 동직자들이여! 모이자! 그리하여 '언론의 권위를 신장' 하고 동직자의 친목을 도모하자."[39]

『조선일보』의 역할

이 대회에서 의장엔 『조선일보』 사장 이상재, 부의장엔 『조선일보』 주필 안재홍(1891~1965)이 뽑혔다. 당시 『조선일보』 기자였던 김을한은 "전조선기자대회가 개최되기까지에는 일간 신문 각사의 사회부 기자를 중심으로 조직된 철필구락부와 『조선일보』 영업국장 홍증식 이하 화요회 계통의 이른바 적파 기자들이 주동이 되었던 만큼 일반의 방청을 금지하고 회원들끼리만 의사를 진행하였는데, 개회 벽두부터 벌써 좌우 양파 기자가 대립하여 파란과 분규가 그치지를 않았다"며 다음과 같이 주장했다.

"그러나 당시 『조선일보』 사장이던 이상재 선생의 넓은 도량과 응훈한 기백으로 결렬까지에는 이르지 않고 가까스로 의장에 이상재, 부의장에 안재홍 씨를 선출하는데 성공하였다. 이 대회는 화요회가 주동이 된 만큼 '기자대회'란 표면상 한낱 구실에 지나지 않았다. 실상인즉 각지에 흩어져 있는 사회주의자를 한자리에 모이게 하기 위한 말하자면 공산당 조직의 예비회의와 같은 것이어서, 속담에 '재주는 곰이 피우고 재미는 되놈이 본다'는 말과 같이 '기자대회'도 화요회의 간부인 홍증식이 영업국장으로 있었던 만큼 돈은 조선일보사에서 쓰고 실속은 공산주의자들이 본 것이나 다름없는 것이었다. 따라서 당시 『조선일보』의 지국장과 지방 기자들은 대부분이 적색분자였으니 이 때문에 『조선일보』는 커다란 영향과 손해를 보게 되었던 것이다."[40]

무명회와 철필구락부는 신문의 정간 처분이나 경찰의 기자 구속·폭행 등과 같은 일이 일어났을 때 항의하여 일정 정도 성과는 얻었으나 그 정도의 활동이나마 1927년 이후에는 나타나지 않았다.

고려공산청년회의 결성

공산당 창당이 끝난 다음 날인 4월 18일 서울 훈정동 박헌영의 집에서 20여 명이 모인 가운데 고려공산청년회가 결성되었다. 고려공산청년회 역시 조선공산당과 마찬가지로 서울청년회 계열을 제외한 파벌연합적 모습을 띠었으나 실질적인 주요 세력은 1921년 상하이에서 조직된 이르쿠츠크계 고려공산청년회의 박헌영(1900~1955), 김단야

(1899~1938), 임원근(1899~1963) 등과 화요계의 김찬(1911~1938), 조봉암(1898~1959) 등이었다. 표면에는 조선청년총동맹이라는 합법적 단체를 내걸고 지하에서 활동하였다. 고려공산청년회는 국제공산청년동맹에 조봉암을 보내 유학생을 파견하면 받아달라고 요청하였는데, 승인이 온 것은 약 1년 후인 1926년 4월이다.[41]

조선공산당과 고려공산청년회 결성을 주도한 화요회의 주역들은 『조선일보』 기자들이거나 곧 『조선일보』 기자로 입사할 사람들이었다. 이들은 6개월 만에 조선일보사를 떠나게 되지만 신문사가 그런 비밀활동을 하기엔 유리했다. 신문기자라는 신분의 유리함과 더불어 신문사의 지방 지국망을 세포조직 확산의 거점으로 이용할 수 있었다. 이른바 '화요 3인조'라 불리는 박헌영, 김단야, 임원근은 『조선일보』 사회부에, 조선공산당 초대 책임비서 김재봉, 홍남표, 홍덕유 등은 지방부에, 이들의 대부 격인 홍증식은 영업국에 있었다. 박헌영과 임원근은 1925년 5월 말에 『조선일보』에 입사해 이미 기자로 있던 김단야와 합류했다.[42] ('화요 3인조'인 박헌영의 아내 주세죽, 임원근의 아내 허정숙, 김단야의 애인 고명자는 모두 사회주의 동지로 이 세 여성은 '여성 트로이카'로 불렸다.)

하지만 좌익 기자들은 1925년 10월 대부분 해직되었다. 『조선일보』 논설위원인 서울청년회계의 신일용이 쓴 1925년 9월 8일자 사설 「조선과 로국(露國)과의 정치적 관계」 때문이었다. 그는 이 사설에서 "조선 문제의 해결은 노농적로(勞農赤露)의 세계 혁신운동과 일치하는 데 의하는 것 이외에는 없을 것이다"고 주장했는데, 이것이 문제가 되어 『조선일보』가 정간당하고 대부분의 좌익 기자들이 해고되었다.[43]

박헌영과 주세죽 부부. '신의주 사건'으로 수감됐던 박헌영은 미친 사람 행세를 하며 자신의 변을 집어먹기까지 했다. 산기가 있는 아내 주세죽을 데리고 블라디보스토크로 탈출했다는 이야기는 그를 '조선의 영웅'으로 만들었다.

박헌영의 체포와 탈출

1925년 11월 22일 신의주 사건으로 조선공산당과 고려공산청년회 조직이 발각되었다. 신의주 사건이란 조봉암 쪽에서 유학생 파견비로 보내온 돈을 박헌영에게 전달하는 과정에서 박헌영이 조봉암에게 답하는 비밀문서가 발각돼 제1차 공산당이 사실상 괴멸되는 타격을 입은 사건을 말한다.

사건의 발단은 이렇다. 저녁 늦게 신의주 시내 한 음식점에서 회식을 하던 두 그룹 사이에 싸움이 벌어졌다. 한 그룹은 신의주에서 가장 영향력 있는 합법 청년단체인 신만청년회 회원 20여 명, 다른 한 그룹은 신의주 유지 3인과 일본 경찰 2인이었다. 청년회는 누군가의 결혼식 피로연이라 노래와 춤을 즐겼는데, 일본 경찰이 조용히 하라고 강압적으로 요청하자 일본 경찰을 폭행했다. 때문에 일본 경찰이 청년회원들을 수사했는데 이 과정에서 조선공산당과 고려공산청년회 조직이 발각되었다.[44]

1925년 11월 29일 조선공산당 산하 고려공산청년회의 책임비서 박헌영이 같은 공산주의 운동가인 아내 주세죽과 함께 서울 훈정동 자택에서 일경(日警)에 붙잡혔다.(주세죽은 증거 불충분으로 열흘 후 석방됐다.) 두 사람 외에도 임원근을 포함한 12명의 연루자가 함께 체포되었다. 2년 뒤에 열린 조선공산당사건 재판은 김병로(1887~1964)·이인(1896~1979)·허헌(1885~1951) 등 '항일변호사'들이 무료 변론을 자청하는 등 국내외 언론의 비상한 관심을 모았다.[45]

박헌영은 1927년 11월 22일 병보석으로 출감해 병원에 입원했다. 박헌영은 미친 사람 행세로 보석을 얻어냈다. 감옥에서 주는 밥을 먹지 않고 수시로 간수들에게 달려들었고 심지어 자신의 변을 허겁지겁 집어먹기도 했다. 연극이 완벽해 담당 의사도 속아 넘어갔다.[46] 경성고보 동창생인 시인 심훈(1901~1936)은 그해 12월 2일 연민과 분노로 「박군의 얼굴」이라는 시를 썼다.

"이게 자네의 얼굴인가?/ 여보게 박군, 이게 정말 자네의 얼굴인가?/ 알코올 병에 담가 논 죽은 사람의 얼굴처럼/ 마르다 못해 해면(海綿)같이 부풀어 오른 두 뺨/ 두개골이 드러나도록 바싹 말라버린 머리털/ 아아 이것이 과연 자네의 얼굴이던가"[47]

1928년 8월 박헌영은 만삭의 아내를 데리고 두만강을 건너 블라디보스토크로 탈출하는 데에 성공했다. 박헌영은 혁명사업을 위해 애를 갖는 걸 원치 않았지만, 탈출에 유리한 조건을 만들기 위해 한 '기획 임신'이었다. 그의 아내 주세죽의 고향이 함흥이었기 때문이다. 처음에 함흥에 갔을 땐 경찰이 계속 따라붙었지만, 주세죽에게 산기가 있자 경계가 느슨해졌다. 박헌영은 그 틈을 타 양수가 터지는 주세죽을 배에 태워 블라디보스토크로 도망갔다.[48] 박헌영의 탈출은 신문에 대서특필되었고 그의 인기는 더욱 치솟았다. 황용주에 따르면 "당시 박헌영이 일본 유학생들의 우상아니었습니까. 그때 박헌영은 심지어는 축지법을 한다는 소리까지 있었습니다. 일본 유학생 사이에서는 뭐 하숙집이나 학교 근방에 있다가 명동 같은 다른 곳에 갑자기 나타나면 '아니 이놈 축지법 아닌가. 네가 박헌영인가'라고 말할 정도로 박헌영이가 우상이었습니다."[49]

카프의 결성

조선공산당이 비밀리에 창당된 지 4개월 만인 1925년 8월, 진보적 문학예술운동단체인 카프(KAPF)가 결성되었다. 카프는 1926년 『문예운동』이란 준기관지 발간을 계기로 본격적인 활동을 전개하였다. KAPF는 Korea Artista Poleta Federatio로 에스페란토어에서 따온 것이다.(1924년부터 『동아일보』와 『조선일보』에 에스페란토 고정란이 만들어질 정도로 당시엔 에스페란토 열풍이 불었다.)[50]

카프는 1923년 결성된 프롤레타리아 문예운동 단체로 서울청년회 그룹에 가까운 '파스큘라(PASKYULA)'와 이보다 먼저 조직된 또 다른 사회주의 문예단체로 북풍회 계열에 가까운 염군사(焰群社)와 통합해 이루어진 것이다. 파스큘라는 박영희, 안석주, 석송 김형원, 이익상, 김기진, 김복진, 연학년 등 회원들의 영문 이니셜을 모아 만든 이름이다. 카프는 1927년 100여 명의 문인이 참가한 맹원 총회를 열고 박영희를 회장으로 뽑는 대규모 문학운동체로 확대되었다.[51]

김병익은 카프가 이처럼 빠른 시간 내에 한국 문단 거의를 휩쓸 수 있었던 것은 "일본으로부터 깊이 침투한 사회주의 이론이 미처 기본적인 원론조차 정리하지 못한 우리 문학계를 쉽사리 굴복시킬 수 있었던 이데올로기적 힘과, 유산가의 착취에 반항하는 그들의 노선이 식민지 착취에 반항하는 민족주의자들의 태도와 혼동되는 당시의 지적 취약성 때문이었다"고 했다.[52]

카프에 반대하는 측의 지적 취약성도 만만치 않았던 것 같다. 예컨대, 김동인(1900~1951)은 이미 『개벽』1922년 2월호에 쓴 글에서 "계급공기며 계급음료수라는 것이 존재할 가능성이 없는 것과 마찬가지로 문학에 있어서 계급이라는 것도 존재"할 수 없다고 했으며, "무산계급의 생활을 쓴 작품이라고 그것을 프롤레타리아 문학이라 하며, 상류계급의 사정을 쓴 것이라고 그것을 부르조아 문학이라고 하면, 짐승의 사정을 쓴 작품은 짐승의 문학이라 하겠"느냐고 주장하기도 했다.[53] 논리가 너무 어설프지 않는가.

카프에 가입하지는 않았지만 그 방향을 같이 하여 카프의 뒤를 따르려는 '동반자 작가'들도 있었다. 이효석과 유진오 등이 대표적 인물이었으며, 이무영·채만식·유치진·홍효민·박화성·최정희·조용만 등도 이 그룹으로 분류할 수 있다.[54]

카프는 1927년 전국대회 때 그 산하에 신흥영화예술동맹을 결성했다. 5편이 카프 영화인들에 의해 제작되었지만 신흥영화예술동맹은 주로 비평을 중심으로 활약했다. 1930년 4월 카프는 조직을 개편하여 문학, 연극, 영화, 미술, 음악 등 다섯 부서를 두었다.[55]

일제는 사회주의의 유행에 대해 치안유지법으로 대응했다. 1925년 5월 12일부터 시행된 이 법의 목적은 "국체의 변혁이나 사유재산의 부정을 목적으로 하는 일체의 행위를 금지"함으로써 사회주의를 근절하는 데 있었다. 이 법의 시행으로 1925년부터 1938년까지 1만 8000여 명이 검거되었다.[56]

03

사회주의자들의
반기독교운동

예루살렘의 조선을 바라보면서

1917년 이광수는 한국 기독교를 "정통(正統)의 폭군(暴君)"이라고 비판했다. 그는 기독교의 보수성과 배타성을 비판했으며, 교역자들이 무식하다고 한탄했다. 목사와 전도사들이 신학 이외의 학문에는 무지하여 교인들을 미신으로 이끌고 문명의 발전을 막는다는 것이다.[57] 지식계 일각의 그런 기독교 비판 정서는 사회주의 사상의 급속한 확산과 함께 반(反)종교운동, 특히 반(反)기독교운동으로 나타났다. 1922년 3월 중국 베이징에서 사회주의자들이 기독교를 '제국주의와 자본가의 주구'라고 비난하면서 종교박멸론을 제창한 것이 『동아일보』와 『개벽』 등에 보도되면서 국내에도 큰 반향을 불러일으켰다.[58]

『개벽』 1925년 6, 7월호에 실린 「예루살렘의 조선을 바라보면서」는 "요새 보면 종교로 달아나는 사람들이 자꾸 늘어간다. 그중에도 기독교로 몰리는 청년들이 더욱 많다"며 다음과 같이 주장했다.

"기독교 신자들은 구름과 같은 초월적 세계를 말하며 정의를 말하며 인류애를 말한다. 엄연히 있는 계급 대립 위에서 인류애를 말하는 이 딱한 사람들은 불합리한 사회현상에 대해 눈을 감고 현실을 도피한다. 그와 같은 현실도피, 현실무시는 현실긍정, 현실유지의 결과를 내는 것이다. 그렇다. 오늘날의 기독교회는 현실긍정과 참고 복종하는 것을 미로 추앙하고 있다. 이와 같이 그 예루살렘의 조선은 권위추종자, 가난한 이를 짓밟는 의식적 소경이 되어 남을 인도하는 위선자들의 준동하는 곳이 되었다. 기독교회여! 회칠한 무덤과 같은 예루살렘의 조선이여! 복있을진저 너의 집이 터만 남으리로다."[59]

기독교는 민중의 아편

이런 비판은 늘 있어 왔지만, 이제 달라진 것은 사회주의자들이 기독교에 대해 전면전을 선포했다는 점이었다. 1923년 3월 전조선청년당대회는 격론 끝에 종교의 존재 의의를 부인하기로 가결함으로써 반종교운동에 박차를 가했다. 1925년 4월 조선공산당 결성 이후엔 교회는 자본주의 사회를 지지하는 경찰기관이며, 기독교는 영토 확장 제국주의의 수족이자 자본주의 국가 옹호의 무기로써 민중에게 미신과 허위를 선전하여 인종(忍從)과 유순(柔順)의 도덕을 가르치는 '민중의 아편'이라는 비난까지 나오게 되었다.[60]

그러나 공산당 내부에서도 견해가 달라 1920년대 중반 '화요파'와 '서울파' 사이에 갈등이 빚어지기도 했다. 화요파는 "종교는 유물론의 적이고 제국주의의 주창자이므로 분쇄하여야 한다"는 견해를 가지고 있던 반면, 서울파는 화요파의 이러한 생각을 '좌익소아병'적 태도로 규정하고 화요파가 민족통일전선을 방해하고 파괴하는 결과를 초래한다며 다음과 같이 비판했다.

"그들은 조선 종교의 외견상 존재하는 대중의 경제적, 정치적 지위의 하찮고 노예적인 상태를 고려하지 않고, 따라서 한편으로는 조선 혁명에서 이러한 대중의 역할을 고려하지도 보지도 않는다. 다른 한편으로 종교의 가면을 쓴 혁명적 민족주의 분자 내부의 지하에 있는 민족혁명적 활동을 인정하지 않으며 따라서 민족혁명적 통일전선도 인정하지 않는다."[61]

1925년 10월 25일 한영청년연맹이 개최하려고 한 반기독교대강연회는 "기독교는 미신이다" "양이랑심(羊而狼心)의 기독교" "현하(現下) 조선과 기독교의 해독" "악마의 기독교" 등의 강연들을 준비하였다. 이 강연회가 일본 경찰의 탄압과 기독교 측의 방해로 무산되자, 청년연맹은 일본 경찰의 탄압을 일제와 기독교가 유착돼 있는 증거라고 선전했다. 이들은 12월 25일을 '반기독교데이'로 정하는가 하면, 김익두와 같은 부흥사들을 '고등 무당'이라고 비난했다.[62]

김익두(1874~1950)는 1919년부터 불구의 병자를 낫게 하는 이적(異蹟)으로 전국적 명성을 얻은 부흥사. 1920년 서울 승동교회에서 10월 11일부터 2주일간 부흥 전도할 때에는 1만 명의 신도들이 밤을 세워 기도하며 회개의 뜨거운 눈물을 흘리는 등 그가 가는 곳마다 인파가 몰렸다. 그러나 동시에 교회 안팎에서 비난도 집중되었다. '부녀자를 유혹하고 금전을 강취(強取)'한다는 비판마저 나왔다. 1926년경부터는 공산주의자들의 공격을 받아 예배를 중단하는 일이 벌어지는 등 김익두는 집중적인 공격 대상이 되었다.[63]

사회주의가 풍미하면서 기독교는 '제국주의와 자본가의 무기' 민중에게 인종(忍從)과 유순(柔順)을 가르치는 '민중의 아편'이라는 비판을 받았다. 사진은 1942년 일제의 강제 추방으로 철수하기 전의 장로교 선교사들.

헤이스머 만행 사건

외국 선교사들의 일탈도 반기독교 정서를 퍼뜨리는 데에 일조하였다. 1926년 3월엔 서울에서 한 의료 선교사가 간호원 양성소의 한 여성을 괴롭혀 자살하게까지 한 사건이 발생했다. 이에 『조선일보』3월 7일자 사설은 선교사의 인종적 우월감과 한국 교회의 자주성 결여를 비판했다.[64]

1926년 7월 신문들은 1년 전에 일어난 '헤이스머 만행 사건'을 크게 보도했다. 1925년 봄에 내한한 미국인 안식교 선교사 헤이스머는 평남 순안에서 병원을 하고 있었는데, 그해 여름 자기 집 과수원의 사과를 따먹은 한국인 아이의 이마에 염산으로 '됴뎍(도덕)'이라 써서 돌려보냈다고 한다. 이 사건이 뒤늦게 크게 불거지면서 기독교 내부

에서조차 반(反)선교사 규탄 여론이 형성되었다.[65]

선교사들의 공로를 인정했던 기독교 신자 안창호(1878~1938)도 내세만을 강조한 선교정책과 '우민화'를 비판했다. 그는 1926년의 한 연설에서 다음과 같이 말했다.

"한국에 들어온 미국 선교사들은 미국 사람들 중에 문화운동에 상당한 활동을 할 만한 수양을 넉넉히 가진 이가 적었고 또 그들의 정책이 단순히 종교만 전파하고 문화운동에는 매우 등한히 여기었습니다. 다시 말하면 그들이 우민정책을 썼다 하여도 과언이 아닙니다. 그들이 얼마 전까지도 영어 배우는 것을 금지하는 것만 보아도 알 것이외다. 그러함으로 늦게 들어오는 문화나마 속히 발전되지 못하고 매우 더디게 되었습니다."[66]

선교사가 선교교육을 비판하고 나서기도 했다. 1930년 선교사 드레이크는 한국에서의 미국 선교교육이 "수박 겉핥기식의 학습을 통해서 자기 민족을 경멸하게 되는 인간"을 생산해냄으로써 한국의 장래에 중대한 위협이 될 것이라고 경고했다.[67]

'기독교 사회주의'의 등장

사회주의·공산주의자들의 비난에 대한 기독교계의 반응은 다양하였지만, 일각에선 '기독교사회주의'로 반종교운동을 돌파하려는 움직임도 나타났다. YMCA 학생부 간사 이대위는 『청년』 1923년 5월호에 쓴 「사회주의와 기독교사상」에서 기독교의 유일신관과 사회주의의 유물사관, 그리고 기독교의 자유의지론과 마르크스의 경제결정론이 원리상 다르지만, 현 사회질서의 폐해를 인식하고 이를 개조하려 한

다는 점에서는 동일한 목적을 가지고 있다고 주장하였다.[68]

기독교 사회주의 입장은 아니었지만, YMCA 총무 신흥우도 『청년』 1925년 11월호에 쓴 「반기독교운동에 대하야」에서 "오늘 사회주의자로부터 기독교회가 배척당하는 것은 당연한 일로서 반기독교 운동이 없든 있든 오늘의 기독교 교회는 변해야 한다. 오늘날의 교회는 그저 민중을 위하여 있는 것이 아니라 무산계급의 앞 운명을 개척키 위하여 있어야 하며 따라서 현대의 기독교는 반성해야 한다"고 주장했다.[69]

1927년 7월 양주삼은 "교회는 이제 한국에서 위기에 직면하고 있다. 기독교에 대한 민족의 일반적인 태도는 전일과 판이하다. 이것은 놀라움이 아니라 충격이다"고 했다.[70] 실제로 1925년~1927년 사이에 교세는 크게 감소한 것으로 나타났다. 신도 수는 1925년 36만 2141명에서 1927년 26만 5075명으로 감소했다. 그러나 다시 1929년에 30만 명을 넘어서고, 1933년에는 40만 명을 넘어섰다.[71] 1930년대 초기엔 천도교 역시 사회주의자들에게 '민족개량주의의 마전(魔殿)' '정녀(貞女)의 탈을 쓴 매춘부' 등으로 매도되었다.[72]

권희영은 "공산당의 반종교운동은 기본적으로는 공산당 사상이 종교의 영역을 대체할 수 있다는 믿음에서 나온 것이었다"며 "한인 사회주의자들은 몰자아적으로 소련공산당 및 스탈린에 헌신적으로 되어갔으며 자기가 당하고 있는 고통조차도 영광으로 생각할 정도로 스탈린과 소련에 정서적으로 고착되어 있었다"고 주장했다.[73]

제4장

6 · 10 만세운동의 폭발

01

『조선일보』와
『동아일보』의 경쟁

박춘금 사건

『조선일보』가 사회주의 신문으로 변화한 데엔 소유·경영상의 변화
가 결정적이었다. 『조선일보』를 경영하던 친일파 송병준(1858~1925)
이 손을 들고 1924년 9월 12일 『조선일보』를 신석우(1894~1953)에게
8만 5000원(쌀 4300가마의 값)에 매도하였다. 신석우는 구한말 한성부
의 경찰사무를 총괄한 경무사 신태휴의 아들이다. 신태휴는 의정부의
대지주로서 아들이 해외로 나가 독립운동을 할 걸 염려해 돈을 대주
었다고 한다.[1]

　신석우는 민족주의자인 이상재를 사장으로 추대하고 자신은 부사
장에 취임했다. 편집고문 이상협(1893~1957), 주필 안재홍(1891~1965),
편집국장 민태원(1894~1935) 등으로 편집진을 새로 짜고 지면 구성을
대폭 쇄신하여 민족지로서 뚜렷한 색채를 띠게 되었다. 『조선일보』는

1924년 10월 3일 '혁신호'를 발행해 전국적으로 10만 부를 무료 배포하였으며, 경성에는 이후 5일 동안 무가(無價) 신문이 뿌려졌다.[2] 이런 변화의 이면엔 『동아일보』 편집국장 출신 이상협이 있었다. 그가 『동아일보』에서 『조선일보』로 전직을 한 건 이른바 '박춘금(1891~1973) 사건' 때문이었다.

『동아일보』는 1924년 1월 '민족적 경륜' 사건으로 비난을 낳이 받은 데다 4월 2일 친일 폭력배 박춘금 사건으로 망신을 샀다. 박춘금 사건이란 무엇인가? 1924년 1월 경무국장 마루야마(丸山鶴吉)는 『동아일보』를 비롯한 민족주의운동에 대항하기 위해 폭력배 박춘금을 고용했다. 3월 25일엔 박춘금 등 친일 11개 단체를 내세워 '각파유지연맹(各派有志聯盟)'을 만들었다.[3]

각파유지연맹의 결성이 알려지자 『동아일보』는 「소위 각파유지연맹에 대하여」라는 사설을 통해 이를 공격했다. 이 사설이 나간 4월 2일 송진우와 김성수는 평소 알고 지내던 각파유지연맹의 이풍재가 "회고담이나 나누고 싶다"는 전갈을 받았다.[4]

1924년 4월 2일 밤 요릿집인 식도원에 송진우와 김성수가 갔을 때엔 이미 각파유지연맹 대표 5명~6명이 와 있었다. 술을 마시던 중 이들 사이에서 『동아일보』 사설을 두고 시비가 벌어졌다. 모든 게 다 예정된 시나리오였다. 각파유지연맹의 우두머리인 박춘금은 김성수와 송진우를 권총으로 위협하면서 공개 사과를 요구하는 동시에 3000원을 내놓으라고 요구했다. 박춘금이 이들을 협박한 이유는 돈에 목적이 있었다기보다 4월 2일자 사설 내용에 대한 강한 불만의 표시였다. 이에 김과 송은 협박에 굴복해 3000원의 돈과 함께 협조를 약속했으니, 이 사건이 바로 '박춘금 사건' 또는 '식도원 테러 사건'이다. 후에

『동아일보』 편집국장이었던 이상협(좌)과 거물급 건달 박춘금(우). 일제는 언론의 민족주의운동에 대항하기 위해 폭력배와 결탁하는 것도 서슴지 않았다.

박춘금이 "돈은 필요 없으니 그만두라"고 해 이 사건은 일단락됐지만 언론사 경영진이 친일파의 테러 행위에 굴복한데다 고소조차 하지 않고 쉬쉬한 것이 문제가 되었다.[5]

이상협 · 최은희의 활약

송진우는 박춘금의 권총 협박에 못 이겨서 돈을 주겠다는 증서를 써주고서도 『동아일보』 사원들에게는 그런 일은 절대로 없다고 부인했다. 그후 『매일신보』가 문제의 증서라는 것까지 사진판으로 찍어서 그 사실을 폭로함으로써 사건이 불거졌다. 이에 『동아일보』 기자들은 진상 규명을 요구하는 한편 간부진에 대한 불신임 결의와 일대 개혁을 요구하였다. 『개벽』(1924년 5월호)은 이 사건에 대해 박춘금은 영독(獰毒)한 자니 그렇다 치고 좀 위협을 한다고 "네, 잘못했습니다 하고 사인을 해준 사람이야말로 비겁하다"고 송진우를 비판했다.[6]

4월 25일 평소 사사건건 송진우와 갈등을 빚던 편집국장 이상협이 송진우의 사장직 사임을 요구하면서 사직했다. 이상협은『동아일보』에서 자기 사람 수십 명을 데리고 나와 신석우·안재홍·백관수·조설현·최선익 등과 손을 잡고 송병준으로부터『조선일보』의 판권을 매수했다.[7]『조선일보』에 자리를 잡은 이상협은 기발한 기획행사를 잇따라 추진하였다. 매주 한 번씩 부인견학난을 모집해 은행, 생명보험사, 발전소, 전기회사 등을 견학시켰다.

변장 기자 탐방도 화제를 불러일으켰다. 기자가 군밤장수, 인력거꾼, 빵장수, 행랑어멈 등으로 변장해 취재에 들어가는 식이었는데, 행랑어멈 변장은 갓 입사한 여기자 최은희의 몫이었다. 독자들의 관심을 끌기 위해 출동 전 기자의 사진을 미리 신문에 싣고 이를 찾아내는 사람에게는 상금을 걸었다. 변장 기자의 출동이 예고된 지역과『조선일보』정문 앞에는 사람들이 장사진을 이뤘다.[8]

최은희(1904~1984)의 입사는 이광수의 추천으로 이루어졌다. 그녀는 일본여자대학에 유학하기 위해 출발할 준비를 하고 있었는데, 이광수의 부인 허영숙으로부터 "조선일보 입사 동경발 중지 상세 편지로"라는 전보를 받았다. 이틀 후에 도착한 편지엔 "춘원 선생이 기회는 나는 새와 같으니 졸업을 기다릴 것 없이 우리나라 최초의 여기자로 이름을 날려보라"고 하는 말이 쓰여 있었다. 최은희는 이렇게 이광수의 권유와 추천을 받아『조선일보』에 입사했다. 이때가 1924년 10월이었으며 그녀는 이후 8년간『조선일보』에서 맹활약하게 된다.[9]

만문만화와 사진기자의 활약

새롭게 탈바꿈한 『조선일보』는 1924년 11월 23일에는 민간신문으로는 최초로 조석간(조간 2면, 석간 4면)을 냈으며, 1924년 7월 22일에는 최초의 지방판인 4면의 경북판을 발행했다. 그리고 미국·일본 신문 등에서 힌트를 얻어 한국 최초로 연재만화를 게재하였다. 1924년 10월 13일자부터 『조선일보』 3면에 실리기 시작한 4컷짜리 만화 '멍텅구리'가 바로 그것이다. '멍텅구리'는 이상협 편집고문과 안재홍 주필이 내용을, 동양화가 심산 노수현 화백이 그림을 맡았으며 큰 인기를 끌었다.[10]

총독부의 언론통제로 인해 사회를 비판하는 만화는 1924년~1926년 사이에 신문에서 자취를 감추었다. 『동아일보』는 1924년 2월, 『조선일보』는 1925년 4월, 『시대일보』는 1926년 10월에 막을 내렸다. 그 대신 등장한 게 바로 만문(漫文)만화다. 한 컷짜리 만화에 간접적이고 풍자적인 문체로 쓰여진 짧은 줄글이 결합된 형태의 만화였다. 만문만화를 처음 시작한 인물은 안

1924년 10월 13일자 『조선일보』에 실린 만화 '멍텅구리'. 이상협과 안재홍이 글을 쓰고 동양화가 노수현이 그림을 그렸다.

석영(1901~1949)으로, 그는 『동아일보』(1925년 초~연말), 『시대일보』(1925년 연말~1928년), 『조선일보』(1928년~1934년) 등에서 만문만화를 그렸다. 이후 여러 만문만화 작가들이 나타나 1930년대엔 시사만화는 거의 사라지고 만문문화가 주된 장르로 자리를 잡았다.[11]

또한 "일제 치하에서 끊임없이 일어났던 독립투쟁의 현장은 사진기자들의 사활이 걸린 취재 현장이 되었으며 민족과 동포들이 고통받는 현장은 가장 중요한 사진 취재원"이 되었는데, 바로 그런 이유로 사진기자들이 겪어야 했던 수난도 만만치 않았다. 예컨대, 1925년 4월 20일 전조선민중운동자대회 참가자들의 가두시위 때에는 사진기자들의 카메라가 부서지고 촬영한 필름을 탈취당했을 뿐만 아니라 일본 경찰들로부터 폭행까지 당했다.

당시 사진기자로 활동했던 한 인사의 증언에 따르면, "그 당시는 대부분의 뉴스원이 폐쇄되어 있고, 더구나 사진 취재는 전부 금지되다시피 되어 곤란도 이만저만이 아니었다. '두루마기' 속에 '앙고'라는 큰 사진기를 감추어 가지고 일본 놈 경찰들의 눈을 피해가면서 사진을 찍었고, 그러다가도 발각이 되면 찍지 않은 딴 원판을 슬쩍 바꿔치기를 해서 내주는 게 습관이 돼 있었다."[12]

『개벽』 1925년 11월호는 세 민간신문을 '3개의 정부'라고 칭하며 "정치의 거세를 당한 조선 사람들은 그 지배적 권력을 신문 정부의 문전에 몰려와서 찾게 된다"고 말했다.[13] 조선어 신문 3사의 지방 지국은 대부분 혁신청년들에 의해 운영되면서 지역사회 운동의 '소식지' 혹은 '여론투쟁의 매개' 역할을 했으며, 민원 해결 활동 과정에서 신문사 지국이 큰 역할을 담당했다.[14]

조선·동아의 이완용 사망 조롱

1926년 2월 11일 이완용이 68세로 사망했다. 화려하고 요란한 장례식이 치러지는 가운데 총독은 "동양 일류의 정치가인 이완용 후작의 죽음은 국가적 손실"이라고 슬퍼했다지만, 이완용은 『조선일보』와 『동아일보』에서 조롱과 비난의 대상이 되었다.[15]

『동아일보』는 1926년 2월 13일자에 「무슨 낯으로 이 길을 떠나가나」라는 제목의 사설을 실었다.

"그도 갔다. 그도 필경 붙들려갔다. 보호순사의 겹겹 파수와 견고한 엄호도 저승차사의 달려듦 하나는 어찌하지 못하였다. 너를 위하여 준비하였던 것이 이때였다. 아무리 몸부림하고 앙탈하여도 꿀꺽 들이마시지 아니치 못할 것이 이날의 이 독배이다. …… 어허! 부둥켰던 그 재물은 그만하면 내놓았지! 악랄하던 이 책벌을 이제부터는 영원히 받아야지!"

조선총독부는 『동아일보』의 위 사설을 포함해 당시 '이완용 비난 부고 기사'들을 압수해버렸다.[16] 『조선일보』는 2월 17일자에 조롱조의 만가를 실었다.

"우봉(이완용의 고향)의 낙조에 군을 보내고 돌아오노라 / 완복(완용의 복)은 끝내 비수에 잘리진 않았네 / 옥동(이완용 자택 동명)의 복숭아꽃은 한창 봄인데 / 신대(이완용의 무덤)의 방초는 비 내린 황혼이다 / 생전은 부귀했건만 무덤 속은 어떨까 / 죽은 후에 문장은 일당거사(이완용의 호 일당거사를 비꼬는 말)뿐이라."

모두 10절 20행의 만가는 뒤로 갈수록 비판의 강도가 거세졌다. 변을 보는 뒷간 벽을 황금벽상에 비겨 그곳에 이름을 남긴 자라고 꼬집는가 하면 이완용을 원숭이 두목으로 비꼬았다. 이 만가는 압수 처분

됐고 발행인과 편집인은 총독부 경무국에 호출돼 경고를 받았다.[17]

이완용은 그가 전북 관찰사로 있을 때에 미리 잡아놓은 익산군의 한 명당 터에 묻혔다. 그러나 해방 후 국민학생들의 소풍 터가 되면서 아이들이 묘등에 올라 "요놈 매국노 뒈져라"라고 재잘대며 발을 굴러대는 통에 그의 후손들이 무덤을 파서 시체는 화장하고 무덤을 없애버렸다고 한다.[18]

02

6 · 10만세운동

조선 마지막 임금 순종 승하

1926년 4월 25일 아침 6시 15분, 평소 병약했던 조선 27대 임금 순종 (純宗, 1874~1926, 재위 1907~1910)이 52세를 일기로 창덕궁 대조전(大造殿)에서 숨을 거뒀다. 당시 신문은 '500년 종사의 마지막 황상(皇上) 승하'라고 했다. 1910년 '한일합방'으로 조선왕조 519년의 막은 이미 내려진 상태였지만 말이다.[19]

순종의 '병세 위독' 소식이 알려진 4월 하순부터 전국적으로 애도와 추모의 분위기가 일기 시작했다. 『동아일보』 1926년 4월 30일자에 따르면, 7세~8세의 어린 학생까지도 돈화문 앞에 엎드려 "상감님!"을 부르며 정신없이 통곡하는 등 "풀과 나무도 떨며 슬피 우는 천만 인의 울음소리"가 삼천리강산을 눈물로 적셨다.[20]

이후 국장이 치러진 6월 10일까지 조선 사회는 일종의 신드롬에 빠져들었다. 백성들은 전국 곳곳에서 머리를 풀고 엎드려 궁성을 향해 망곡(望哭, 국상을 당하여 대궐 문 앞에서 백성들이 모여서 곡을 함)하였으며 서울에 거주하던 백성들은 창덕궁으로 몰려들어 통곡하기도 하였다.

천정환은 "당시 대중은 순종의 죽음을 통해 조선 왕실의 몰락을 보면서 새삼 국가 상실의 회한을 느꼈던 것일까. 국왕에 대한 추모와 민속수의적인 사회 분위기는 남녀노소 세급계층을 가리지 않고 크게 번졌다. 언론도 이러한 분위기 확산에 단단히 한몫했다. 각종 매체들은 앞다퉈 왕실과 '이왕(李王) 전하'의 사진을 싣고 임종 당시와 임종 후 왕실의 분위기를 상세히 보도했다"며 다음과 같이 말했다.

"마지막 임금의 죽음을 통해 썰물처럼 밀려나가던 '봉건'과 밀물처럼 들어오던 '근대'가 부딪쳐 해일을 일으켰다. 조선 왕실과 임금은 봉건과 유교적 지배의 마지막 표상이자 망국의 상징이었다. 대다수 민중에게 공화주의는 익숙한 것이 아니었다. 따라서 이 표상은 대단히 민족주의적이며 동시에 대중적이었다. 순종의 승하 소식이 전해지자마자 서울 북촌 상가들은 모두 철시했고 전국에 흩어져 있던 구(舊) 대한제국의 관료들도 서울로 속속 모여들었다. 화류촌과 요정도 모두 '근신'에 들어가 일거에 서울이 '적적'해졌는데, 유명한 고급 식당이던 '식도원'은 계속 영업을 해서 시민들이 '열 받기도' 했다고 한다. 기생들뿐만 아니라 각급 학교가 자진 휴업을 결정했으나 총독부 당국은 은행의 휴업만큼은 허가하지 않았다. 또한 일반 시민의 망곡은 허락했으나, 오후 6시 이후에는 '절대금지'령을 내렸다."[21]

국수회 사건, 송학선 의거

4월 28일 두 개의 사건이 일어났다. 하나는 일본의 낭인이 만든 보수 우익 조직인 국수회(國粹會)의 모독 사건이다. 국수회 회원 10여 명이 자동차를 몰고 상중인 경복궁 정문으로 돌진하여 모여 있던 궁궐 신하들과 백성들 사이를 헤집고 다녔는데, 이들에 대한 경찰의 제지가 전혀 없었다는 사실이 알려지면서 여론은 들끓기 시작했다.[22]

또 하나는 평소 이토 히로부미(伊藤博文)를 처단한 안중근을 흠모해 오던 송학선(1897~1927)의 의거다. 송학선은 사이토가 조문 차 순종의 빈소가 있는 창덕궁을 찾을 것으로 확신하고 창덕궁 입구에서 처단키로 작정하였다. 송학선은 4월 28일 오후 1시 10분경 고관 차림의 일본인 3명을 태운 자동차가 창덕궁으로 들어가자 그중 1명이 사이토일 것이라고 판단하였다. 얼마 후 그들이 탄 자동차가 금호문으로 나오자 송학선은 자동차에 뛰어 올라 왼쪽에 앉은 자의 오른쪽 가슴과 왼편 허리를 찌른 후 다시 중앙에 앉아 있는 자의 가슴과 배를 찔렀다.

그러나 송학선이 처단한 자들 가운데 사이토는 포함돼 있지 않았다. 그들은 경성부 평의원 다카야마 다카유키(高山孝行)·사토 도라지로(佐藤虎次郎)·이케다 조지로(池田長次郎) 등 3인이었다. 이들 가운데 칼을 맞은 다카야마는 즉사하고, 사토는 중상을 입었다. 또 육탄전 와중에 송학선의 칼을 맞은 조선인 순사 오환필과 일본인 기마경찰 1명도 중상을 입었다. 이른바 '금호문 사건'이라 불리는 이 일로 송학선은 사형을 언도받고 이듬해인 1927년 5월 19일 서대문형무소에서 34세의 나이로 순국하였다.[23]

1926년 4월 29일에도 조선 민중의 분노를 자아낼 만한 사건이 있었다. 『동아일보』 1926년 4월 30일자는 "구중 궁외는 경위로 십중,

창일한 누해에 적등이 휘황, 통곡하는 군중은 날이 갈수록 늘어가고 경계하는 경찰대는 밤을 낮으로 새여, 경찰의 패검은 월색과 쟁광— 터질 것 같은 긴장과 거의 히스테릭한 슬픔의 전염병이 고조되어갔다"며 다음과 같이 말했다.

"경남 함안군에 살던 김영규와 최봉한은 4월 29일에 기생 몇 명을 데리고 요릿집 '공주옥'에서 방탕히 놀다가 망곡장으로 모이던 시민들에게 발견되어 구타를 당했다. 충남 공주에서 유림과 노동자들이 연서(連署)하여 도평의원이며 변호사인 임창수를 고소했다. 임은 29일 술을 먹다가 동석한 기생 초선이 국복 입은 것을 보고 갖은 모욕적인 발언을 하고 왕실에 대해 불경한 언행을 했던 것이다."[24]

3 · 1운동 이후 최대의 항일 독립운동

1926년 6월 10일 순종의 인산(因山, 임금과 왕비 등의 장례식)일을 기해 일어난 6 · 10만세운동은 바로 그런 배경에서 폭발한 것이다. 이는 3 · 1운동 이후 최대 규모의 항일 독립운동으로, 운동 주체는 격문을 살포하고 독립 만세를 외치며 대규모 군중시위를 전개했다. 6월 10일 이전에 약 3만 매의 태극기와 격문이 준비되었으며, 인산일에는 여러 곳에서 동시다발로 격문을 뿌려 만세 시위를 성사시킬 수 있었다. 만세운동 당시 뿌려진 격문들은 다음과 같았다.

"대한독립운동자여 단결하라! 일체 납세를 거부하자! 일본 물자를 배척하자! 조선인 관리는 일체 퇴직하라! 일본인 공장의 직공은 총파업하라! 일본인 지주에게 소작료를 바치지 말라! 일본인 교원에게는 배우지 말자! 일본 상인과의 관계를 단절하라! 언론 출판 집회의 자유

조선의 마지막 임금 순종의 장례 행렬. 순종의 죽음은 민족주의적인 사회 분위기 확산에 큰 영향을 끼쳤다. 서울의 북촌 상가들은 모두 철시했고, 전국의 옛 대한제국 관료들도 속속 상경했다.

를! 군대와 헌병을 철거하라! 재옥 혁명수를 석방하라! 보통교육은 의무교육으로! 교육 용어는 조선어로! 동양척식주식회사는 철폐하라! 일본 이민제를 철폐하라!"[25]

6·10만세운동으로 일본 경찰에 붙잡힌 학생들은 서울에서만 210여 명이었고 전국적으로는 1000여 명에 달했다. 그리고 전국 곳곳에서 2만 명이 넘는 학생들의 맹휴(盟休)가 이어졌다. 6·10만세운동은 3·1운동과 1929년 광주학생운동의 가교 역할을 하였다. 또 신간회 창립에도 하나의 중요한 기초와 계기를 만들어주었다.[26]

김용직은 "6·10만세운동에 대한 평가는 3·1운동의 경우와 좋은 대조를 이룬다. 3·1운동은 그 평가에서 남북 대치의 이분법이 적용된다. 남쪽에서는 거의 단서가 붙지 않은 채 3·1운동이 식민지 시대의 최대 항일 저항 투쟁으로 기술된다. 그러나 좌파들에 의해서는 비판적이다. 그들에 의하면 3·1운동은 민중의 적극적 참여에 반해서 지도분자의 유화적 태도가 실패의 원인이 된 것으로 지적된다"며 다음과 같이 말했나.

"그러나 6·10만세운동의 경우에는 남로당계와 북로당계가 180도 다른 시각을 드러낸다. 전자에 따르면 이 운동은 우리 민족운동사에서 가장 뜻깊은 저항 투쟁으로 평가된다. 그에 반해서 북로당계와 그 후속판으로 생각되는 북쪽의 궁정사학자들은 이 운동을 가혹하게 비판한다. 그에 따르면 이 무렵 학생과 민중들은 혁명의 열기에 싸여 있었다는 것이다. 그럼에도 그들을 조직, 영도할 지하당이 올바르게 대중을 이끌지 못했다. 그런 나머지 이 운동이 쓰라린 패배의 기록으로 남았다는 지적이다."[27]

운동의 주체는 누구였던가?

운동의 주체는 누구였던가? 이게 학계의 오랜 쟁점이다. 그간 학생단체와 천도교의 합작품으로 알려져 왔으나, 최근에는 역사교과서에 '좌우합작 운동'으로 표기해 좌파계열의 공헌을 인정하는 분위기다. 좌파계열의 숨은 주역은 2차 조선공산당 하부조직인 고려공산청년회 책임비서 권오설(1897~1930)이다.[28]

권오설을 주축으로 하는 제2차 공산당, 노총계는 코민테른 상하이 연락부 위원들인 김단야, 김찬 등과 연락선을 가지고 있었는데 그들

1926년 6월 10일의 서울 태평로. 순종의 인산일에 있었던 6·10만세운동은 학생조직이 있어 가능했다. 학생들은 3만 매의 태극기와 격문을 준비해 뿌렸으며 동맹휴학으로 3·1운동 이후 최대 항일 저항 투쟁이라는 성과를 이루어냈다.

의 지시와 자금 주선으로 국내에서 태극기와 함께 5만 매의 격문을 준비하였다. 그러나 이 거사 계획은 일선 행동대원의 사소한 부주의로 일제의 탐지망에 걸려들어 거사 계획의 중심인물인 권오설이 6월 7일 검거, 투옥되어버렸다. 이어진 대량 검거사태로 6·10만세운동이 전국 방방곡곡에서 전국적 규모로 이루어질 수 없었다.[29]

일제는 6·10만세운동은 완전히 사전 봉쇄되었다고 판단했지만, 별도로 학생조직이 만세운동을 준비하고 있다는 건 알지 못했다.[30] 이념적으로 좌파인 조선사회과학연구회 소속 학생들 가운데는 지하당과 선이 닿은 사람도 있었지만, 6·10만세운동을 준비하는 과정에서 두 조직은 직접적인 연결고리를 갖지 않았기에 권오설이 검거된

후에도 독자적으로 시위 준비를 진행할 수 있었다. 이병립(연희전문), 박하균(연희전문), 이천진(경성제대 예과), 이선호(중앙고보), 박두종(기독 청년회관), 유면희(중앙고보) 등이 중심을 이룬 이른바 사직동계(社稷洞系) 학생들은 스스로 자금을 마련하여 다수의 태극기와 1만여 매에 달하는 격문을 인쇄, 배포했다.

또 하나의 학생조직은 이른바 통동계(通洞系)로 일컬어지는 중학생들의 조직이다. 이들은 동질성이 강한 서울 시내 사립학교 학생들로 구성되었고, 50여 명의 인원을 확보했다. 이동환(중앙고보), 박용규(중앙고보), 김재문(중동고보), 황정환(중동고보), 정재형(중동고보) 등 주동자들은 사직동계와 비슷하게 학생 서로의 출연으로 자금을 장만했다.[31]

국상 기간 중의 멋내기 유행

순종의 국상 기간 중에도 멋내기 유행이 파고들었다는 게 흥미롭다. 『신여성』1926년 6월호에 따르면, 이 기간 중 여학생들을 비롯한 모든 여성이 무명 상복인 깃옷을 입었는데, "깃옷이라 하는 것은 부모가 돌아가더라도 성복(成服, 초상이 난 후 나흘째 되는 날부터 정식으로 상복을 입음) 날에나 입는 것인데 조의만 표하면 되는 국상 때 성복 전날부터 깃옷을 해 입은 것은 유사 이래 처음"이라는 것이다. 게다가 철없는 여학생들이 "남들 다 해 입는 깃옷 해달라고" 가난한 부모를 졸라대고 상복을 입은 채 "오색찬란한 파라솔을 들었으니 말세"라는 게 기사의 요지다.[32]

천정환은 "당시에는 추모 분위기 자체가 일종의 유행이었으며, 이러한 분위기 속에서 국장은 유행을 창조해낸 매개가 되었다"고 했다.

"국장은 일종의 비극적인 카니발로서의 의미를 지니고 있었던 것이다. 남자들의 경우도 별로 다르지 않았다. 그해 봄 경성에는 때 이르게 백구두가 유행했다. 어느 해 여름이건 조선 사람들은 흰 구두, 흰 고무신을 즐겨 신었지만 유독 그해에 흰 신발이 빨리 유행을 타기 시작한 것도 국상 때문이었을 것이다."[33]

사람이 저항만으론 살 수 없는 법이다. 비록 그 숨은 뜻이 무엇일망정 유행과 유흥도 있어야만 한다. 1926년은 6·10만세운동과 더불어 윤심덕의 노래 '사(死)의 찬미', 나운규의 영화 〈아리랑〉이 뜨겁게 공존한 해였다.

03

윤심덕의
'사의 찬미'

'이수일과 심순애'의 등장

1907년 일본의 삼광당이 조선의 대리점 즈지야상회를 앞세워 유성기 판매에 본격 나서면서 유성기(축음기) 보급이 늘어나기 시작했다. 그러나 1911년~1912년 철도공장 노동자의 월급이 12월 44전일 때 유성기 한 대 가격은 20원에서 90원이었으므로 유성기는 특권층에게만 보급될 수 있었다. 1910년대에 유성기는 가정에서보다는 공공장소에서 청중 동원용으로 사용되었다. 학교와 교회, 또는 영업용으로도 많이 사용되었다. 1920년대 초반부터는 '호객'의 수준을 넘어 전문적인 음악 감상을 위한 '축음기 음악회'가 열리기도 했다.[34]

이처럼 유성기 문화가 확산되고 나운규의 〈아리랑〉을 계기로 영화가 가장 강력한 대중문화로 부상하던 바로 그때 한국 대중가요의 시대도 열리기 시작했다. 우리나라에서 유행 창가가 수록된 최초의 음

유성기(축음기) 문화가 급부상하면서 1920년대에는 전문적인 음악 감상을 위한 '축음기 음악회'가 열렸다. 사진은 최초로 일본으로 건너가 음반을 취입한 기생 김월산과 도월색(위). 창가 '이 풍진 세월' 축음기 라벨(아래).

반은 1925년 일본축음기상회에서 출시한 '이 풍진 세월'(창가집에 실린 제목으로는 '청년경계가')'압록강절' '시들은 방초' '장한몽가' 등이며 모두 일본 유행가의 번안작이었다.[35] 이들 음반은 1925년 기생 김산월과 도월색 등이 일본으로 건너가서 취입한 것으로, '시들은 방초'와 '장한몽가'는 모두 일본의 연극 주제가들이다. 가야금과 장고

장단에 맞춰 부른 '장한몽가'는 일명 '이수일과 심순애'라고 불렸으며 신파극이나 무성영화에 의해 큰 인기를 누렸다.[36]

음반 취입 초창기에는 기생을 스카우트하려고 애썼는데, 이는 결코 쉬운 일은 아니었던 것 같다. 담당자의 청을 받은 후 한 기생은 분노한 목소리로 "비록 박복한 팔자로 이 짓을 하고 있다마는 차마 광대에까지 끼겠느냐"고 거절했다는 일화도 있다.[37]

윤심덕은 누구인가?

"광막한 황야를 달리는 인생아 / 너는 무엇을 찾으려 왔느냐 / 이래도 한세상 저래도 한평생 / 돈도 명예도 사랑도 다 싫다."

1926년에 발매된 윤심덕(1897~1926)의 '사(死)의 찬미'는 당시로선 천문학적 숫자인 10만 장의 레코드 판매량을 기록했다. 이는 '푸른 다뉴브 강의 물결'이라는 외국 기악곡에 윤심덕이 작사하고 노래한 번안곡이었지만, 거리의 유성기에선 이 노래가 쉼 없이 흘러나왔다.[38]

이 노래를 모두가 다 반긴 건 아니었다. 『신여성』 1926년 10월호엔 '사의 찬미'와 같은 퇴폐적인 죽음의 노래는 "우리 사회를 위해 싸우는 청년들이 불러서는 안 되는 것"이라는 평론이 실리기도 했다.[39]

윤심덕은 다방면으로 재능이 많은 인물이었다. 재능과 더불어 여권(女權)에 대한 의식도 투철했다. 입센의 희곡 『인형의 집』이 한국에 소개된 것은 1921년 봄 『매일신보』를 통해서였는데, 윤심덕은 1922년 졸업한 도쿄음악학교 졸업발표회 연극 '인형의 집'에서 여주인공 노라 역을 맡았다.[40] 김현숙은 윤심덕에 대해 이렇게 말했다.

"훤칠한 용모에 짙은 화장, 화려한 최신 유행의 옷에 뾰족구두를

윤심덕이 부른 '사의 찬미'는 1926년 당시 10만 장이라는 기록적인 레코드 판매량을 기록해 한국 대중가요 음반시장의 가능성을 확인시켰다.

신고 1920년대 서울과 도쿄 거리를 활보했던 우리나라 2세기 신세대 여성 윤심덕. 그녀는 '한국 여성 기네스북'의 최다 등장인물일 것이다. 최초의 여성 국비유학생, 최초의 여류 성악가, 최초의 대중가수, 당대 최다 레코드 판매량 보유가수, 방송국 사회자, 최신 패션모델, 죽음의 길에 남자를 동반할 수 있었던 여자 등 그녀를 수식하는 '선각자'라는 단어답게 각종 기록들을 세웠던 인물이었다."[41]

윤심덕의 노래 실력에 대해선 의외의 평가도 있다. 선성원은 "얼마 전에 그녀가 노래한 '사의 찬미' 복각 음반이 재발매되었는데, 녹음 방식에서 문제가 있었는지는 모르겠지만 그녀의 노래 실력은 정확한 음을 내지 못할 만큼 아마추어 수준으로, 한마디로 성악도라고 믿기

어려울 지경이었다"고 했다.[42]

이영미도 "그녀의 진짜 목소리를 듣고는 거의 경악할 지경이었다. 꽤 촌스러울 거라고 짐작은 했지만 이 정도일 줄이야!"라면서 "윤심덕의 '사의 찬미' 가창 수준은 한마디로 '할머니 찬송가' 수준이다"고 했다. 그러나 이어 이영미는 "그것은 서양음악이 본격적으로 들어오기 전에 우리나라 사람들이 노래를 부르던 방식이었던 것"이라며 다음과 같이 말했다.

"우리나라의 전통음악에서는 정확한 음높이를 똑바로 유지하는 식으로 소리를 내지 않았다. …… 윤심덕은, 서양음악의 기준에서 보자면 음치이지만 그 시대의 맥락에서 보면 꼭 그렇지도 않다. 1920년대에 그렇게 노래를 부르기 위해 얼마나 많은 음악적 관습들을 과감히 내버려야 했을 것인가. 윤심덕을 비웃을 게 아니라, 이토록 빠르게 변한 현재의 우리를 객관적으로 되돌아볼 수 있어야 한다."[43]

윤심덕과 김우진의 동반 자살

'사의 찬미'는 한국 대중가요사의 기점으로 평가받고 있다. 1925년에 발표된 대중가요들이 있음에도 불구하고 '사의 찬미'가 그런 대접을 받는 건 불공정하다고 볼 수도 있겠지만, 이영미는 "매우 부당한 것은 아니다"고 평가했다.

"왜냐하면 일본의 관립음악학교에서 공부한 소프라노 윤심덕과 와세다대학을 졸업하고 1920년대 우리나라 대표적인 신극단체인 토월회의 중심적인 멤버였던 극작가 김우진의 동반 자살 직전에 취입된 이 노래는 대중적인 센세이션을 불러일으켜 음반판매를 촉진시킴으

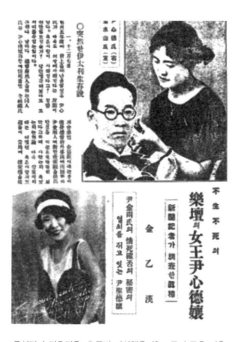

윤심덕과 김우진은 왜 동반 자살했을까? 그들이 죽은 이후에도 언론은 심심치 않게 생존설을 제기했다. 사진은 사건 발생 후 5년이 지난 시점에 게재된 『삼천리』 1월호 기사.

로써, 한국 대중가요 음반시장의 가능성을 확인시켜준 계기가 되었기 때문이다. 대량복제가 가능한 대중매체가 잠재된 대중파급력을 확인한 셈이며 이러한 파급력은 대중매체를 통해 전달되는 대중가요의 매우 중요한 요건 중의 하나이기 때문이다."[44]

'사의 찬미'는 윤심덕과 김우진의 동반 자살 직후인 8월 29일에 발매돼 엄청난 충격 효과를 얻을 수 있었다. 이 모든 게 윤심덕의 기획이었을까? 원래 '사의 찬미'의 녹음은 예정에 없던 것이었다고 한다. 닛토축음기회사 사장이 계속 거절했기 때문이다. 그런데 막판에 윤심덕의 간청으로 포함된 것이다.[45] 윤심덕은 이미 그때 자살을 결심하고 자신의 자살을 '찬미' 하고 싶었던 것일까?

동반 자살 방식도 드라마틱했다. 1926년 8월 5일 일간지 기사에 따르면, "하관을 떠나 부산으로 향한 관부연락선 덕수환(德壽丸)이 4일 오전 4시경에 대마도 옆을 지날 즈음에 양장을 한 여자 한 명과 중년 신사 한 명이 서로 껴안고 갑판으로 돌연히 바다에 몸을 던져 자살을 하였는데…… 남자는 김우진(金祐鎭)이요, 여자는 윤심녁(井心德)이었으며…… 연락선에서 조선 사람이 정사를 한 것은 이번이 처음이라더라(부산 전보)."

이날부터 두 남녀의 현해탄 정사(情死) 사건이 10여 일간 잇따라 대서특필되었다. 신문은 "윤심덕 양은 동경음악학교를 수업한 후 조선의 악계를 풍비하다가 극단으로 방향을 전환하여 토월회의 여배우로 있었다"고 했고, "김우진 씨는 목포에서 백만장자의 맏아들로 연전 동경 조도전대학 문학과 본과를 마치고 극(劇)에 관한 연구와 조예가 깊은 청년"이라고 소개했다.

신문의 정사 원인 분석에 따르면, 김우진(1897~1926)은 "이미 아내가 있고 자녀까지 있는" 상황이어서 윤심덕은 "남몰래 눈물과 긴 한숨을 지은 적이 한두 번 아니었다." 동갑내기인 그들은 자살하기 전 오사카에 함께 있었는데, 윤심덕은 그때 노래 '죽음(死)의 찬미'를 '마음껏 불러 끝없는 슬픔을 느끼게 했다'고 신문은 전했다.[46]

신여성이 불륜의 주인공이 되는 이유

윤심덕은 홍난파와 염문을 뿌리고 작곡가 채동선의 사랑 고백을 물리쳐 울게 하고, 문인 박정식을 상사병에 걸려 병사케 한 이력의 주인공이었다.[47) 윤심덕과 김우진은 1921년 도쿄에서 만났는데, 둘의 애정 행각은 이미 동반 자살 15개월 전부터 공론화되었다. 박신애는 『신여성』 1925년 3월호에 쓴 「윤심덕 사건에 대하여」라는 글에서 윤심덕을 다음과 같이 비난했다.

"윤 씨의 이번 행동은 타락한 행동이다. 예술가이면 예술가, 사업 가이면 사업가, 가정부인이면 가정부인, 교육가이면 교육가, 직업부 인이면 직업부인으로 똑똑히 사람이 좀 되어 갑시다. 윤 씨야! 기왕 국외로 갔다는 소문이 있으니 거기서 태평연월이나 노래하면서 건강히 일생을 지내라. 누구나 그대 보기를 원치 않을 테니."[48)

그러나 당시 공부를 많이 한 신여성이 총각을 만난다는 건 기대하기 어려운 일이었다. 불륜으로 갈 수밖에 없는 구조적인 사정이 있었다는 뜻이다. 이와 관련, 이애숙은 "국내외에서 신식교육을 받은 여성들이 늘어나면서 불행한 연애는 더욱 늘어만 갔다"며 다음과 같이 말했다.

"당시 고학력 여성들은 미혼남성을 배우자로 맞기 힘들었다. '고등보통학교 학생(남학생)의 5분의 3은 기혼자'인 상황에서 자신들과 교육 수준, 생활정서가 비슷한 미혼남성이 드물었기 때문이다. 그러다 보니 신교육을 받은 여성들은 대개 '첩이나 후처로 간다'는 세평까지 생겨났다. …… 1925년 여자고등보통학교 학생이 여성인구 1만 명당 0.38명에 불과한 상황에서, 고등교육을 받은 여성은 드물게 혜택받은 존재였다. 그러나 결혼이라는 통과의례 앞에서는 한없이 초라한 존재였다. 더욱이 그들이 배운 자유, 평등사상과 근대적 지식은 인습으로 굴러가는 결혼생활에 장애가 될 뿐이었다."[49)

유성기와 레코드 보관법

두 사람의 동반 자살로 인해 '사의 찬미'는 "선풍적인 화젯거리가 되었고, 사람들은 그 곡을 듣고자 앞다투어 축음기를 샀다. 매스컴에서는 그녀의 죽음을 연일 보도하였으며, 음반 회사도 그녀의 비화를 선전용으로 이용했다."[50]

'사의 찬미'의 성공에 사극받은 빅타레코드사와 콜럼비아사는 1927년 서울에 대리점을 개설하였으며, 그 밖에도 다른 유명 외국 음반 회사들이 속속 조선에 대리점이나 자회사를 설립하기 시작했다.[51]

1920년대 후반엔 유성기 음반에 의한 극영화가 인기를 누렸으며, 1926년 11월 『조선일보』 사장 이상재는 「조선 청년에게」라는 제목의 연설음반을 취입해 1927년부터 발매하기도 하는 등 유성기의 이용은 매우 다양했다.[52]

유성기의 확산 속에 피아노의 인기도 치솟았다. 『별건곤』 1927년 3월호에 따르면, 돈푼깨나 있는 사람들은 피아노를 칠 줄도 모르면서 피아노를 사놓고 행세하고 있었다. 한 노총각은 "피아노, 양옥집, 자동차. 이것을 구비하였거든 어느 처녀(?)가 그의 위인이나 인격을 돌아볼 새가 있으랴"고 비아냥거렸다나.[53]

1920년대 후반 일반 가정에까지 유성기가 확산되면서 신문과 잡지엔 '유성기와 레코드 보관법' 등과 같은 생활정보 기사들이 실렸다. 『동아일보』 1928년 9월 9일자에는 "근일에 와서는 조선 가정에도 경향을 물론하고 축음기를 많이 사유하여 가정의 오락을 삼는 모양입니다. 따라서 축음기와 그 레코드의 만드는 것도 점점 발달이 되고 또한 소리를 잘 넣게 되어 지금에 와서 잘 들리게 되었습니다. 지금에는 우리 조선 노래로도 유명한 광대나 기생의 소리도 많이 들었을 뿐 아니라 활동사진 해설, 서양음악, 기타 연극 여러 가지가 골고루 들려서 제법 심심풀이가 되는 모양입니다"[54]라는 기사가 실렸다.

'기미고히시'와 '낙화유수'

1925년부터 미국에서 실용화된 전기녹음 기술은 획기적인 음질 향상을 가져왔으며, 조선에서는 1929년부터 이 방식으로 제작된 음반이 발매되기 시작했다.[55] 당시엔 유성기를 사들여놓고 저녁이면 일본 젊은 연인의 노래 '기미고히시(그대 사랑해)'를 온 가족이 따라 부르는 것이 경성의 익숙한 풍경이었다고 한다.

『조선일보』 1929년 9월 1일자에 따르면 "요사이 웬만한 집이면 유성기를 놓지 않은 집이 없으니 저녁 때만 지나면 집집에서 유성기 소리에 맞추어 남녀 노유의 '기미고히시'라는 노래의 합창이 일어난다. 누구를 사랑하고 누구를 그리워한다는 말인지? 부모처자보다 '기미고히시'라니, 여기에는 삼강오륜을 찾지 않아도 좋은가?"[56]

우리나라 사람이 만든 작품으로 최초로 콜럼비아사에서 음반화된 대중가요는 1927년에 발표되고 1929년 4월에 음반화된 '낙화유수'(김서정 작사 · 작곡)다. 1927년 단성사에서 상영된 같은 이름의 영화 주제가로 알려지기 시작한 노래인데, 당시 영화들은 주제가를 지어서 홍보용으로 선전했다. 당시엔 가사 첫머리에 무게를 두어 일명 '강남달'로 불리기도 했다.

"강남달이 밝아서 님이 놀던 곳 / 구름 속에 그의 얼굴 가리워졌네 / 물망초 핀 언덕에 외로이 서서 / 물에 뜬 이 한밤을 홀로 새울까 / 멀고 먼 님의 나라 차마 그리워 / 적막한 가람가에 물새가 우네 / 오늘밤도

쓸쓸히 달은 지노니 / 사랑의 그늘 속에 재워나 주오 / 강남에 달이 지면 외로운 신세 / 부평의 잎사귀엔 벌레가 우네 / 차라리 이 몸이 잠들리로다 / 님이 절로 오시어서 깨울 때까지"

최초의 동요가수인 이정숙은 '오빠생각' '뜸북새' 등 동요를 취입했는데, 당시엔 유행가와 동요를 구분하는 의식이 없었다. 양악류의 음악은 통칭 '창가' 로 인식하였다. 창가는 동요 비슷하게 부른 노래이며, 최초의 유행가 전문 가수는 1930년에 첫 음반을 낸 채규엽이다.[57] 1930년대에 들어가면 오늘날까지 불리고 있는 가요 명곡들이 쏟아져 나온다.

제 5 장

조선총독부와 아리랑

01

경복궁을 깔고 앉은
조선총독부 신청사

빼앗긴 들에도 봄은 오는가

지금은 남의 땅―빼앗긴 들에도 봄은 오는가?

나는 온몸에 햇살을 받고

푸른 하늘 푸른 들이 맞붙은 곳으로

가르마 같은 논길을 따라 꿈속을 가듯 걸어만 간다.

입술을 다문 하늘아 들아

내 맘에는 내 혼자 온 것 같지를 않구나

네가 끌었느냐 누가 부르더냐 답답워라 말을 해다오.

바람은 내 귀에 속삭이며

한자욱도 섰지 마라 옷자락을 흔들고

종조리는 울타리 너머 아씨같이 구름 뒤에서 반갑다 웃네.

고맙게 잘 자란 보리밭아

간밤 자정이 넘어 내리던 고운 비로

너는 삼단 같은 머리를 감았구나 내 머리조차 가뿐하다.

혼자라도 가쁘게 나가자.

마른 논을 안고 도는 착한 도랑이

젖먹이 달래는 노래를 하고 제 혼자 어깨춤만 추고 가네.

나비 제비야 깝치지 마라.

맨드라미 들마꽃에도 인사를 해야지

아주까리 기름을 바른 이가 지심매던 그 들이라 다 보고 싶다.

내 손에 호미를 쥐어 다오.

살진 젖가슴과 같은 부드러운 이 흙을

발목이 시도록 밟아도 보고, 좋은 땀조차 흘리고 싶다.

강가에 나온 아이와 같이

짬도 모르고 끝도 없이 닫는 내 혼아,

무엇을 찾느냐, 어디로 가느냐, 웃어웁다, 답을 하려무나.

나는 온몸에 풋내를 띠고

푸른 웃음, 푸른 설움이 어우러진 사이로

다리를 절며 하루를 걷는다 아마도 봄 신령이 지폈나 보다.

그러나 지금은──들을 빼앗겨 봄조차 빼앗기겠네.

'빼앗긴 들'과 '일본 사람의 경성'

『개벽』 1926년 6월호에 발표된 이상화(1901~1943)의 시(詩) 「빼앗긴 들에도 봄은 오는가」이다. 정끝별은 "이 시의 매력은 굳세고 비장한

1926년 『개벽』 6월호에 시 「빼앗긴 들에도 봄은 오는가」를 발표한 이상화 시인. 일제는 이 시가 '불온하다'며 『개벽』 6월호를 압수하고 전면 판매금지 조치했다.

의지와 어우러진 섬세한 감각에 있다. 가르마 같은 논길, 입술을 다문 하늘과 들, 삼단 같은 머리를 감은 보리밭, 살진 젖가슴 같은 흙 등 빼앗긴 들을 온통 사랑스런 여성의 몸에 비유하고 있다. 그러니 온몸에 햇살을 받고 이 들(판)을 발목이 저리도록 실컷 밟아보고 싶다는 간절한 소망이야말로 내 나라 내 땅에 대한 지극한 사랑의 표현인 것이다. 관능적인 연애시의 옷을 입은 지극한 애국애족의 저항시다"고 평가했다.[1]

김재홍은 "이 시에서 들(땅)이란 농민에게는 농토, 즉 생존권을 뜻하며 국민에게는 영토, 즉 주권을 의미한다"며 "아울러 땅은 민족이 수천 년 살아온 역사의 표상이자 민족혼의 상징이 된다. 바로 이 점에서 주권을 빼앗기고 생존권마저도 빼앗겨 가는 상황, 마침내는 봄으로 상징되는 자연까지도 완전히 박탈당할 것이라는 위기 의식을 날카롭고 섬세하게 형상화함으로써 이상화는 이 땅 민중시 또는 저항시의 한 정점을 일구어 내게 된다"고 했다.[2]

장석주는 "이 시는 농민을 고통의 주체가 아니라 막연한 동정의 대상으로 다룬다는 지적을 받기도 한다. 이는 무엇보다 스스로 거스르기 힘든 소부르주아적 체질이 작품에 배어든 결과로 보인다"고 했다.[3]

그러나 농민을 막연한 동정의 대상으로 다루는 것조차 쉬운 일은 아니었다. 일제는 이 시가 불온하다는 이유로 『개벽』 6월호를 압수하고 판매를 금지시켰다.[4] '빼앗긴 들'은 농토만이 아니었다. 1920년대에 들어서면 이미 서울 땅은 절반가량이 일본인 손으로 넘어갔으며, 서울에 사는 서너 명 가운데 한 명이 일본인이었다. 『조선일보』 1927년 1월 6일자는 "우리가 표면으로 경성 시가를 볼 때에 기이하다는 생각이 나고 또 일종 자긍(自矜)하는 생각도 날 수 있지만 그것이 일본 사람의 경성이라는 것을 생각할 때에 조선 사람으로서는 비애를 통절히 느끼지 아니할 수 없는 것이다"고 했다.[5]

일본인의 한국, 경성 점령을 실감나게 보여준 '사건'이 있었으니, 바로 1926년 10월 1일 경복궁 앞마당에 들어선 조선총독부 신청사의 준공이다.

조선왕조와 한국에 대한 능멸

일제는 강점 후 남산 통감부 청사에 '조선총독부' 간판을 내걸고 청사로 사용하다가 새로운 청사를 짓겠다고 1916년 6월 25일 경복궁에서 기공식을 갖고 공사를 시작하였다. 조선왕조의 정전인 근정전 앞에 있던 홍례문을 허물고 그 자리에 신청사를 짓겠다는 것이었다.

1911년 일본 건축가들은 새로운 총독부 청사부지로 종로구 동숭동 옛 서울대학교 문리대 자리와 현재의 서울시청 자리를 제안했다. 그러나 초대 총독 데라우치가 반대했다. 그는 굳이 경복궁에 짓겠다고 고집을 부려 기공식을 관철시켰다.[6]

일제는 기공 10년만인 1926년 10월 1일 '시정(始政) 기념일'을 맞아 신청사를 준공하였다. 당시로서는 거액인 670여 만 엔을 들여 건립한 기념비적 건물이었다. 9604평의 면적을 가진 신청사는 영국의 인도 총독부나 네덜란드의 보르네오 총독부보다 더 컸으며 식민지와 일본 본토를 통틀어 가장 큰, 당시로선 동양 최대의 근대식 건물이었다.[7]

신청사는 일본에서 활동하고 있던 독일인 건축가 게오르그 데 라란데의 계획을 바탕으로 한 르네상스 양식의 석조건물이었다. 지상 4층의 철근 콘크리트 건물이긴 했지만, 외벽을 석재로 마감하여 육중한 외관을 강조하고 엄격한 좌우대칭의 권위적인 형태를 취한 것이다.[8]

영국인들이 인도에 지은 총독부 건물을 흉내 낸 것이라는 설이 있다. 이 건물을 위해 50만 명의 한국인이 노역에 동원되었고, 각종 자재를 수탈당했다.[9]

윤홍기는 "일본은 경복궁 근정문 앞의 모든 건물을 철거해내고 그 자리에 거대한 석조 콘크리트 건물을 서양식으로 지어서 상대적으로 규모가 작고 목조인 경복궁의 정전인 근정전과 대조시켰다"며 다음과 같이 말했다.

"월등히 크고 높은 총독부 건물은 근정전을 위압하고, 근정전이 왜소한 구닥다리 유물이란 인상을 받도록 건물을 대조 배치한 것이다.

1926년 10월 1일 기공 10년 만에 완성된 조선총독부 청사. 동양 최대의 근대식 건물로 르네상스 양식의 육중한 외관과 엄격한 좌우대칭이 '권위적'이다.

이리하여 조선은 일본에 비하여 뒤떨어져 있음을 강조하고 일본의 근대적 식민정권에 필적할 수 없음을 상징적으로 부각하려고 했다고 보인다. 그래서 그 건물을 보는 사람으로 하여금 조선의 운명은 이제 끝났고, 조선의 건축 규모와 기술은 새로운 일본의 기술과 규모에 비교가 되지 않는다는 생각과 조선은 일본의 식민지 정권을 받아들여야만 한다는 체념이 들도록 한 것으로 해석된다. 그리고 총독부 건물은 경복궁의 근정전을 가로막아 광화문 앞에서 보이지 않게 했고, 새로 지은 총독부 청사에서 내려다보면 근정전이 초라하게 보이도록 구도 배치한 것으로 해석된다."[10]

조선총독부 신청사는 사실상 경복궁을 깔고 앉은 형국이었다. 조선

왕조와 한국에 대한 능멸이었다. 실제로『경성일보』10월 1일자는 '총독부 새 청사 낙성식'에 관한 글에서 한국인들은 이 청사를 보고 일본 식민정부의 업적과 정책을 받아들여야 한다는 논조의 글을 썼다.[11]

준공일에 개봉된 〈아리랑〉은 '은유적 시위'

10월 1일 오전 11시 성대한 준공식이 열렸다. 초대된 한국인 중엔 박영효 후작과 그의 다음 서열인 현덕상이 포함되었으며, 현덕상은 이 자리에서 축사까지 하였다.『동아일보』는 1560명이 참석했다고 보도했다. 축하연은 12시 15분부터 오후 2시까지 경회루에서 벌어졌는데, 경회루에는 일장기와 만국기가 내걸렸고 이 자리에서 박영효는 '조선총독부 만세'를 삼창 선도했다. 안내역은 일본과 조선의 기생 조합에서 뽑아온 기생들이 맡아 했다. 이날을 기념해 엽서를 만들었고 우편국 출장소에서는 기념 스탬프를 찍어주었다.[12]

조선총독부 신청사 준공식과 축하연이 열린 바로 그날, 종로3가 단성사에서는 나운규의 영화 〈아리랑〉이 개봉되었다. 김정동은 "나라 잃은 백성의 한을 담은 이 영화는 일본에 대한 하나의 은유적 시위였다"며 다음과 같이 말했다.

"마침 일본의 조선 식민지 통치의 총본산이며 상징이 되는 총독부 청사 준공식에 때맞춰 몰려든 국민들은 이 〈아리랑〉을 통해 분노를 달래고 있었다. 친일파들은 총독부 청사 준공식장에서 만세를 불렀고 식민지 백성들은 여기 단성사에 구름 같이 몰려들어 소리 없이 흐느꼈던 것이다. 당황한 일본은 운집한 시민들을 정리하기 위해 기마 순사대까지 보냈다. 극장에 기마 순사대가 출동한 것은 이것이 처음이었다 한다."[13]

그로부터 67년 후인 1993년 8월, 대한민국 대통령 김영삼은 구조선총독부 건물 철거를 내각에 지시하였다. 1995년 8월 15일 광복 50주년 경축식에서 철거 시공식이 이뤄졌다. 이때 첨탑을 떼어내고 해체하였으며 1996년에는 건물이 완전히 철거되었다. 프랑스의 『르 피가로』지는 "총독부 철거는 일본에 대한 한국의 복수이며 세계 성세의 모든 부분에서 일본을 능가하는 일을 생각했을 것"이라고 보도했다.

기록문학회에 따르면 "기념식장에서 웃지 못할 해프닝이 있었다. 일제 때 우리나라 젊은이들을 전쟁에 동원하기 위해 만들어진 '감격시대'라는 노래가 울려 퍼진 것이다. 참으로 어이없는 일이 아닐 수 없다."[14] 그러나 '감격시대'가 친일 가요냐 하는 데 대해선 논란이 있다. 이는 1939년에 발표된 노래인 바 나중에 살펴보기로 하자.

경성부 청사의 정치적 상징성

서윤영은 "일반적으로 건물은 좌우대칭이 완벽하고 주 출입구가 정중앙에 있을수록, 또한 석재나 유리, 타일 등과 같이 견고한 외장 재료를 사용할수록 권위적이 되는데, 조선총독부 건물은 이 특징을 가장 잘 갖추고 있다"고 했다. 서윤영은 이외에도 서울시청으로 사용되었던 경성부 청사를 비롯하여 본정경찰서(옛 중부경찰서, 1924년), 경성재판소(옛 대법원청사, 1928년) 등도 동일한 양식으로 지어졌다며 이렇게 말했다.

"중앙에 높고 큰 돔을 올리고 정면에 열주를 세우는 등 극히 권위적이고 상징적인 건물로, 비단 일본뿐 아니라 당시 서구 열강이 식민

서울시청으로 사용되었던 경성부 청사. 위에서 내려다보면 '本' 자 모형으로 북악산의 '大' 자와 '日' 자형의 총독부를 합쳐 '大日本'을 뜻한다는 풍문이 있다.

지에 앞다투어 지은 전형적인 식민지풍의 건물이라 할 수 있다."[15]

조선총독부 건물이 준공된 해에 경성부 청사도 준공되었는데, 위에서 내려다보면 '本' 자 모양으로 배치되었다. '日' 자형의 총독부와 함께 총독부 청사 안쪽에 총독의 관저가 있는 북악산의 '大' 자 모습까지 더해졌다. 그리하여 경성부 청사와 함께 경성 한복판을 남북으로 가로 질러 '大日本'이라는 글자가 차례대로 새겨져 일본 군국주의의 음흉한 속내가 숨겨져 있다는 설이 나돌았다.[16]

경성부 청사의 위치도 의혹을 불러일으켰다. 손정목에 따르면, "덕수궁은 1919년 고종이 사망하기 전까지 1897년부터 22년 동안 거처로 사용된 탓에 한일의정서, 을사조약, 정미7조약, 한일합방조약 등

굴욕적인 조약이 차례로 체결될 때마다 대한문 앞에서는 수많은 유생과 학생들의 연좌 읍소가 계속됐고, 특히 3·1운동 당시 가장 격렬했던 시위가 대한문 광장에서 있은 후 당시 일본인들 사이에서는 조선인들의 숭왕의식과 독립의식의 발원지로 상징되는 이곳의 기(氣)를 눌러야 한다는 생각이 폭넓게 번져 경성부 청사를 이곳에 세운 것이다."[17]

경성부 청사 다음으로 눈에 띄는 건축물은 지금의 냉동 일내에 들어선 조선은행(지금의 한국은행 본점)과 조선저축은행(지금의 제일은행 제일지점 건물), 그리고 미쓰코시백화점(지금의 신세계백화점)과 조지야백화점(옛날 미도파백화점으로 지금의 롯데백화점 영플라자) 등이다.[18]

말마디나 하는 친구는 감옥소로

조선총독부 신청사와 〈아리랑〉이 묘사한 농촌의 참상은 기묘한 대조를 이루었다. 당시 농촌은 어떠했던가? 1926년 3월 『조선의 얼굴』에 발표된 현진건의 소설 「고향」은 일제의 식민지 수탈로 황폐화된 농촌의 현실을 그렸다. 아니 그건 '음산하고 비참한 조선의 얼굴'이었다. 작품의 마지막 부분에서 불리어진 민요조의 노랫가락은 이렇게 한탄했다.

"뱃섬이나 나는 전토는 신작로가 되고요 / 말마디나 하는 친구는 감옥소로 가고요 / 담뱃대나 떠는 노인은 공동묘지로 가고요 / 인물이나 좋은 계집은 유곽으로 가고요"[19]

실제로 말마디나 하는 친구는 모두 감옥소로 갔기에 감옥은 늘 미어터졌다. 1920년대 전반기를 제외하면 식민지 시기 내내 수형자 수는 지속적으로 증대되어 조선의 감옥은 수용인원 초과로 몸살을 앓았다. 일제가 생각해낸 수법은 바로 사면(赦免)이다. 일제의 자비를 과시하면서 감옥 문제도 해결하겠다는 발상이었다. 1927년 2월 가장 많은 사면이 이뤄져 6942명이 사면을 받았다.

이종민은 "식민지 시기에 종종 이루어져왔던 사면 조치는 엄벌주의적 중형 부과를 사후에 '천황의 시혜'로 포장하여 완화시키는 장치로서 대단한 관심거리였다"며 "당시 여론은 사면이 있을 때마다 매번 비상한 관심을 표명하여, 사면일을 전후로 한 평균 5일~7일간은 각 신문의 사회면에 관련 기사가 대대적으로 실렸다"고 했다.[20]

예컨대 『조선일보』 1927년 2월 8일자는 "친족이나 동지를 감옥에 보내고 그들의 나올 날을 이제나저제나 초조하게 손꼽아 기다리던 유족과 친구들은 이월 칠일 이른 새벽부터 경성, 서대문 두 형무소의 사정없이 굳게 닫힌 말 없는 쇠문 앞에 사람의 바다를 이루었"다고 보도했다.[21] 빼앗긴 들에 봄이 올 날은 아직 먼 상황이었다. 일제의 음흉한 사면 관행은 오늘날에까지도 살아남아 대한민국의 법치주의를 조롱하는 연례 이벤트가 된다.

나운규의 〈아리랑〉은
항일영화인가?

최초의 극영화 〈월하의 맹서〉

1910년의 영화는 '활동사진'으로 불렸으며, '영화'라는 표현은 1921 년경부터 쓰이기 시작해 1920년대 중반에 친숙하게 자리 잡았다.[22] 공짜로 보여주는 활동사진 때문에 위생 계몽 강연에 참가했던 조선 인들은 1922년부터 입장료를 징수했는데도 연일 상영장으로 몰려들 었다.

『매일신보』 1922년 6월 18일자에 따르면, 경성부 위생계에서 상영을 주최한 위생 활동사진을 보려고 1만 5000여 명이 탑골공원으로 모여들었다. 또 『동아일보』 1922년 7월 12일자에 따르면, 호남 이리 에서는 경찰서에서 주최한 위생 활동사진을 보려고 비 오는 날에도 600여 명이 상영장인 소학교로 몰려들었다.[23] 위생영화는 단순한 내 용을 가진 계몽영화였음에도 관객은 "재미있는 것을 만나면 집이 무

너질 듯이 박수갈채를 했다"고 한다.[24]

우리나라 최초의 극영화는 1923년 1월 13일 단성사에서 개봉된 〈국경〉이다. 〈국경〉이 최초의 우리 극영화라는 주장은 1992년 8월 영화평론가 조희문이 그의 영화학 박사학위 논문 「초창기 한국영화사 연구」에서 제기했다.[25] 그러나 일본인이 제작한 〈국경〉은 한국인 배우들이 출연하기는 했지만 "조선인을 비하하고 일제의 조선침략을 은근히 두둔하는 내용이 관객들의 불만을 산 탓"에 단 하루만 상영하고 막을 내리고 말았다.[26] 이런 이유 때문에 이 영화에 대해선 잘 알려진 게 없어 그간 최초의 극영화라는 타이틀은 1923년 4월 윤백남 감독이 발표한 〈월하(月下)의 맹서〉에 돌아갔다.

영화사가들은 1919년 10월 단성사에서 상영된 〈의리적 구투(義理的 仇鬪)〉를 한국 영화의 시발점으로 보고 있지만, 〈의리적 구투〉가 연극을 하면서 무대에서 처리하기 곤란한 야외 장면들을 영화로 비춰주는 연쇄극용 영화였기 때문에 〈월하의 맹서〉를 최초의 극영화로 본다.[27]

저축 장려용 계몽영화

〈월하의 맹서〉는 제목에서 풍기는 이미지와는 달리, 조선총독부 체신국이 저축을 장려하려는 목적으로 윤백남을 시켜 제작한 35밀리미터 계몽영화다. 이 영화는 1923년 4월 8일 경성호텔에서 조선총독부 체신국 관리와 감독 윤백남을 비롯해 『매일신보』『조선일보』『동아일보』 등 당시 일간 신문 학예부 영화담당 기자들 그리고 관계자 100여 명을 초청해 시사회를 가졌으며, 이후 서울을 비롯한 전국 각지에서 무료로 순회 상영되었다.[28]

영화 〈월하의 맹서〉를 감독한 윤백남. 〈월하의 맹서〉는 저축을 장려하는 계몽영화로 최초로 진짜 여배우가 '여성'의 역할을 맡아 화제가 되었다. 종전까지는 여장을 한 남자배우가 여성을 연기했다.

저축을 장려할 목적으로 제작한 계몽영화다 보니 스토리는 단순하다. 주색잡기에 빠져 파산직전에 놓인 약혼자의 빚을 대신 갚아주고 혼인을 앞둔 어느 달 밝은 밤에 미래를 다짐하며 저축할 것을 맹세한다는 내용이다. 『대도전』『흑두건』등 역사소설을 남긴 작가 윤백남이 연출과 대본을 맡았고 그가 창단한 민중극단 단원 15명이 배우로 출연했다. 윤백남은 최초로 시나리오를 쓴 작가로도 족적을 남겼다.

영화가 특히 주목을 끈 것은 처음으로 여배우를 등장시켰기 때문이다. 여자가 대중에게 얼굴이 알려지면 혀를 차고 눈을 흘길 때인지라 당시는 여성 역도 여장을 한 남성이 맡았다. 윤백남은 과감히 민중극단 단원이었으며 토월회의 주연 여배우였던 이월화(1904?~1933)를 여주인공으로 출연시켜 세상을 놀라게 했다.[29]

토월회는 1922년 11월 서울에서 일본 유학생들이 귀국하여 조직한 연극단체로 신극운동에서 선구적 역할을 했다. 근대 연극의 본격적

정립은 3·1운동 후 1920년부터 이루어졌으며, 현철(1891~1965)이 1920년 2월 예술학원을 설립하여 조선인 배우를 양성하기 시작했다. 이 학원은 1924년 조선배우학교로 개편했다.[30]

한국 최초의 여배우가 된 이월화는 이후에도 〈해(海)의 비곡(悲曲)〉 (1924), 〈뿔 빠진 황소〉(1927) 등의 영화에 출연했다. 변신원은 "그러나 다른 여배우들의 등장으로 그녀에게 쏟아지던 세인의 관심, 선풍적 인기는 곧 사그라졌고 그녀의 종말은 비참했다"며 다음과 같이 말했다.

"여배우의 불행한 사생활, 염문은 그들이 남성에 의해 성적으로 대상화되면서도 끊임없이 순결을 요구하는 가부장적인 이중구조와 무관하지 않다. 그러나 이월화가 우리 영화사상 최초의 여배우이며, 탁월한 연기력을 가진 배우였음을 기억하는 일이 더욱더 중요하다. 업적은 없고 스캔들만 난무하는 여성의 이야기는 언제쯤 자취를 감출 것인가."[31]

다만, 1920년에 제작된 〈호열자(虎列刺)〉를 최초의 영화로 보는 안종화는 이 영화에 출연한 마호정을 한국 최초의 여배우로 보고 있다는 걸 밝혀둘 필요는 있겠다. 〈호열자〉는 순수 연극단체인 '취성좌'가 총독부의 강압에 못 이겨 제작한 것으로 콜레라 예방용 계몽영화다.[32]

〈춘향전〉과 〈장화홍련전〉

1923년 12월에 개봉된 〈춘향전〉은 일본인이 감독하고 예산이 적었던 탓에 작품성은 크게 떨어졌지만 흥행에는 큰 성공을 거두었다. 이 영화의 성공 이유에 대해 이효인은 다음과 같이 말했다.

"춘향전이라는 이미 조선 대중들에게 익히 알려진 이야기를 영화

화했다는 것 외에도 당시의 흥행가에서는 가장 인기가 있었던 변사가 주연으로 출연했고, 실제 기생이 영화에 출현했다는 사실 등이 대중들의 관심을 끌기에 충분했기 때문이다. 이 영화는 일본에까지 수출되었을 뿐 아니라 이후 심청전, 장화홍련전 등 이전 시기의 인기 있었던 이야기를 영화화하는 데 결정적인 역할을 하게 되었다."[33]

〈춘향전〉의 흥행 성공이 시사하는 바와 같이 무성영화 시대의 스타는 단연 변사였다. 안종화는 "무성영화 시대의 영화 흥행 성적은 오로지 변사들의 해설이 그 성패를 결정해주었다고 해도 과언이 아니었다. 변사의 입이 바로 대사였음을 생각해보면 쉽게 알 수 있는 일이다. 변사의 존재가 이렇듯 빛나기 시작하자 각 극장에서는 다투어 명성 있는 변사를 확보하고자 금전 공세를 서슴지 않았다"고 했다.

"변사의 월급이 70원 내지 80원은 보통이었는데, 어쩌다가 지방에 있는 극장에서 초빙해 가려면 거마비의 부담은 물론 하루에 5원을 지불해야 했다. 당시의 일류 배우가 고작 40원이나 50원의 월급을 받았고, 고급 관리들의 월급이 30원 내지 40원 정도였으니, 변사들의 생활이 얼마나 호화판이었겠는가를 쉽게 짐작할 수 있을 것이다. 따라서 변사 치고 일류 기생첩을 거느리지 않은 사람이 드문 형편이었던 것이다."[34]

변사의 사회적 영향력이 커지자 일제는 이들에게까지 통제의 손길을 뻗쳐 '변사시험' 제도까지 마련하였다. 한국 영화의 제작이 이루어지기 시작하는 1921년 무렵 조선총독부는 흥행물취체규칙을 만드는 과정에서 일정한 자격시험에 합격한 사람에 한하여 변사의 자격을 부여했다. 1922년 6월 27일 제1회 변사시험이 경기도 경찰부 별실에서 시행되었다. 시험에 응시한 54명 중 8명을 제외한 46명이 실제로 시험을 치렀으며, 이 가운데 한국인 변사가 13명이고 나머지는 일본인 변사였으며 여자도 4명이나 포함되어 있었다.[35]

〈춘향전〉의 성공에 자극을 받아 1924년 9월 〈장화홍련전〉이 개봉되었다. 이는 제작진과 배우들이 모두 한국인으로만 구성된 최초의 작품이었는데, 그 때문인지 대성공을 거두었다.[36] 『매일신보』 1924년 9월 13일자는 다음과 같이 보도했다.

"일반이 손꼽아 기다리던 조선 고대소설 〈장화홍련전〉의 영화극은 단성사에서 초일을 내이자 만도(滿都)의 인기가 비등하여 조선에 상영관이 생긴 이후로 처음 보는 대성황을 이루었다. 최초의 예정은 십일일까지 상영할 작정이었으나 인기가 굉장하여 매일 밤 표를 사 가지고도 입장치 못한 관객이 많았고 또 시기를 놓친 이도 적지 아니하여 유감없이 해달라는 투서가 빗발치듯 오므로 십이일부터 십삼일 밤까지 양일간 연기하게 되었는데…… 이번에는 절대로 연기할 수 없다 한즉 누구든지 이 이름 높은 사진을 구경하지 못하는 이는 기회를 잃지 말 것이라더라."[37]

눈물의 아리랑, 웃음의 아리랑

무성영화는 1923년에 3편, 1924년에 4편, 1925년에 8편, 1926년에 4편이 제작되었다.[38] 1926년에 발표된 무성영화 가운데 흥행에 대성공을 거둔 대표작으로는 10월 1일 단성사에서 개봉된 나운규(감독 겸 주연배우)의 〈아리랑〉이었다. 일제시대 한국 농민의 열악한 상황을 보여준 영화였다. '눈물의 아리랑, 웃음의 아리랑. 누구나 보아둘 이 훌륭한 사진. 오너라. 보아라'라는 선전 문구를 내세운 '아리랑'은 인파

흥행에 대성공을 거둔 〈아리랑〉은 항일영화일까? 그런데 왜 총독부가 상영을 허가했을까? 사진은 〈아리랑〉의 감독이자 주연을 맡았던 나운규의 모습.

가 미어터진다는 말이 어울릴 정도로 연일 초만원을 기록했다. 왜 그랬을까? 당시의 시대 상황에 주목할 필요가 있다.

앞서 보았듯이 1926년 4월 25일 조선왕조 최후의 국왕인 순종이 서거하자 전국적으로 애도와 통곡의 물결이 흘러넘쳤다. 일본에 국권을 강탈당한 민족의 비애가 북받쳐 순종의 장례일인 6월 10일을 기해 항일시위운동이 계획되었다. 비록 이 운동은 일본 경찰에 사전에 발각돼 크게 전개되진 못했지만 학생들의 계획은 탄로되지 않아 장례일인 6월 10일 곳곳에서 학생들은 독립만세를 외쳤다. 6·10만세운동의 결과 수많은 학생이 검거되고 탄압을 받았다. 이때 고조된 슬픔의 분위기에 힘입어 10월 1일 서울 종로 단성사에서 개봉된 나운규의 〈아리랑〉은 대성공을 거둔 것이다.[39]

영화 내용이 사회적 분위기와 잘 맞아떨어졌다. 영화 〈아리랑〉 주제가의 마지막 부분은 "문전(門前)의 옥답(沃畓)은 다 어데 두고 쪽박신세가 웬일이냐"고 했으니 어찌 관객의 심금을 울리지 않을 수 있었으랴.

김소희는 "〈아리랑〉은 최초의 대형 흥행작이자 문제작으로 한국 무성영화 전성시대는 나운규와 함께 시작되어 1937년 그가 타계함으로써 막을 내렸다고 해도 과언이 아니다"고 평가하면서 〈아리랑〉의 대성공 이유에 대해 "그 이전의 한국 영화는 거의 다 고대 전설이나 문예작품을 토대로 만들어졌던 데 비해 〈아리랑〉은 지주, 마름, 소작인, 일제의 하수인, 지식인 그리고 가난과 성적 희롱에 희생당하는 여성 등 철저히 조선의 현실에 기반한 인물을 등장시키고 있다는 점에서 획기적이었다"고 분석했다.

"주인공 김영진은 전문학교를 휴학하고 고향에 돌아와 철학을 공부하다가 미쳐버린 지식인 청년으로 설정되어 있다. 그런데 이는 일제의 검열을 피하기 위한 고육지책이었을 뿐만 아니라 당시 현실에 대해 마음 놓고 조롱할 수 있는 장치가 되어준 것으로 보인다. 또한 영화는 당시의 현실이 미쳐버릴 정도로 고통스러웠다고 우리에게 호소하고 있는 것이다. 이처럼 〈아리랑〉은 당시 조선의 현실과 대중의 정서를 명민하게 포착했다. '논과 밭을 다 팔아서 아들 공부시킨다는 것과 그렇게까지 공부시킨 아들이 의외로 광인이 되었다는 것은 농촌의 중류 가정이면 실제로 당하는 경지'였던 것이다."[40]

〈아리랑〉은 항일영화인가?

김영진이 일본경찰에 끌려가는 장면에서 악대가 연주하는 아리랑의 선율이 흐르기 시작한다. 새로 편곡한 아리랑에 나운규가 지은 "나를 버리고 가시는 님은 십리도 못 가서 발병난다아"라는 가사가 삽입되었다. "아리랑 아리랑 아라리요오……아리랑 고개로 넘어간다아…… 나를 버리고 가시는 님은 십리도 못 가서 발병난디이" 관객은 합창을 하면서 종국엔 '대한독립 만세에!'를 외치기도 했다.[41]

과연 〈아리랑〉은 항일영화인가? 항일영화라면 왜 총독부가 상영을 허가했을까? 이게 늘 제기돼온 의문이다. 예컨대, 조희문은 "영화는 정상적으로 개봉되었고 해방될 때까지 〈아리랑〉은 어떤 제한도 받지 않았다"며 다음과 같이 주장했다.

"제한을 받지 않았을 뿐 아니라 오히려 선전에 적극적으로 이용된 기록까지 발견되고 있다. 홋카이도 지방에 강제 징용으로 끌려간 노무자들을 대상으로 선무공작을 하는 데 〈아리랑〉이 이용된 것이다. …… 일본인들이 보기에 영화 〈아리랑〉이 선무공작에 이용해도 괜찮을 만큼 아무런 문제가 없는 영화였다면 이 영화가 '항일' 적 요소와 '민족' 적 색채를 담고 있었다는 후세의 평가는 어떻게 연결 지을 수 있을까. 어느 한쪽이 영화를 제대로 보지 못하고 있거나 실제와는 다른 평가를 하고 있는 것이라고 하지 않을 수 없다."[42]

김려실은 나운규가 독립운동에 가담했던 걸 지적하면서, 이런 의문에 이렇게 답했다.

"그가 〈아리랑〉을 통해 정말 관객에게 호소하고 싶었던 것은 '동포여, 저항을 계속하라'가 아니었을까. 그러나 검열 때문에 그 뜻을 직접적으로 영화에 표현할 수는 없었고, 그래서 〈아리랑〉의 영웅 영진

나운규는 〈아리랑〉 이후에도 감독·주연배우로서 활약했다. 사진은 1926년 자신의 영화 〈풍운아〉에 출연한 모습.

은 정신 이상자로 설정되지 않을 수 없었던 것이다. ……역설적이게 도 〈아리랑〉은 저항의 뜻을 의도적으로 모호하게 표현했기 때문에 성 공할 수 있었던 것이다."[43]

변사의 역할은 저항의 표현에 '신축성'을 제공했다. 김려실은 "변 사는 관객의 기대와 반응, 극장의 상황에 따라 설명을 즉흥적으로 바 꿀 수 있었고 경우에 따라서는 자의적으로 영화의 의미를 완전히 바 꾸기도 했다"며 "즉, 〈아리랑〉의 '필름'은 하나였지만 '영화' 〈아리 랑〉은 결코 하나가 아니었다는 말이다. 예를 들어 단성사에서 〈아리 랑〉을 해설한 적이 있는 변사 성동호는 임검이 있을 때와 없을 때를 고려해 두 가지 버전으로 〈아리랑〉을 해설했다"고 했다. 경찰이 있을 땐 "재학 중 철학을 연구하다가 미친 김영진"이라고 하지만, 경찰이 없을 땐 "3·1운동의 고문으로 미치광이가 된 김영진"으로 해설을 바꾸었다는 것이다.[44]

더욱이 제작자가 일본인인데다 감독까지 나운규 대신 임원인 일본 사람 스모리 히데카쯔(津守秀一) 명의로 내세운 것도 〈아리랑〉이 상영될 수 있었던 한 요인이었다.[45] 〈아리랑〉의 홍보 과정에서는 전단 1만 매가 경찰에 압수당하기도 했는데, 문제된 전단엔 "문전의 옥답은 다 어디 가고/ 동냥의 쪽박이 웬일인가"라는 아리랑 노래가사 5절이 들어가 있었다.[46]

그래도 '선무공작'에 이용된 건 어떻게 볼 것이냐는 조희문의 의문은 풀리지 않은 셈인데, 그건 그 선무공작의 성격이 의식 개조가 아니라 중노동에 시달린 조선 노동자들의 위안용이었다는 것으로 설명할 수 있을 것 같다. 일본인들의 입장에선 항일영화라도 좋으니 영화나 보면서 카타르시스를 실컷 만끽해라, 그리고 일은 열심히 해라. 이런 게 아니었을까?

〈멍텅구리〉〈장한몽〉〈낙양의 길〉

1926년에 발표된 또 다른 영화들 가운데 특기할 만한 것으로는 〈멍텅구리〉와 〈장한몽〉을 들 수 있다. 〈멍텅구리〉는 1924년 10월부터 『조선일보』에 인기리에 연재되던 네칸만화를 이필우가 기획·제작·각색·감독·촬영·편집·현상 등 1인 7역을 맡아 영화화한 것으로써 한국 최초의 코미디 영화로 기록되고 있다.[47]

〈장한몽〉은 촬영이 절반쯤 진행되었을 때 주연배우가 행방불명이

돼 후반부터는 새로운 배우가 주연을 맡아 관객들을 어리둥절하게 했지만 흥행에는 성공을 거두었다. 후반에 주연을 맡은 이는 『상록수』의 작가 심훈(1901~1936)이다.[48] 이 어이없는 사건은 나운규의 농간 때문이었다고 한다. 김수남은 "한국 영화, 예술인으로서 놀라운 그의 업적은 인정하지만 인간 나운규로서 그가 걸어온 자취는 결코 받아들이기 힘든 일면들이 있다"며 다음과 같이 말했다.

"초창기 배우로서 활동할 당시, 단역에서 일약 〈심청전〉의 심봉사 역으로 파격 대우한 이경손의 은혜를 저버리고 〈장한몽〉의 이수일 역이 주삼손에 배정된 것에 불만을 품은 나운규는 주삼손을 선동하여 촬영 도중에 사라지게 했다. 그 결과 한 영화에 두 명의 이수일(1역 2인)이 등장하는 웃지 못할 추태를 만든다."[49]

〈아리랑〉의 성공이 몰고 온 여파는 매우 컸다. 1927년에는 해방 전 조선 영화계에서 가장 많은 편수인 14편의 작품이 제작되었다. 이후 우리 영화제작 편수는 1928년 13편, 1930년 12편, 1931년 10편, 1935년 10편, 1936년 9편, 1939년 10편 등이었다.[50]

극장엔 부인석이 따로 마련돼 있었는데, 부인석은 처음엔 한산했으나 1927년경엔 거의 만석이 되었다. 월간 『별건곤』 1927년 3월호 기사는 "요즘 극장에 가보면 관객의 변천을 볼 수 있다"며 "한 가지 특별한 것은 희소하던 부인석이 남자석 이상으로 매일 만원인 것이다. 노부인, 여염집 부녀, 기생 그리고 여학생들인데, 진기한 일은 그중에서 성에 갓 눈뜬 여학생이 반수 이상을 차지한다는 사실이다"고 했다.

"그뿐이 아니다. 경악할 일은 키스하는 장면. 그 순간에는 반드시 질식할 듯한 외마디 소리가 부인석에서 으레 돌발한다. 부인석 중에서도 머리 틀어 얹은 젊은 여인들 모여 앉은 곳에서. 이 말이 거짓말

영화의 발달과 함께 영화관도 우후죽순 생겨났다. 전국적으로 50여 곳, 경성에만 10여 곳이 넘었는데 극장주들은 악대와 자동차를 이용해 가두광고를 하는 등 경쟁이 매우 치열했다. 사진은 1930년대 건설된 영화관 명치좌(옛날 명동 국립극장).

인가 아닌가는 극장 출입이 잦은 이에게 물어보면 알 것이다."[51]

이처럼 영화의 인기가 치솟자 너도 나도 영화를 만들겠다고 나서는 진풍경이 벌어졌다. 1927년의 영화계 상황에 대해 유현목은 "프로덕션이 여기저기서 불꽃 튀듯 나타났다가 사라지자 심지어는 조선 권번(券番, 기생조합)에서도 연예부라는 것을 두어 영화제작에 나섰다.

이필우가 각색, 감독·촬영까지 도맡은 〈낙양의 길〉이라는 영화에는 당시 장안의 명기인 김난경·김영월·이연향·이도화·강송죽·이봉희·김채봉 등이 총출동하여 그야말로 동서고금에 찾아보기 어려운 웃지 못할 기생 퍼레이드를 한바탕 벌인 영화가 되고 말았다"고 말했다.[52] 이효인은 〈낙양의 길〉은 "기생들이 총출연해서 만든 영화였기 때문에 인기가 있었다는, 웃기에는 너무 비참한 기록도 있다"고 했다.[53]

1920년대 중반 영화관이 전국적으로 50여 곳, 경성에만 10여 곳으로 늘어나면서 극장들 간 경쟁은 매우 치열해졌다. 8페이지짜리 영화 프로그램 안내서를 나눠주는 등 각종 서비스를 제공했다. 출혈 경쟁을 막기 위해 극장주들이 모여 악대와 자동차를 이용하는 순회 가두광고는 하지 말자고 결의하기도 했다.[54]

일제의 영화통제

1928년 4월에 개봉된 나운규의 세 번째 작품 〈사랑을 찾아서〉는 "우리 영화사에서 최초의 검열 사건"에 휘말려 들었다. 일제 침략으로 고향을 잃고 간도로 떠나는 실향민을 그린 이 영화의 원래 제목은 〈두만강을 찾아서〉였는데, 광고 문구 때문에 상영 닷새 만에 중단되는 사태가 발생했다가 우여곡절 끝에 보름 후에 제목을 바꿔 다시 상영되었다. 문제가 된 광고 문구는 이런 내용이었다.

"과연 우리 백의민족으로서는 아니 보지 못할 영화! 머나먼 길 가노라니 발병나네…… 가서는 무엇을 할까? 처량하고 가이없네. 흘러가는 우리네의 백의민족, 울고 통곡하며 최후의 부르짖음! 들으라. 이 소리를……".[55]

조선 영화인들은 늘 검열에 시달려야 했다. 일제는 각 영화 상설관 관할 경찰서에서 임의로 검열을 맡도록 해오다가 1922년 1월에 영화, 연극 등 모든 흥행물에 관한 취체(取締) 규정을 제정하여 7월부터 시행하였으며, 1926년 7월 5일 조선총독부의 총독부령 제56호 '활동사진 필름 검열규칙'을 제정 공포하였다. 이는 1928년 9월 19일에 다시 개정되었는데, 검열규칙 제7조에 규정한 검열 수수료는 조선 영화인들에게 큰 부담으로 작용했다.[56]

취체는 극장 내 풍기문란을 단속하기 위한 것이기도 했다. 1920년 대엔 극장에 한번 들어가면 온종일 있다시피 했으며 극장 내 풍속사범이 많이 발생했다. 처음엔 극장 흥행시간을 9시간을 넘지 못하도록 했다가 그 후엔 6시간, 그리고 1926년에 3시간으로 변경하는 취체령이 시행되었다.[57]

네 시간짜리 이탈리아 영화 〈쿼바디스〉가 수입되기도 했는데, 이런 경우엔 장편영화 한 편을 잘라 연작 시리즈로 여러 편 상영했다. 『매일신보』 1928년 12월 1일자를 보면 영화작품 아래에 자그마한 숫자가 붙어 있는데 그것이 바로 몇 번째 필름인지를 표시한 것이다. 그래서 관객들은 내용이 다른 여러 편의 토막 영화를 잇따라 봐야 했으며, 한 편의 영화를 모두 보기 위해선 여러 차례 영화관을 찾아야 했다.[58]

일제의 영화통제는 1929년에 최초로 제작된 민간 뉴스영화에도 미치었다. 조선일보사는 필름으로 정치·경제·사회·문화 등 각 분야에 걸쳐 시시각각 일어난 사건을 촬영하여 6월 14일에 조선극장에서 공개하였는데, 이게 한국 뉴스영화 최초의 필름이다. 뉴스영화는 관객의 큰 호응을 얻었지만, 조선총독부의 방해와 제동으로 제1호를 끝으로 중단되고 말았다.[59]

영화의 가장 중요한 기능은 '대중적 감수성'을 키우는 교과서 역할이었던 것 같다. 『별건곤』 1929년 9월호는 "성에 눈 뜬 처녀들이 변사들의 달콤한 해설과 스크린에 빗기우는 사랑의 실연을 보고" 배우는 등 "사랑의 모든 수단과 양식은 단성사, 조선극장의 스크린에서 취했다"고 했다.[60] 총 영화 관객은 1927년 362만 명, 1928년 384만 명, 1929년 407만 명이었다.[61]

쓸쓸한 〈아리랑〉 개봉 80주년

2006년 10월 1일 〈아리랑〉 개봉 80주년을 맞았다. 이에 박정호는 "충무로는 〈아리랑〉을 까맣게 망각했다. 나운규를 기억하거나 〈아리랑〉을 기념하는 학술행사 하나 열리지 않았다. 〈아리랑〉 80주년 특별전이 없었던 것은 물론이다. 한국 영화를 키운다는 영화진흥위원회나 우리 영화자료를 정리한다는 영상자료원 모두 〈아리랑〉에 대해 침묵했다"며 다음과 같이 개탄했다.

"가장 결정적인 이유는 아직도 〈아리랑〉 원본 필름이 발견되지 않았기 때문일지도 모른다. 실제 영화를 본 사람이 거의 없어 누구도 눈길을 돌리지 않았을 것이다. 또 80주년이라고 요란한 소문을 내고 잔치를 벌일 이유가 없을 수도 있다. 그러나 최소한의 관심은 있어야 했다. 한국 근대 영화의 기원으로 꼽히는 〈아리랑〉의 80주년은 무심코 흘려보낼 일이 아니다. 〈왕의 남자〉와 〈괴물〉이 한국 영화 흥행사를 거푸 새로 쓰며 최고의 한 해를 보내고 있는 올 충무로도 그 뿌리는 결국 〈아리랑〉으로 거슬러 올라갈 수밖에 없기 때문이다. 나운규를 빼고 한국 영화사를 얘기한다는 것은 셰익스피어를 빼고 영국 희곡사를 얘기하는 것과 비슷하다. 사실 〈아리랑〉만큼 자주 리메이크된 한국 영화도 없지 않은가. 〈아리랑〉은 나운규 이후에도 이강천(1954년), 김소동(1957년), 유현목(1968년), 임원식(1974년), 이두용(2002년) 감독에 의해 시대에 맞게 변주돼 왔다. 〈아리랑〉의 홀대는 한국 영화문화의 일천함을 드러낸다."[62]

조선조까지 한국은 실록문화가 발달했다. 하지만 이후 외세에 시달리면서 기록과 보관엔 담을 쌓고 사는 문화를 갖게 되었다. 심지어 1960년대에 제작된 영화의 필름조차 남아 있지 않은 게 현실이다. 한동안 영화 필름에서 '은(銀)'을 추출하고 여름철 피서지의 필수품이었던 밀짚모자의 테두리 장식으로 영화 필름을 써먹는 등 '자원재활용 정신'이 워낙 뛰어났기 때문이다.[63] 사정이 그와 같으니 〈아리랑〉 홀대는 이상하기보다는 당연한 일인지 모른다.

이상협의
『중외일보』 창간

이상협이 『조선일보』를 나온 이유

최남선이 손을 뗀 『시대일보』는 여전히 재정난에서 벗어나지 못한 채 1926년 8월에 폐간되고 말았다. 그 후신으로 이상협(1893~1957)이 『중외일보』라는 제호로 9월 18일 총독부로부터 새로운 신문 발행 허가를 얻었다. 이상협은 백인기(1882~1942)의 출자로 『시대일보』의 인권과 시설을 인수하여 11월 15일 『중외일보』를 창간했다.[64]

이상협이 『조선일보』를 나오게 된 건 『조선일보』 1925년 9월 8일자에 실린 「조선과 러시아의 정치적 관계」라는 사설이 발단이 됐다. 당시 베이징에서 오랫동안 계속돼오던 일소(日蘇) 교섭이 타결되어 일본과 소련 사이에 통상이 재개됨에 따라 서울에도 소련영사관이 설치되어 영사 사무를 보게 되었는데, 문제의 사설은 바로 이걸 다룬 것이었다. 총독부는 이 사설을 문제 삼아 집필자인 신일용(1890~1950)을 구속하고 『조선일보』를 무기정간에 처하였으며 새로 구입한 윤전기까지 압수하였다. 총독부는 무기정간시킨 이유를 다음과 같이 밝혔다.

"극단적으로 조선통치에 대한 불평불만을 시사했을 뿐만 아니라, 일본 제국의 국체와 사유재산제도를 부인하고 그 목적을 달하는 실행수단으로서 적로(赤露)의 혁명운동 방법을 본받아서 현상을 타파할 것을 강조한 기사를 게재했기로 동일로 즉시 발행 정지를 명령함과 농시에 그 책임자를 사법 처분에 붙인 것이다."[65]

『조선일보』는 무기정간 해제를 위해 총독부를 상대로 로비를 하였고 총독부는 정간을 해제하는 대신 사회주의적 색채를 띤 기자와 사원의 해고를 요구하였다. 이상협·신석우를 비롯한 간부들이 그 조건을 받아들이기로 하자 총독부는 1925년 10월 15일 발행정지 처분을 해제하였다.

신문사의 실권자인 신석우는 정간 해제와 더불어 홍증식·박헌영 등 공산계열 기자들을 파면하고자 하였다. 이에 파면을 당하는 쪽에서는 총독부와 교섭한 이상협이 좌익 기자의 해고를 저지하지 못한 것을 비난하면서 "우리를 내보낼 테면 이상협과 함께 들어온 우익 기자들도 파면하여야 한다"고 요구하였다. 결국 사태는 좌우 양쪽의 기자 16명을 동시에 해고하는 걸로 마무리되었는데, 그 와중에 이상협도 조선일보사를 나오게 되었다.[66]

가장 값싸고 가장 좋은 신문

『동아일보』와 『조선일보』를 거친 이상협은 자신이 직접 경영하게 된 『중외일보』에선 더욱 과감하게 새로운 시도를 하였다. 농촌 독자를 대상으로 한 농업란을 만들고 식자층의 비판을 무릅쓰고 박보(博譜) · 기보(棋譜) 등을 싣기도 했다.[67]

이상협의『중외일보』는 1929년 9월 17일부터 조석간 4면씩 1일 8면 발행을 단행하여 일대 파문을 일으켰다.『중외일보』에 앞서『조선일보』가 1924년 11월 23일부터 최초로 조간 2면 석간 4면으로 조석간제를 실시했지만 오래지 않아 중단했다. 이에 자극받은『동아일보』도 1925년 8월에 조석간을 실시하였다가 며칠 후에 단간제로 환원했었다. 다시『중외일보』의 조석간제에 자극받은『동아일보』는 1929년 9월 20일부터 이전까지 석간 6면 발행이던 지면을 8면으로 늘렸고『조선일보』도 10월 1일부터 8면으로 증면했다.[68]

『중외일보』는 '가장 값싸고 가장 좋은 신문'을 내세워 구독료도 파격적인 염가정책으로 맞섰다. 동아 · 조선이 하루 6면 발행에 1개월 1원이었는데 중외는 하루 4면 1개월에 60전을 받은 것이다. 이처럼 치열하게 전개된 지면 경쟁에서 재력이 빈약한『중외일보』가 견뎌내긴 어려웠다. 부메랑이었다.『중외일보』는 스스로 시작한 이와 같은 경쟁에 무릎을 꿇고 1931년 6월 19일자로 종간호를 내면서 폐간의 운명에 처하게 되었다.[69]

폐간엔 필화사건이 미친 영향도 컸다. 1928년 2월 이정섭이 집필한「세계일주기행」이라는 연재물이 세계 약소민족의 독립운동을 소개하여 독립정신을 고취했다는 이유로 문제가 되었다. 필자인 이정섭은 징역 6개월에 집행유예 2년, 발행인인 이상협은 200원의 벌금형을 받았다. 이어 같은 해 12월에는「직업화와 추화(醜化)」라는 사설이 총독부의 정책을 비판했다는 이유로 무기정간 처분을 받았다.[70]

재정난에 허덕였던『중외일보』가 기자들의 월급을 제대로 주었을

리는 만무하다. 1928년에 입사한 최서해(1901~1932)의 경우 입사해서 퇴사할 때까지 2년 동안 한 달치 월급봉투를 받은 게 전부였으며 나머지는 무보수 봉사였다. 워낙 가난했던 그는 자주 끼니를 거르면서 일해야 했고, 나중에 『매일신보』 학예부장으로 옮기면서 생활에 안정을 찾았다.[71] 『매일신보』로 옮겨간 건 '변절'이라고 할 수도 있겠지만, 밥을 굶으면서까지 지조를 지키긴 어려웠던 모양이다.

신문의 '광고 마케팅'

1920년대 중반부터 일본 광고주 의존도가 높아졌다. 1923년 국내 광고 63.9퍼센트 일본 광고 36.1퍼센트였는데, 1925년 국내 광고 40.3퍼센트 일본 광고 59.7퍼센트, 1931년엔 국내 광고 36.2퍼센트 일본 광고 63.8퍼센트였다.[72] 당시 전보통신사는 일본의 대표적인 광고 대리업체로 경성지국을 통해 일본 광고를 한국 신문에 내는 일을 전담하였다. 일본의 광고업체인 전보통신사가 서울 지사를 설립한 것은 1906년 4월 3일이었으며, 한국인이 경영한 최초의 광고대행사라 할 한성광고사는 1910년에 생겨났다.[73]

『동아일보』는 1927년 9월부터 일본의 도쿄와 오사카에 지국을 설치하여 일본 광고를 직접 유치하였으며, 이와 같은 광고 수주 방식은 다른 신문들에도 확산되었다.[74] 더불어 광고기법도 발달했다. 제약회사인 유한양행은 1927년 창설 무렵에 티저 광고를 내는 등 당시로선 획기적인 기업 광고를 하기도 했다.[75]

당시 광고료는 너무 저렴했다. 광고 중개업자가 보통 5호 1행에 30전은 받아야 할 것을 20전밖에 주지 않았다. 그래서 『동아일보』가

1920년대부터 여러 신문들은 일본 광고를 실어 수지타산을 맞췄다. 가장 선두
적인 인물이 『동아일보』의 이상협으로 그는 일본 광고주들을 직접 만나 광고료
를 책정했다. 광고는 위 사진에서 보듯 영화관, 양복점, 조미료 등 다양했다.

직접 영업에 나서게 된 것이었는데, 광고료를 올리는 데엔 이상협이 큰 역할을 했다. 이상협은 당시 언론인들이 무지하였던 광고의 중요성에 대해서도 앞서가는 생각을 갖고 있던 인물이었다. 그는 '광고 마케팅'의 중요성을 이해하고 있었다.

김을한은 "한국 신문에 나는 일본 광고의 요금이 너무나 싼 것을 발견한 그는 즉시 동경으로 가서 직접 전통 사장을 만나서 담판하는 한편, 광고주들을 일일이 찾아다니면서 교섭한 결과 그들도 지금까지의 광고료가 너무나 저렴했던 것을 인정하고 조금씩 그 요금을 올려주게 되었다. 그리하여 1928년경에는 5호 1행에 1원씩을 받게 되었으며, 이 때문에 동아의 송진우 사장도 1년에 한 번씩은 동경으로 가서 광고료를 올리는 데 전력을 경주하였던 것이다"고 했다.[76]

04

수탈의 총본산, 동양척식주식회사와 조선식산은행

동양척식주식회사의 일본 농민 이민사업

동양척식주식회사(동척)는 1908년 세워진 이래로 농민수탈의 총본산이 되었다. 일본 도쿄에 본부를 두고 서울에 조선 지사를 두었으며, 국내에 부산·대구·목포·김제·대전·경성·원산·사리원·평양 등 9개의 지점이 있었고 중국에도 8개의 지점이 설립됐다. 동양척식주식회사는 한국 정부로부터의 출자분으로 토지 1만 7714정보(町步, 1정보는 3000평으로 약 9917.4㎡에 해당)를 인수한 데 이어 1913년까지 한국 내에서 매입한 토지가 모두 4만 7147정보에 달했다. 또 토지조사사업이 완료된 뒤 국유지를 불하받아 1920년 말 소유지가 9만 700여 정보에 달했다.

전 국토의 40퍼센트에 해당하는 전답과 임야를 차지한 동양척식주식회사의 소유 토지는 전국에 걸쳐 있었으나 특히 전라남도·전라북

농민수탈의 총본산인 동양척식주식회사. 일명 '동척'으로 불리는 이 회사는 일본 농민의 조선 이민을 촉구하며 그들에게 각종 특혜를 제공했다.

도·황해도·충청남도의 곡창지대에 집중되었다. 동척은 관리부와 금융부로 나뉘었으며 관리부에선 농토관리 즉 소작관리를 통해 고율의 소작료를 거둬들이고, 금융부에선 부동산담보로 돈을 융자해주었다가 재산을 몰수하는 등 농민들을 수탈했다. 이런 수탈에 견디지 못한 농민들은 살길을 찾아 만주로 이주했는데, 그 숫자가 1926년까지는 무려 29만 9000여 명이나 됐다.[77]

동양척식주식회사는 1910년부터 일본 농민 이민사업을 전개해, 매년 1천 호의 일본 농민이 각종 특혜를 받으면서 한국에 건너왔다. 1926년까지 전국 각지에 17회에 걸쳐 9000여 호가 이주했는데, 이는 농촌에 일본인 마을을 만들어 조선 지배의 거점으로 삼으려 했기 때문이다. 우리 농민은 토지를 잃고 고향을 떠나 만주 등지로 유랑의 길을 떠나야만 했다.[78]

압수돼 발표되지 못한 『동아일보』 1926년 2월 13일자 사설 「궁민(窮民)이 가는 곳」은 "부산을 통하여 일본에 가려고 하다가 당국의 저지를 당한 자가 만여 명에 달한다 하고, 신의주와 회령을 위시하여 압록강·두만강을 건넌 이민이 얼마인지는 아직 알 수 없거니와 그 방면으로 만주에 건너간 이민 수가 부산 경유로 일본에 가려던 이민보다 많은 것은 추측하기 어려운 일이 아니다"며 다음과 같이 말했다.

"금년 중에 일본인으로 조선에 이주한 총수가 3만이라 하고 또 동척의 명년도 이민 모집이 호성적(好成績)이라 하고 또 지금까지는 일본의 대자본가만 조선의 토지 경영에 주목하였으나 금후로는 중산계급이 많이 주목하게 되었다. 일본인의 조선 이주는 더욱 격증할 것이다. 우리는 일본의 조선 이주의 가부를 말하려 한다. 조선인의 실업을 위협까지 하면서 새로 일본에서 이민을 가져오는 것이 정당할까. 조선인을 속반(粟飯, 조밥) 먹는 만주로 보내고 일본인을 쌀밥 먹는 조선으로 옮기는 것이 정당한 일일까. 이것을 당국자에 물으려 할 따름이다. 이러한 불행한 결과를 좌시하는 당국을 책하지 아니할 수 없으니 우리도 당국이 조선인의 유리(流離)에 대하여 무슨 대책을 내는가를 보려한다."[79]

'조선어멈'을 거느린 일본인의 귀족생활

일제의 그런 이주 정책에 따라 개항 당시 54명에 지나지 않았던 조선

내 일본인은 1905년 8만 3315명, 1919년 34만 6619명, 1930년 53만 명, 1942년 75만 명으로 급증했다. 일본인들에겐 한국이 지상천국이었다. 한 사례를 보자.

"1927년 미나마타에서 일당 1원 60전을 받던 일본인 쓰게 단조는 조선질소흥남공장으로 파견된 뒤 '조선 수당'을 가산해 2원 60전을 받았다. 세나가 조선은 물가가 싸서 한 달에 20원 정도만으로도 귀족 같은 생활을 누릴 수 있었다."[80]

일본인들은 조선인 하녀까지 둘 수 있었다. 한 연구에 따르면, 조선인 하녀를 데리고 있던 일본인은 전체의 74.2퍼센트였다.[81] 이 하녀들은 '조선어멈'이라 불렸다. 농촌에서 올라와 일본인 가정으로 들어간 '조선어멈'의 연령층은 17세에서 45세까지였으며, 이 가운데 30세 이상이 20퍼센트를 차지했고 이들 대부분은 과부였다. 그리고 30세 미만의 연령층이 약 75퍼센트를 점하고 있는데 주로 기혼여성이었다. 이들 기혼여성은 시부모와 어린 자식을 고향에 두고 가족을 먹여 살리기 위해 도시로 올라와 하나의 직업으로서 '조선어멈'을 선택한 것이다. 유숙란은 "인사상담소를 찾은 조선 여성들은 거의 모두가 일본인 가정을 선호하였다"며 다음과 같이 말했다.

"일본인에 대한 시선이 곱지 못했던 식민지라는 상황 속에서 조선 여성들이 일본인 가정을 선호한 이유는 무엇일까? 그 하나는 일본인 가정의 보수가 조선인 가정보다 월등히 높다는 것이었다. 이는 '경제적'인 이유가 '민족적'인 명분을 능가할 만큼 삶에의 욕구가 절박한 시절이었음을 말해주고 있다. …… 조선 여성들이 일본인 가정을 선호하는 또 다른 이유는 이들이 조선인 가정으로 가는 것을 한사코 기피했다는 점이다. 엊그제까지 행랑어멈이나 하인을 두고 살았던 자신이 이제 하인의 처지가 됐다는 것을 창피하게 여겼으며 감추고 싶어 했다. 그리고 가난한 처지에 있었던 여성들도 같은 조선 가정에서 하인으로 일하고 싶어 하지는 않았다. 그래서 인사상담소에 들르는 부인들은 '나는 일본 사람의 집이 아니면 안 가겠다'는 조건을 붙이기도 했다. 이들은 지금의 충무로 자리인 '진고개' 부근에서도 제일 구석진 곳에 자리 잡은 일본인 집으로 가기를 원했다."[82]

암태도 소작쟁의

1920년대 한국 소설의 주요한 특징 중 하나로 빈민이 자주 등장하는 건 우연이 아니다. 김동인의 「감자」(1925)를 비롯하여 현진건, 나도향, 최서해 등의 작품들은 주로 가난의 문제를 다뤘다. 이는 당대에 수용된 근대 문학적인 리얼리즘의 자극 때문이기도 했지만, 기본적으론 당대의 빈곤한 사회현상의 반영이었다.[83]

빈곤에 처한 농민들이 잠자코 죽음의 길로 향하기만 한 건 아니었다. 무수히 많은 소작쟁의가 일어났다. 1920년대 전반기의 소작쟁의는 소작 조건의 개선이 주된 요구사항이었다. 황해도 재령군 북률면 동양척식주식회사 농장쟁의와 더불어 1920년대 전반기의 대표적 소작쟁의로 꼽히는 암태도 소작쟁의를 잠시 살펴보자.

1920년대 전남 무안군(목포 신안 앞바다) 암태도에서는 7할~8할의 소작료를 징수했다. 암태도 농민들은 1923년 8월 소작회를 결성해 9월 지주 문재철에게 소작료를 4할로 내려줄 것을 요청했다. 1924년 3월 문재철은 폭력단을 동원해 소작인회를 습격 폭행해 무력충돌을 빚었다. 10여 명의 소작농조합 간부만 목포경찰서에 수감되었고 폭력단은 무사했다. 1924년 6월~7월 농민 600여 명은 목포로 가 '아사동맹(餓死同盟)'을 맺고 단식투쟁을 벌인 결과 소작료는 4할로 결정되었고 소작회 간부들은 보석으로 석방되었다. 당시 『동아일보』는 단식농성과 처참한 광경을 보도해 전국에 큰 파문을 일으켰다.[84] 이 소작쟁의 때 농민들이 부른 '소작인의 노래'는 다음과 같다.

"뭉치어라 작인들아 붕치어라 우리늘의 부르짖음 하날이 안다 뭉치어라 작인들아 뭉치어라 마음껏 굳세게 뭉치어라 이 뼈가 닳게 일하여도 살 수 없거늘 놀고먹는 지주들은 누구의 덕인가 그들의 몸에 빛난 옷은 우리의 땀이요 그들이 입에 맞는 음식은 우리의 피로다 봄동산에 좋은 꽃 지주의 물건 가을밤에 밝은 달도 우리는 싫다"[85]

동양척식주식회사는 의열단의 주요 파괴 대상

당시 한반도를 휩쓸던 사회주의는 일제의 바람과는 달리 근절될 수 없었다. 민중의 삶이 너무도 비참했기 때문이다. 예컨대 『동아일보』 1927년 6월 8일자는 경기도 양평군의 한 농촌에서 춘궁기에 "초근목피까지 먹어버리고 먹을 것이 없어서 뒷산에서 나는 흰 진흙을 파서 거기다 좁쌀 가루를 넣어 떡을 만들어 먹는다"고 보도하였다.[86]

소작쟁의는 1929년 423건에 5319명의 농민이 참가했으며, 1930년에는 726건에 1만 3012명에 이르렀다.[87] 1932년 농촌의 조선인 소작인의 비율은 농업 인구의 45.6퍼센트로, 이들은 춘궁기에는 절량(絶糧) 농가가 되었다.[88]

여러 교과서들이 일제강점기 소작쟁의의 원인을 "실제로 소작인들이 지불하는 소작료는 전체 수확물의 60~80퍼센트에 달하였다"며

조선식산은행의 모습. 총독부의 산업정책을 금융측면에서 뒷받침했던 핵심기관. '동척'과 함께 의열
단의 주요 파괴투쟁 대상이었다.

과도한 소작료 때문이었다고 기술하고 있다. 이와 관련 윤선자는 다
음과 같이 말했다.

"그러나 조선시대에도 병작반수 원칙에 따라 50퍼센트의 소작료였
다. 조선시대에는 소작료가 그다지 높지 않았다는 오해를 부를 수 있
다. 또한 지주집의 관혼상제나 대사에 신역(身役)을 제공하였으며, 인
격적으로도 지주에게 예속되었다. 조선시대에는 굉장히 낮은 소작료
였는데 일제강점기에 엄청나게 증가하였다는 오해를 불러올 수 있는
서술이다."[89]

중요한 지적이다. 다만 일제강점기엔 조선시대와 다른 게 하나 있

었으니 그건 바로 동양척식주식회사의 존재였다. 동양척식주식회사는 원성(怨聲)의 대상이 되어 독립투쟁과 시위 때마다 그 철폐가 외쳐지곤 했다. 동양척식주식회사의 실질적 지배를 받는 조선식산은행도 당연히 원성의 대상이었다. 동양척식주식회사와 조선식산은행은 의열단의 주요 파괴투쟁 대상으로 떠올랐다.

나석주 의거

1926년 12월 28일 오후 2시 서울 시내 한복판에서 한 조선 청년이 조선식산은행(남대문로2가)과 동양척식주식회사(을지로2가)에 폭탄을 던지고 일경과 동양척식주식회사 직원 등 7명을 살상시킨 사건이 일어났다.

그 주인공은 바로 황해도 재령 출신으로 1914년 북간도로 건너가 신흥무관학교에서 군사훈련을 받고 의열단원으로 활동한 나석주(1892~1926)였다. 나석주는 처음엔 조선식산은행에 폭탄을 던졌으나 터지지 않자 곧바로 인근 동양척식주식회사로 이동해 일본 경찰과 동양척식주식회사 직원 등 3명을 사살하고 4명에게 중상을 입히는 과정에서 다시 폭탄을 던졌으나 이것마저 불발이었다. 거사 준비과정이 너무 길다보니 폭탄의 성능에 문제가 생긴 것이다.

나석주는 곧장 거리로 나가 일경과 총격전을 벌이다가 중과부적으로 당해내지 못하자 마침내 권총으로 자결하였다. 그는 숨지기 전 본인의 이름과 의열단 소속이란 것만 밝혔을 뿐 더 이상 한마디도 하지 않은 채 순국하였다. 김희곤은 "공격 대상이 토지를 장악하여 농민들의 원성이 집중되던 일제의 기관이었으니 조선인들로선 그야말로 응

보도금지를 해제하자 나석주의 의거를 보도한 1927년 1월 13일자 『동아일보』 호외. 의열단원 나석주는 일제 수탈의 표징인 조선식산은행과 동양척식주식회사에 폭탄을 던진 후 경찰과 대립하다 권총으로 자결했다.

어리진 민족의 한을 씻어주는 쾌거였다"고 했다.[90]

　나석주는 행동을 개시하기 전 『조선일보』에 거사를 예고하는 글을 보냈는데, 일제는 이를 문제 삼아 신문을 압수하고 간부들을 소환했다. 주필 안재홍은 경찰조사 대상 1호였다. 이전에 안재홍을 신문했던 일본군 헌병 대좌 아리가 미츠도요는 "도대체 조선의 안 씨들은 못

마땅하다. 안중근, 안명근, 안창호, 안재홍……"이라 중얼거렸다고
한다.[91]

이 사건으로 당시 상영되고 있던 영화 〈아리랑〉의 항일적 의미가
더욱 부각되었다.[92] 그렇지만 동시에 이 사건을 불안하게 바라본 한
국인들도 있었으니, 그들은 동양척식주식회사와 조선식산은행에 근
무한 한국인들이었다.

'차별 없는 유일한 극락'에 살던 한국인들

"나는 조금도 두렵지 않다. 어떻게 여기까지 왔는데……."

나석주의 조선식산은행 폭탄 투척사건 직후 당시 한 한국인 행원이
남긴 기록이다. 회고록, 사내 잡지 기고문 등에 나타난 한국인 행원들
의 공통적인 모습은 '사상보다는 취직' '민족보다는 월급'이다. 정병
욱은 "일반 조선인보다 나은 생활을 했던 이들은 '남들과 다르다'는
개인적인 허영과 만족 때문에 민족보다는 일본인 행원과의 동질적 유
대감이 더 강했다"고 지적했다.[93]

조선식산은행은 당시 조선인들에게 '차별 없는 유일한 극락'으로
통하던 곳이다.[94] 한국인 행원들은 일본인 행원과 차별 없이 대우를
받는다는 데에 강한 프라이드를 가졌다고 한다. 그러나 차별이 없는
건 아니었으며, 이는 한국인 행원들 스스로 잘 알고 있었다. 정병욱은
"그런데도 일부 한국인이 은행의 인사정책을 '동등대우' '무차별'로
기억하고 전승하려는 이유는 무엇인가"라고 물으면서 "무차별을 강
조하는 이면에는 자신들이 일제시기에도 차별받지 않을 정도의 최고
엘리트였다는 자부심이 작용했다"고 보았다.[95]

차별에 워낙 한(恨)이 맺혔던 탓일까? 차별을 받고 있음에도 차별을 받지 않는다고 주장하거나 믿는 심리상태는 차별의 강고한 위계질서에서 한 칸이라도 더 높은 곳에 속해 있다는 자위의 처절한 몸부림에 지나지 않았으리라.

제**6**장

좌우합작을 위한 노력

대동단결을 위한
신간회 창립

유일독립당 운동

파벌은 늘 독립운동 역량을 저해하는 골칫거리였다. 특히 1920년대 전반 임정의 외교중심론이 비판받으면서 수많은 당과 단체가 생겨나자 1926년 중반 이후 '일독립당'을 세우려는 운동이 일어났다.[1] 안창호는 1926년 7월 8일에 행한 연설에서 "우리들이 생명의 부활을 위해서는 혁명의 한 길이 있을 뿐이며 그것을 유력하게 함에는 보편적으로 또 유력한 일대(一大) 혁명당의 조직을 필요로 한다"고 역설했다.[2]

이는 전 민족이 대동단결하여 유일한 민족대당체(民族大黨體)를 조직하자는 것이었다. 이 운동은 1926년 10월 베이징에서 안창호·원세훈 등이 대독립당조직북경촉성회를 조직하면서 적극 추진되기 시작해 중국 전 지역으로 확산되었다. 이는 국내에도 영향을 미쳤다.

1926년경부터 일본의 복본주의(福本主義) 또는 후쿠모토주의의 영향으로 사회주의자들 사이에서도 협동 전선의 필요성이 논의되기 시작했다. 복본주의는 일본의 후쿠모토 가즈오(福本和夫)가 주창한 운동상의 방향 전환론으로 급속히 국내에 유입되었다.[3]

1926년 4월 복본주의의 '분립에서 통일로'라는 기치하에 서울에 있는 화요회, 북풍회, 조선노동당, 무산자 동맹 등이 4단체 합동위원회를 결성해 '정우회'를 발족시켰다. 1926년 11월에 빌표된 '정우회 선언'은 종래 경제적 투쟁에 국한되었던 것에서 계급적·대중적·의식적·정치 형태로 방향 전환할 것을 주장하고 이 과정에서 비타협적 민족주의와 일시적 공동 전선을 제창했다.[4]

신간회 창립

1927년 2월 15일 오후 7시 서울 종로 YMCA 대강당에서 '민족유일당 민족협동전선'이라는 표어를 내걸고 민족주의와 사회주의 계열을 아우른 독립운동단체인 신간회(新幹會)가 창립됐다. 일제 경찰의 임석 감시 아래 이루어진 이날 대회에는 전국에서 올라온 200여 명의 민족주의·사회주의 운동 지도자와 방청객 등 1000여 명이 참석했다. 1910년 무력으로 강압된 한일합방 조약에 의해 국권을 상실한 이후 최대의 민족운동단체가 결성된 것이다.

신간회의 '신간'은 '고목신간(古木新幹, 오래된 나무의 새 줄기)'에서 따온 이름이다. 조선을 새롭게 하자는 뜻을 담았다. 홍명희(1888~1968)가 지은 이름이다. 신간회의 목표는 일제와 타협하지 않고 민족이 단합해 스스로의 힘으로 민족 역량을 강화해나가는 것이었다. 이런 정신은 '정치적·경제적 각성을 촉진함' '단결을 공고히 함' '기

1927년 2월 15일 신간회 창립식을 알리는 신문기사. 신간회 회원 자격은 글을 아는 20세 이상의 남녀로, 가입 시에는 자필 이력서를 제출해야 했다.

회주의를 일체 부인함'이라는 3대 강령에 잘 나타나 있다.[5]

신간회엔 안재홍·이상재·백관수·신채호·신석우·이석훈·조만식·한기악·한용운·허헌·홍명희 등 좌·우를 막론한 민족 지사들이 참여했다. 신간회 창립대회에선『조선일보』이상재 사장이 회장, 안재홍 주필이 총무간사로 선출됐고, 발기인 34명 중에『조선일보』 간부가 12명이나 들어갔다. 『조선일보』는 '신간회 기관지'로 불렸을 정도로 신간회 활동을 상세히 보도했으며 『조선일보』 지사·지국은 신간회 지회를 겸하기도 했다.[6]

신간회 창립 다음 날인 2월 16일 『조선일보』는 이렇게 보도했다.

"신간회의 창립대회는 이야말로 조선에 있어서 민족주의 단체로 획기적인 큰 모임인 만큼 회원과 방청인을 물론하고 시작 전부터 조수(潮水)같이 밀려들어 방청석은 정각이 되기 전 약 한 시간 전부터 입추의 여지가 없으리만큼 만원의 성황을 이루었다."[7]

회원은 20세 이상의 남녀로 하되 반드시 자필 이력서를 쓰게 하여 문맹인의 가입은 허락하지 않았다. 단체 가입도 허락하지 않고 개인별 가입을 원칙으로 하였다. 신간회는 창립 10개월 만에 지회가 100개를 돌파하고 회원이 2만 명이 되어 1927년 12월 27일 성대한 기념식을 할 정도로 급속히 성장했다. 일제는 신간회가 예상 밖으로 급성장하자 1928년 2월의 전국대회를 불허했으며, 1928년 '제2차 공산당사건'에서 경기도 피검자의 약 4할이 신간회 회원으로 나타나자 신간회 본부의 모든 집회를 봉쇄하였다.[8]

신간회 창립 배경

이현주는 신간회 창립 배경 요인으로 신간회 창립의 동인이 3·1운동 이후 부르주아 민족주의운동 내에서의 자치운동의 대두에 따른 비타협 민족주의 세력과 사회주의 세력의 민족협동전선론이라는 견해, 신간회의 창립을 당시 민족해방운동 전선에서 일어나고 있던 민족유일당운동의 일환으로 파악해야 한다는 견해, 신간회의 창립과정에서 특

신간회 초대 회장인 월남 이상재(1850~1927). 일제는 신간회가 급속히 성장해 창립 10개월 만에 2만 회원 및 100개 지회를 돌파하자 신간회 본부의 모든 집회를 봉쇄했다.

히 사회주의자들의 역할에 주목하여 그것이 당시 일본 사회주의운동에서 나타난 대중 의식적 정치투쟁의 성행과 국내 유입으로 인해 창립될 수 있었다고 하는 견해, 코민테른의 식민지 민족해방운동 전략과 지시에 의해 신간회가 창립되었다고 보는 견해 등을 들었다.[9]

신용하는 일제가 합법단체로 신간회 창립을 허가한 이유로 소규모의 온건한 계몽적 민족주의 운동단체가 될 것이라고 예견했고, 민족 단일전선 내에 반드시 더 큰 불화가 발생하여 한국의 사상운동을 이 원화하여 분열을 조장할 수 있으며, 어차피 한국인 각 파의 운동이 전 개될 바에는 합법적으로 단일화된 공개적 조직이 감시하기에 편리하 다고 판단한 것 등을 들었다.[10]

신간회 창립 1개월여 만인 1927년 3월 29일 이상재가 사망하자 후 임회장에 홍명희가 당선되었으나 극구 사양하여 권동진(1861~1947)이 회장으로 선출되었다. 『조선일보』 사장엔 신석우가 취임했다. 1927년 5월 27일엔 신간회의 자매단체인 여성단체 근우회(槿友會)가 창립되 었다.

여성단체 근우회 창립

1926년 말 유영준 · 황신덕 · 최은희 세 여성은 신석우 당시 조선일보 사 부사장을 찾아가 "전국 지식층 여성의 총역량을 집중시켜 단일 단 체를 조직할 것이니 적극 원조해줄 것"을 요청했다. 1927년 4월 16 일, 서울 견지동 조선일보사 2층에서 여자 외국 유학생 친목회를 연 이들은 종로서 고등계 형사들이 안심하고 돌아간 뒤 재빨리 친목회를 뒤엎고 근우회 발기인 총회를 열었다. 창립일은 5월 27일이다.[11]

근우회는 "일천만 여성의 불행을 두 어깨에 지고……역사적 필연 의 사명으로 여성의 공동이익을" 위해 싸우겠다고 했지만, 곧 이념분 쟁에 휘말려 힘을 하나로 모으기 어려워졌다. 1928년 7월 전국임시대 회를 기점으로 중앙집행위원이 대부분 사회주의 진영으로 바뀌자 김 활란 등 기독교계 여성들은 근우회를 탈퇴했다. 근우회도 결국 신간

회처럼 1931년경 해체의 운명에 처하게 된다.[12]

기독교 진영이 거의 빠진 가운데 1929년에 채택한 전국대회 행동강령은 ①교육의 성적차별 철폐 및 여자의 보통교육 확장 ②여성에 대한 사회적·법률적·정치적 일체 차별 철폐 ③일체 봉건적 인습과 미신타파 ④조혼폐지 및 결혼·이혼의 자유 ⑤인신매매 및 공창폐지 ⑥농민 부인의 경제적 이익 옹호 ⑦부인 노동자의 임금차별 철폐 및 산전 4주간, 산후 6주간의 휴양과 그 임금 지불 ⑧부인 및 소년 노동자의 위험노동·야업 폐지 ⑨언론·출판·결사의 자유 ⑩노동자·농민 의료기관 및 탁아소 제정·확립 등이었다.[13]

중국의 국공분열

1927년 7월 13일 중국공산당과 국민당 간의 합작이 깨져 '국공분열(國共分裂)'이 이루어졌다. 이에 영향 받은 우리 독립운동계의 좌우 분열상도 심각해지기 시작해 유일당운동이 위기에 처하게 되었다.[14]

국공분열의 전후 과정을 잠시 살펴보면 이렇다. 장제스(蔣介石, 1887~1975)는 1926년 7월 9일 전국에 동원령을 선포하고 북벌전쟁을 개시했다. 국민당군은 6개월 만에 34개의 군벌을 장악하고, 1927년 4월 12일 상하이를 장악하는 데에 성공했다. 하지만 이런 북벌의 과정에서 국민당 내부의 국공 양당의 대립이 노골화되었다.

1927년 4월 12일 장제스는 상하이에서 쿠데타를 일으켜 노동자와 공산당원 5000명을 학살하고 무한(武漢)정부를 부인했다. 그는 4월 18일 우파를 중심으로 난징(南京)에 별개의 국민정부를 수립한 뒤, 공산당원 및 동조자에 대한 체포와 학살을 개시했다. 이로써 3년 7개월

에 걸친 제1차 국공합작은 완전히 결렬됐다.[15]

공산당 조직은 당원 수의 90퍼센트가 급감하자 지하로 잠적했다. 1927년 8월 1일 장시성(江西省) 난창봉기(南昌蜂起)는 중국공산당이 미약하나마 최초로 자신의 군대를 보유, 무장화를 시작한 시점이다. 지금도 이날을 기리기 위해 8월 1일을 중국인민해방군 건군기념일로 삼고 있다.[16]

1928년 6월 동북지방의 강력한 군벌이었던 장쭤린(張作霖, 1873~ 1928)이 일본군의 계략에 의해 폭사하면서 그의 아들인 장쉐량(張學良, 1898~2001)이 장제스에게 귀의해옴에 따라 북벌은 완수되었다. 1928년 10월 장제스는 북벌의 완수로 난징을 수도로 정하고 국민당 정부를 중국을 대표하는 중앙정부로 세움으로써 이른바 '난징시대 (1928~1937)'를 열었다.[17]

바로 이런 국공분열과 더불어 1928년 12월에 나온 코민테른의 '12월 테제'는 신간회를 약화시키는 결정적인 효과를 내고 말았다. 잠시 조선공산당의 활약을 살펴본 뒤 '12월 테제'와 신간회의 관계에 대해 알아보기로 하자.

조선공산당의 활동

조선공산당(조공)이 1926년 3월부터 5월까지 작성해 국제공산당에 보고한 문건에 따르면 조선공산당은 ①일본 제국주의에 대항하여 투쟁하자 ②코민테른의 깃발 아래로 오라 ③독립운동을 지속하자 ④노동자·농민의 조직을 위해 성실히 활동하자 ⑤ '동양척식주식회사'를 박살내자 ⑥기독교를 타도하자 등의 투쟁 슬로건을 채택했다.[18]

이때까지만 해도 아직 반봉건까지는 나아가지 못했다. 조선공산당이 1926년 7월에 완성한 강령은 "일본 제국주의 박멸, 반일 민족유일전선 조직, 조선독립, 인민(민주)공화국 건설"을 주장했고 이외에 "8시간 노동제 실시, 언론·출판·집회·결사의 자유, 조선어를 국어로, 소작료 폐지, 국가와 대토지소유자 및 회사나 은행의 토지를 몰수하여 농민에게 교부" 등을 주장했다. 즉 반제민주주의혁명 과제를 내용으로 하고 있다. 좌경적 성격이 강했을 때의 농업(토지) 문제 인식도 반봉건과제 설정은 뚜렷하지 않았다.[19]

이와 관련 정태헌은 "이는 비슷한 시기에 식민지, 반식민지·반봉건사회인 중국에서 '탐관오리 타도' '토호신사 타도' 등과 같은 반(反)봉건 구호가 중시되었던 상황과 비교된다"며 다음과 같이 말했다.

"일제시기 전 기간을 통해 봉건 요소를 포함한 제반 전근대적 요소는 파쇼적 식민통치에 수반된 조선인들의 정치적·경제적 무권리 상황과 어우러져 사회 각 부문에 강고하게 잔존했다. 그리고 자유로운 계급운동은 물론 인간으로서의 정체성과 존엄성 자각을 저해했다. 사회적 관습과 식민통치의 제도에 의해 인간성이 억눌린 조건에서는 자본·노동관계에 경제외적 관계가 개입되고 지주·소작관계에서 원활한 계급운동을 펼쳐나가기가 어려웠다."[20]

조공은 1925년부터 1928년 12월 해체될 때까지 네 차례 파행적으로 개편됐는데 일제의 탄압 때문이었다. 일제는 치밀한 수사와 가혹한 고문으로 효과적으로 '조공운동'을 저지했다. 또한 조공은 매우 복잡한 파벌구조를 갖고 있었다. 이르쿠츠크파의 신사상연구회(화요파), 일본 유학파인 북성회(북풍회), 별도의 서울청년회(서울파), 꼬르뷰로 국내부 등 수없이 많은 단체들이 이합집산을 거듭하면서 조공운동을 이끌었던 것이다. 예컨대 1, 2차 조공은 화요파에 의해 주도되었고, 이들이 일제의 대량 검거에 의해 와해되면서 3차 조공은 서울파가 가담하는 '통일조공'의 성격을 갖게 되었다. 다시 4차 조공은 안광천 등 일월회계와 화요파가 통합하여 구성된 ML파에 의해 주도된다.[21]

조공이 내건 당면 투쟁목표는 조선의 해방, 민주공화국을 건설하되 국가의 최고 권력은 국민으로부터 소식한 직접·비밀(무기명)·보통·평등선거에 의해 선출된 입법부에 있고, 주8시간 노동제, 부분적 토지국유화, 소작료 3·7제 등이었다. 1928년 3월, 조공이 채택한 '조선민족해방운동에 관한 테제'에서도 조선의 혁명은 '부르주아 민주주의혁명'이고 조선의 장래 권력 형태는 '혁명적 인민공화국'이어야 하며, 소비에트공화국을 건설하는 것은 좌익소아병적 견해이고 부르주아공화국을 건설하는 것은 우경적 견해라고 하였다. 이 같은 내용은 해방 직후 국가건설운동 과정에서 공산주의자들에 의해 거듭 주장되었다.[22]

코민테른의 '12월 테제'

코민테른은 1928년에 이른바 '12월 테제'를 통해 조공의 파벌성, 조직역량의 약화 등을 이유로 해체를 지시했다. 12월 테제의 정식 명칭은 '조선혁명농민 및 노동자의 임무에 관한 테제'다. '12월 테제'의 조공에 대한 요점은 다음과 같다.

①조선공산당은 파쟁으로 얼룩진 당이므로 승인을 취소하니 과거의 과오를 청산하고 처음부터 재조직되어야 한다 ②조선공산주의자들은 명확하게 소부르주아당파와 분리하여 혁명적 노동운동의 완전

적 독자성을 엄격히 지녀야 한다 ③과거의 조선공산당은 당원이 지식 계급과 학생뿐이었고 소부르주아 정당과 비슷한 것이었으므로 '12월 테제'에 입각하여 혁명적 노동자들과 빈농들로 구성된 혁명정당으로 재조직되어야 한다 ④조선공산주의자들은 '소비에트 사회주의공화국 연방'을 수호하며 제국주의 전쟁에 반대하는 항쟁을 항상 전개해야 한다 ⑤조선공산주의자들은 신구 민족해방단체(신간회, 천도교, 형평사 등) 속에 파고 들어가서 민족주의적 우유부단성을 폭로하고 많은 투사의 획득에 노력해야 한다.[23]

'민족개량주의'라는 용어는 12월 테제에서 처음 등장한 것으로 '부르주아 민족주의운동' 전체를 지칭하는 것이었다. 그러나 나중에 그 의미가 타협적인 민족주의 우파만을 가리키는 용어로 전용되었다.[24]

코민테른의 지령에 따라 1928년 8월~12월 제4차 조공은 부정되고 해산되었다. 조공운동이 종식되면서 공산주의 운동의 무대는 비교적 활동이 자유로운 만주지역으로 바뀌었다. 조선인들이 많이 거주하기 때문에 각 파벌들은 만주에 총국을 두었다. 그러나 '12월 테제'와 '일국일당주의' 원칙으로 각 파벌들은 총국을 해산하고 중국공산당에 가입함으로써 한인들의 개별적 공산주의운동도 종식된다.[25] 이제 곧 신간회도 해소될 운명에 처하게 된다.

02

조선총독부 산하
경성방송국 개국

편리한 무선전화

1920년대 중반에 태동하게 된 라디오방송은 처음엔 무선전화로 여겨
졌다. 조선총독부 체신국은 1924년 2월 방송에 대한 조사 및 기술적
연구를 시작하여 11월 초 체신국에 무선실험실을 설치하고 11월 29일
오후 3시 30분부터 송신시험방송을 시작하였다. 그러니까 이 땅에 실
험방송이나마 라디오 전파가 최초로 발사된 게 바로 이때였다.[26]

한국어 '방송(放送)'은 일본어 '호소(放送)'의 영향으로 '보도나 연
예를 라디오나 텔레비전의 전파에 실어 내보냄'을 뜻하게 되었지만,
원래 조선어에서는 '죄인을 풀어 줌'이라는 뜻이었다.[27] 실험방송을
앞두고, 『조선일보』 1924년 10월 6일자 기사 「편리한 무선전화」는
"방송 무선전화는……전파가 사면팔방으로 퍼지는 성질을 이용하야
엇더한 곳에서 말을 보내게 되면 그 말이 전하여 갈 수 있는 거기에서

조선의 첫 라디오 방송은 1924년 11월 29일 오후 3시 30분에 실시되었다. 당시는 아직 방송국이 없어 조선총독부 체신국(사진)에서 실험방송을 했다.

는 그 수신기를 가진 이는 천 사람이고 만 사람이고 일제히 같은 시간에 들을 수 잇습니다. 그리하여 말 보내는 곳을 방송국이라 하고, 말 듣는 자를 청취자라고 합니다"라고 보도했다.

"이와 같이 편리한 것이 날마다 발달되어 오늘에는 수신기만 가지면 자기의 방송국에서 방송하는 모든 것 음악이며 연설이며 신문이며 설교 같은 것을 어디가든지 들을 수 잇습니다. 혹은 자동차 위에 수신기를 달고 달려가는 차 안에서도 들을 수 잇으며 혹은 산보하러 나갈 때 양산에다 수신기를 달고 걸어가면서도 음악가의 노래와 목사님의 설교를 들을 수 잇습니다. 혹은 들에 나가 밭을 갈 때에든지 산에 들어가 나무를 베일 때에라도 그 곁에다 수신기만 하나 놓으면 방송국에서 방송하는 모든 것을 괭이로 땅을 파며 톱으로 나무를 켜면서 자미스럽게 들을 수 잇습니다."[28]

일본인들에 의한 라디오 시험방송으로 방송사업에 대한 사람들의 관심이 높아지자 총독부 체신국에 방송사업 허가신청서를 제출한 민간 단체만도 11개에 이르렀다. 그 가운데 가장 적극적인 단체는 조선일보사였다. 『조선일보』는 1924년 12월 12일자에서 '무선전화 공개방송시험'을 다음과 같이 예고하였다.

"현대의 과학문명이 낳아 놓은 여러 가지 놀라운 발명 중에도 가상 놀라운 것이며 또한 제일 최근에 급속히 발달된 것은 무선전화이다. 무선전화라는 것은 보통 우리가 일상에 쓰는 전화처럼 줄이 있는 것이 아니오……다만 공중의 전기를 통하여 원격한 지방에 음성을 전하는 것인데 미국이나 기타 서양 강국에서는 근년에 이 무선전화의 기술이 매우 발달되어 여러 가지로 이용되는 것은 자주 신문으로도 소개된 바이지마는 동양 방면에서는 그 발달이 극히 유치할 뿐 아니라 우리 조선에 있어서는 십여 일 전에야 간신히 총독부 체신국으로부터 최초의 시험이 있었으며 10일에 일본전보통신사지국의 주최로 진고개 어느 상점에서 방송시험을 행하였을 뿐이오. 아직도 순전한 조선 말로써 이 세계적 유행인 무선전화를 이용치 못함은 적지 아니한 유감이며 따라서 무선전화에 관한 지식의 보급을 도모함이 간절한 일이라 생각한 본사에서는 조선 안에서 최초의 대규모로 무선전화의 방송시험을 행하고저 지난 10월 하순부터 준비를 시작하여 오는 20일경부터 제1회의 공개를 행하게 되었습니다."[29]

조선일보사의 실험 방송

준비를 잘한 덕인지 조선일보사는 12월 17일부터 무선전화방송 공개

실험에 들어갔다. 『조선일보』 12월 17일자는 실험에 들어가는 걸 알리면서 "오인(吾人)은 우리들의 청년들이 아직도 자연과학에 등한하고 기술적 수련에 등한함을 보매 항상 탄석(嘆惜)하는 바이니와 이제 인방(隣邦)의 기술자와 그들의 기계를 빌어 현대의 최신식의 문명의 인기와 그 효용을 실험하게 됨을 임하매 가장 무량한 감개에 쌓인 바 있다. 천하의 부로(父老)와 청년들은 깊이 동감할 바 있을 줄 믿는다"고 했다.[30] 3000명 이상의 인파가 몰려들어 시연회 행사장인 우미관의 입장권 배부처 옆 도로는 전차 통행이 불가능할 정도였다.[31]

『조선일보』 12월 18일자는 첫날 무선전화 방송 실험 결과를 「경이의 눈! 경이의 귀」라는 제목의 기사로 보도하였다. 사람들이 "아무 줄도 없이 수표다리 조선일보사에서 관철동 우미관까지 소리가 들린다고 매우 신기하게 여기는 빛이 가득하였"다고 했다. 이 기사는 우미관을 가득 메운 관중이 무대 위에 설치된 확성기에서 소리가 흘러나오는 것을 신기하게 바라보는 사진을 게재하였다. 공연장을 저녁에도 이용할 수 있는 소공동의 경성공회당(지금의 상공회의소 강당)으로 옮기고, 관중이 너무 많아 지장이 있으니 입장권을 가진 사람만 들을 수 있다는 안내도 했다.[32]

조선일보사는 사장실에 홑이불로 방음장치를 해놓고 마이크를 설치하여 방송실을 꾸몄는데, 사회는 『조선일보』 기자 최은희가 맡았고 인사말은 『조선일보』 사장 이상재가 하였다.[33] 이동백의 '단가' 독창, 박녹주의 판소리 열창, 홍난파의 바이올린 연주 등이 방송되었다. 조선일보사는 17일부터 3일 동안 독자들을 위한 무선전화 방송공개실험을 실시한 뒤에 성공을 자축하는 동시에 장소가 좁아 입장하지 못한 사람들에게 '충심으로 미안' 하다는 사고(謝告)를 냈다.[34]

그러나 라디오에 대한 비판도 제기되었다. 월간 『별건곤』 1926년 1월호는 "조선의 라듸오! 그것은 우리의 것이 아니다. 조선의 라디오—문명—그것은 정복자의 전유물이다. ……잇는 사람의 작난거리가 되고 말아버린 문명의 산물"이라고 했다.[35]

조선총독부 산하 경성방송국 설립

1926년 2월 15일 방송사업 허가를 신청했던 11개 민간단체 대표들은 조선호텔에 모여 발기인 총회를 열고, 그해 4월 28일 경성방송국 창립준비위원회를 개최하려 하였다. 그러나 조선총독부는 한국인에 의한 방송국 설립을 허가치 않고 1926년 11월 30일 조선총독부 체신국 산하에 '사단법인 경성방송국'을 설립하였다.

경성방송국은 1927년 2월 16일 '여기는 경성방송국입니다. JODK'로 시작하는 첫 방송 전파를 출력 1kW로 발사하였다. 라디오 본방송이 시작되기 전 극장에 모여 라디오를 듣는 시연회가 열리기도 했다. 당시 신문의 반응은 이랬다. "근세 과학의 일대 경이—몇백 몇천리를 격한 곳에 흔적 없이 전파되는 방송의 신기막측한 비밀!"[36]

JODK라는 콜 사인에 대해선 우여곡절도 많았고 오늘에 이르기까지 말이 많다. 이에 대해 유병은은 "'JO'라는 콜사인은 일본 내에서만 사용하게 돼 있던 것인데, 경성방송국이 개국할 무렵에 조선총독부에서는 '내선일체'를 부르짖고 있었으며, 조선총독부 도쿄 출장소장이 일본 체신청과 방송 당국에 경성방송국의 콜사인을 개국 순서대로 JODK를 할당할 것을 강력히 주장하는 강경한 발언을 했다는 것이다"며 다음과 같이 말했다.

조선총독부 체신국 산하의 사단법인으로 설립된 경성방송국. 경성방송국의 한국인 직원은 고작 3명에 불과했다.

"그래서 도쿄방송국이 JOAK, 오사카가 BK, 나고야가 CK였다. 그리고 네 번째로 개국하게 된 경성방송국의 콜사인이 'JODK'가 됐다는 것이다. JODK를 서울에 할당해준 직후 일본 체신청이나 방송 당국에서는 잘못된 처사였음을 알게 됐으나 내선일체라는 슬로건에 눌려 그대로 방치했다는 뒷이야기였다.(한덕봉의 증언) 사실은 조선 내의 콜사인은 'JB'를 사용토록 돼 있어 부산방송국이 JBAK를 시작으로 평양이 JBBK, 청진방송국이 JBCK를 개국하는 순서대로 콜사인이 배정돼 청주방송국이 맨 끝으로 JBQK였다. 이러한 우여곡절의 내막을 모르는 사람 중에는 경성방송국의 콜사인이 JODK이니, 이는 도쿄방송국의 지국으로 개국된 것이라는 저서를 펴낸 바도 있으며, 또 경성방송국이 개국할 당시에는 일본 방송을 서울에서 수신할 수 있는 아무런 시설이 계획돼 있지 않은 상태였는데도 서울방송국은 처음부터 일본 방송을 중계할 목적으로 설립됐다고 하는 책자도 볼 수 있었는데 노창성의 고증을 들어보면, 일본 방송을 조선에서 본격적으로 수신할 수 있는 수신 시설은 1935년 가을, 부산방송국이 개국될 때 비로소 동래수신소가 처음 생겨 일본 방송을 직접 수신해서 서울로 올려 보냈다고 한다. 이 시절에는 일본 내에도 지국제도는 없었다. 조선의 콜사인은 'JB'이며, 대만은 'JF'였고 만주는 'JQ'였다. 즉 'JO'는 일본 내에서만 사용하던 것이었다."[37]

고종석은 "조선에서 정규 라디오방송이 나간 것은 미국, 영국, 프랑스, 독일, 일본에 이어 세계에서 여섯 번째였다"며 "이런 예외적 순위가 그 당시 조선이 일본제국의 일부였던 덕이라는 것은 흔쾌히 인정하긴 싫을지라도 사실이다"고 했다.[38]

학계에선 일반적으로 한국 방송의 기원을 경성방송국으로 보고 있으나, 박기성은 "1924년 12월 조선일보사의 무선전화 방송공개실험이야말로 한국인의 기술로 성공한 첫 자주 방송이므로 한국 방송의 기원으로 봐야 한다"고 주장했다.[39]

쌀 열 가마니보다 더 비싼 라디오

라디오의 값은 광석식으로 안테나를 포함해 6원에서 15원이었고, 확성기를 통해서 듣는 진공관식은 40원에서 100원이었다. 전지와 그밖의 소모비로 월 2원 정도가 들었으며 청취료는 월 2원이었다. 당시 대졸 국가 공무원 초임 75원, 쌀 10킬로그램 3원 20전, 영화관 입장료 30전임에 비추어 청취료는 매우 비싼 것이었다.[40] 이내수는 "쌀 열 가마니보다 더 비싼 라디오를 사들인 시골부잣집 사랑방에는 저녁마다 온 동네 사람들이 모여 앉아 '공짜'로 라디오 청취를 즐기던 그런 시절이었다"고 했다.[41]

수신기는 필히 방송국에 등록을 필한 후에 체신국의 청취허가를 받아야 했고 대문 밖에 청취허가장을 반드시 부착해야 했다. 허가를 받지 않고 방송을 도청할 경우 1000원 이하의 벌금 또는 1년 이하의 징역에 처한다는 엄한 규정이 있었다. '청취허가장'이 대문에 붙어 있으면 상당한 부잣집이라는 걸 뜻했다.[42]

개국 1주일 후인 1927년 2월 22일 당시 라디오 수신기 등록 대수는 1440대였으나, 일본인이 전체의 80퍼센트가 넘는 1165대를 소유하고 있었다. 개국 1개월이 지나서도 청취자 수는 2000명에 미치지 못했다. 다만 도청 및 미등록 청취자가 많아 실제 청취자 수는 6000명~7000명에 달하는 것으로 추산되었다. 1927년 말 전체 수신기 수는 5260대로 증가하였다.[43]

라디오는 처음엔 영업용으로 많이 활용되었다. 월간 『별건곤』 1927년 3월호 기사에 따르면, "이현세상점이나 구미양행에서 확성기로 지나가는 사람에게 라디오를 들려주는 것은 라디오 기계 판매업이니까 말할 것 없으나 박덕유양화점에서 일백 십여 원짜리, 조선축음기상회에서 백여 원짜리 확성기를 점두에 놓고 손님에게 들려주기 시작하니까 남대문통의 백상회에서도 사백여 원짜리 라듸오를 놓았다. ……이발소, 목욕탕, 식당 같은 데에서 사오십 원짜리로도 훌륭하니 라듸오를 손님에게 들려준다면 정해놓고 손이 많이 꼬일 것이요, 술 파는 집에서 그렇게 하면……확실히 술이 더 많이 팔릴 것이다."[44]

한국어 · 일본어 혼용의 '비빔밥 방송'

경성방송국의 한국인 직원은 3명으로 출발했는데 무용가 최승희의 오빠인 최승일이 '프로듀서 1호', 그의 부인 마현경이 '아나운서 1호'다. 예능 프로의 주력이라 할 기생들은 방송 한 달 만에 출연거부 농성을 벌였다. 왜 출연료가 일본 기생의 절반이냐는 항의였다. 그다음 달에는 뉴스가 오보를 냈다며 명예훼손 소송이 제기되기도 했다.[45]

개국 당시 프로그램은 일본어로 된 뉴스와 경제시황 보도, 그리고 한국어의 물가 시세, 일기예보, 공지사항에다 음악방송으로 짜여졌다. 최초의 기본 편성표에는 기악 연주, 단가, 만담, 강연, 소설 낭독, 외국어 강좌(영어), 라디오 연극, 국악(가야금 병창) 등이 들어갔다.[46]

처음에는 1대 3의 비율로 우리말과 일본어를 혼용하여 방송하는 일명 '비빔밥 방송'을 했다. 1927년 일본어 해독 인구는 전체 인구의 6.33퍼센트에 불과해 불만의 목소리가 높았다.[47] 그러자 1927년 7월에 우리말과 일본어를 2대 3의 비율로 바꾸어 교대 방송을 하는 등 여러 차례 변화를 보였다.[48] 방송을 직접 할 수 없게 된 것에 속이 상했을 법한 『조선일보』는 1927년 7월 27일자 기사를 통해 경성방송국을 다음과 같이 비꼬았다.

"소리라든지 강연 같은 것을 좀 좋을 만한 것을 방송하였으면 감사한 중에 더 감사하겠어. 강연사도 말마디나 하는 양반을 초빙하고 기생도 소리마디나 할 줄 아는 것을 초빙하여야지 개 짖는 소리라도 기생이라면 모두 불러다가 시키니 방송국 얼굴을 보아 억지로 듣기는 하지마는 정말 재미없다. 지금부터는 너저분한 기생들의 꿈꾸는 소리라든지 18세기의 소학교 수신교과서 같은 것은 제발 고만두시오."[49]

1927년 10월 1일 비행기로 경성 상공에 '청취료 인하 단행'이라는 내용의 '삐라'가 뿌려졌다. 월 청취료를 2원에서 1원으로 인하한다는 내용이었다.[50] 이로 인해 청취자가 늘긴 했지만 한국 청취자들의 최대 불만 대상인 한일 양국어 혼용 단일방송의 벽을 넘긴 어려웠다. 그래서 수신기 보급은 극히 부진하여 1929년 말에서야 1만 대를 돌파하였다. 따라서 경성방송국은 유일한 재원인 청취료 수입이 미미하여 심한 경영난에 빠지게 되었으며, 경성방송국은 수신자 보급을 위한 근본적인 대책을 강구하게 되었다. 그 결과 한국어 방송과 일본어 방송을 따로 내보내는 이중방송 실시와 전국 방송망 확충을 계획하게 되었다.[51]

사설 송신기 제작자들의 '방송 끼어들기' 장난도 있었다. 『조선일보』 1927년 11월 29일자에 따르면, "간단한 라디오 송화기를 만들어서 마음대로 전파를 발사하여 방송을 교란시키는 새로운 범죄자가 최근 도쿄, 오사카, 기타 여러 곳에서 속출하고 있다. 경성에서도 최근에 허가 없이 이러한 방송을 하는 자가 있다. 당국에서는 이 무선전신법 위반자를 비밀리에 수색하는 중이지만 아직 잡아내지 못하고 있다."[52]

장진홍 · 조명하 의거와
박용만 암살 사건

장진홍의 '조선은행 대구지점 폭탄의거'

1927년 10월 18일 11시 20분경 대구시 중앙통에 위치한 조선은행 대구지점에 허름한 옷차림의 한 청년이 나타났다. 청년은 곧바로 창구 앞으로 다가가 들고 온 보자기를 풀어 네 개의 상자 가운데 한 개를 창구로 내밀면서 창구의 직원에게 "이것은 벌꿀인데 우리 여관에 든 손님이 지점장님께 전해달라고 한 선물입니다"고 디밀었다.

군대에서 포병대 근무경력이 있는 창구직원 요시무라(吉村)는 상자에서 화약 냄새가 나는 것을 느끼고 급히 상자를 열었다. 아니나 다를까! 상자 안에는 도화선에 불이 붙은 폭탄이 들어있었다. 깜짝 놀란 요시무라는 도화선을 끊고 청년으로부터 보자기를 빼앗아 다급하게 나머지 상자를 열었다. 연락을 받고 황급히 달려온 10여 명의 순사들이 도화선을 끊으려고 하였으나 이미 때는 늦었다.

조선은행 대구지점에 폭탄을 배달시켜 건물을 파괴하고 6명의 부상자를
낳게 한 장진홍 의사. 1년 4개월 후 체포되어 사형선고를 받은 그는 사형
이 집행되기 전날 자결했다.

    곧이어 폭탄 하나가 터짐과 동시에 뒤이어 두 개의 폭탄이 연속적으
로 굉음을 내면서 폭발해 천지를 뒤흔들었다. 이것이 장진홍(1895~
1930)의 조선은행 대구지점 폭탄사건이다. 폭탄을 전한 청년은 장진
홍이 심부름을 보낸 덕흥여관 종업원 박노선으로 이 사건과 별다른
관련은 없었다.

    이 사건으로 일본인 순사 4명과 은행원 1명, 행인 1명 등 모두 6명

이 부상을 입고 조선은행 대구지점 유리창 60여 장이 깨졌다. 장진홍은 사건 발생 1년 4개월여 만인 1929년 2월 14일 체포돼 사형이 집행되기 전날인 1930년 7월 31일 옥중에서 자결 순국하였다. 장진홍의 순국 소식이 옥중에 퍼지자 재소자들은 '조선독립만세' '장진홍만세'를 외쳤고 이에 당황한 교도소 측은 서둘러 장진홍의 사인이 뇌일혈이라고 발표하였다.[53]

장진홍이 체포되지 않은 1년 4개월여간 광분한 일제는 수많은 억울한 피해자들을 만들어냈다. 사건 발생 직후 이육사(1904~1944) 삼형제가 모두 주모자 혐의로 검거돼 투옥된 것이 대표적 사례다. 이동영은 이들이 받은 모진 고문에 대해 다음과 같이 말했다.

"이때 삼형제가 당한 고문은 참혹하였다. 쇠 꼬치를 달구어 불 지짐을 하고, 대꽂이로 손가락 사이를 훑고, 거꾸로 매달아 고춧물을 코 안으로 넣고, 의자를 동개어 그 위에 올라가게 하여서는 밑의 의자를 뽑아 떨어져 뒹굴게 하는 등 온갖 짓으로 고문을 가하여 몇 번씩 죽어 나왔다고 한다. 그러자니 옷을 차입할 때는 피옷을 받아내었고, 집안은 온통 쑥밭을 만들어 벽지를 헐고 기왓장까지 뒤집기를 했으니 여외의 것은 더 말할 나위가 없다."[54]

나중에 장진홍이 검거되면서 이들 삼형제는 미결수인 채로 석방되지만, 그 과정에서 이들이 관여하였던 비밀결사가 노출되었고, 이들은 일제의 가장 중요한 요시찰 인물로 내내 혹독한 탄압을 받게 된다.[55]

조명하의 '일본 육군대장 공격의거'

1928년 5월 14일 오전 9시 50분경 타이완 타이중(臺中)시 다이쇼죠(大

일본 육군대장 구니노미야에게 단도를 던졌던 조명하 의사. 현장에서 체포된 그는 사형선고를 받아 순국했고, 구니노미야는 8개월 후 칼에 맞은 후유증으로 사망했다.

正町) 도서관 앞에는 많은 사람들이 운집해 있었다. 타이완 주둔 일본군 검열차 육군특별검열사 자격으로 타이완을 방문한 일본 천황 히로히토(裕仁)의 장인이자 육군대장인 구니노미야 구니요시(久爾宮邦彦)를 환영하기 위해서 동원된 인파였다. 바로 그 시각 한 청년이 군중을 헤치고 구니노미야가 탄 무개차를 향해 뛰어들었다. 청년이 단도를 빼어들고 구니노미야를 겨누자 무개차는 속력을 내기 시작하였으며, 시종무관 오누마(大沼)는 몸으로 구니노미야를 비호하였다.

청년은 구니노미야를 향해 힘껏 단도를 던졌다. 그러나 맹독이 묻은 단도는 구니노미야의 왼쪽 어깨를 스친 뒤 운전사의 등에 맞고 떨어졌다. 거사 후 청년은 '대한독립만세'를 부른 후 현장에서 체포되었는데 그가 바로 조명하(1905~1928)다. 구니노미야는 이때 입은 상처로 이듬해 1월 27일 사망하였다. 조명하는 사형을 선고받아 그해

10월 10일 오전 10시 12분에 순국하였다.[56]

김순석은 "조 의사는 일본 국왕의 장인 구니노미야 한 사람에게 칼을 던졌으나, 이는 조선 민족 전체의 의분이 담긴 것이라고 할 수 있다"며 "조 의사의 의거는 '일본의 식민지 통치가 조선의 경제발전에 크게 기여하고 있으며, 조선 민중들은 일본의 식민통치를 달게 받고 있다'는 일제의 선전이 허구라는 점과 조선인들은 일본의 식민통치에서 해방되기를 갈망하고 있다는 사실을 만천하에 알린 쾌거였다"고 평가했다.[57]

박용만 암살 사건

모든 독립운동가들이 의열투쟁에만 일로매진한 건 아니었다. 내부의 갈등과 분열로 몸살을 앓았고, 심지어는 서로 죽이는 일도 있었다. 제발 그러지 말자는 뜻에서 1920년대 중반 이후 유일독립당 시도도 이루어지지만, 1928년 7월 좌파세력이 유호한국독립운동자동맹을, 1930년 1월 우파세력이 한국독립당을 창당함으로써 그 시도는 실패로 돌아갔다. 독립운동가 정정화(1900~1991)는 "여러 단체를 통합하여 하나로 만드는 시도가 늘 되풀이되었으나 먼저 있던 단체의 간판을 버리지 않는 사람이 늘 생겨나서 결국 두 파가 합쳐서 하나가 되는 대신 오히려 하나가 늘어나는 결과가 됐다"고 말했다.[58]

3·1운동 10주년인 1929년, 중국 지역에 생겨난 수많은 단체들은 각자 기념식을 치렀다. 대독립당조직북경촉성회 집행위원회의 '3·1절 10주년 기념', 의열단 북경지부의 '제10회 3·1절을 맞이하여', 재중국한인청년동맹 상해구부의 '3·1절 10주년 기념선언', 유일독

립당상해촉성회의 '선언서'가 따로 발표되었다.[59)

의열단은 3·1절을 기념하여 발표한 선언문에서 지금까지의 우리 운동의 첫 번째 약점은 운동이 노농 대중 위에 기초를 두지 않고 광범한 대중투쟁을 조직적으로 전개하지 않은 데 있다고 지적했다. 이 선언문은 그 때문에 운동의 전투성은 결여되고 동요하였고 민족주의자와 사회주의자 모두 추악한 파벌투쟁을 전개하여 전선은 혼란에 빠지고 동족상잔의 비극까지 연출했다고 주장했다.[60)

1928년 10월 16일 박용만(1881~1928)이 베이징에서 의열단 단원들에게 암살된 사건도 바로 그런 분열상의 산물이었다. 1904년 미국으로 건너간 박용만은 미국에서 독립군을 키우기도 했고 1914년부터는 하와이 동포의 지도자로서 이승만 계통의 세력들과 치열하게 경쟁하다가 결국 이승만에게 패배하여 거의 기반을 잃기도 했다. 상하이 임시정부에서 외무총장으로 일하기도 한 그를, 1927년만 해도 일본의 기밀문서는 '불령선인(不逞鮮人), 조선 독립운동가의 영수'라 적고 있다. 그러나 박용만을 '변절자'로 의심한 의열단 지도부는 의열단 단원으로 알려진 이해명(1896~1950)을 시켜 그를 중국에서 사살했다.[61) 중국 법정은 이해명을 애국자라 하여 4년형이라는 가벼운 형을 선고하였다.[62)

박용만 암살은 정당했나?

많은 사학자들이 이런 동족상잔의 문제를 외면하고 있으나 박노자는 이 사건을 들어 의열투쟁에 대해 근본적인 의문을 제기하였다. 박노자는 "솔직히 나는 1930년대의 사회·정치운동사를 조감할 때, 공산

독립운동가들 내부의 갈등과 분열 때문에 억울하게 죽은 박용만. '변절자'라는 오해를 샀던 그는 의열단원 이해명에 의해 암살되었다.

주의운동에 가장 공감한다"며 "반대로 의열단의 투사들이 경찰서나 동척 등에 폭탄을 던졌던 것은 억압과의 투쟁이라는 의미에서 '정당방어'의 범위에 포함돼 정당성을 인성받아도, 나로서는 어떤 긍정적인 의미도 부여하기가 힘들다"고 했다.

"일제에 우민화된 경찰이나 같은 민중인 조선인들을 억압하는 일본인 한두 명을 폭사시키는 것은 '살생'이라는 도덕적 평가 문제를 차치하더라도, 도대체 어떤 미래지향적 선과(善果)를 가져올 수 있는지 이해되지 않는다. 일제의 지배자에게는 자국의 경찰이든 군졸이든 조선인이든 사실 똑같은 소모품이었다. 적의 총알받이가 된 이국의 최하급 관리를 폭사시키는 것보다 그들에게 이 세계의 실상을 설명하여 계급운동으로 이끄는 것이 도덕적인 차원이든 운동 논리의 차원이든 훨씬 낫지 않았을까. 실제로 일제 군대의 시베리아 출병 때 고려인 공산주의자들이 선전·선동을 펼쳐 큰 성과를 얻은 경우도 있었다. 의열단의 약산 김원봉(1898~1958) 선생이 결국 '의거' 전략을 그만두고 공산주의자들과 손을 잡은 것은 그 자신도 이와 같은 투쟁방법의 무의미성을 깨달았기 때문일 것이다."[63]

이어 박노자는 "그런데 우리 역사 서술은 1920년대의 그 '의거'에 왜 이렇게 무게를 많이 싣는지 모르겠다. 그것이 '악과의 투쟁'이었음에는 틀림없지만 '선'이었는가에 대해서는 솔직히 뭐라 이야기하기가 힘들다. '왜적 폭살'은 둘째 치고 1928년에 정확한 근거도 없이 박용만을 '친일'로 몰아 사살한 것 등 '내부 투쟁'은 사실 많은 경우 그 정당성마저 의심을 받고 있다"며 다음과 같이 말했다.

"박용만에게 군자금을 요구했다가 거절당하자 사살했다는 증언도 있었고, 박용만이 총독부로부터 돈을 받아 변절했다는 소문이 그때 조선 국내까지 나돌았던 것은 사실이지만, 거기에 대한 어떤 확증도 아직 없는 것으로 안다. 일본 기밀문서를 읽을 수 있는 오늘날에 와서는 변절했을 것 같지 않다는 결론을 내릴 수도 있다. 그럴 경우, 의열단은 무죄한 독립운동가를 공연히 죽인 셈이 되고 만다. '악과의 투쟁'은 정당해도 그 모든 구체적인 행위에 대해 '선하다'는 평가를 내리기는 힘들다. 즉, 의열단 투쟁의 명분은 그 당시로서 역사적 의미가 있었다 해도 그 투쟁의 구체적 부분 하나하나는 수많은 문제점들을 내포하고 있었다. 폭력을 주된 도구로 하는 '소수 영웅들'의 투쟁인 만큼 그럴 수밖에 없었을 것이다. 대중성이 확보된 공산주의적 투쟁, 즉 노조와 당 건설, 파업 주도 등은 이에 비해서 훨씬 덜 폭력적이면서 더 효율적이었다."[64]

당시 독립운동가들도 극한에 이른 내분의 문제를 인식했던 것으로 보인다. 1929년 3·1운동 10주년을 맞아 여러 독립운동 단체들이 단합을 강조하는 선언문을 내놓은 것도 그런 이유 때문이었을 것이다.

'3·1운동 10주년 기념 상해 각 단체 연합회'는 "파벌관념의 핵실(核實)을 파쇄하고 개인감정의 근저를 참절하고 오직 대국을 돌보며 대체를 살피어 대당 결성의 기치 밑으로 일제히 귀의하자"고 했다.[65] 의열단은 "우리끼리 싸우지 말자. 우리 민족의 힘은 적으나 크나 한곳에 모여서 한 뭉치를 만들자. 우리 힘을 노으는 데 방해하는 싸벌을 박멸하자"고 했다.[66] 그러나 이런 선언은 선언이었을 뿐, 내내 지켜지지 않았거니와 해방된 이후에도 지켜지지 않았다.

제 **7** 장

원산총파업과 광주학생운동

01

'청춘예찬'과
'파시즘 예찬'

청춘의 전성시대

1920년대는 적어도 담론상 '청년'과 '청춘'의 전성시대였다.[1] 잠시 '청년'의 역사를 살펴보기로 하자. 청년의 역사는 짧다. '청년'은 1890년대 말 일본에서 도입된 개념으로 1896년 도쿄 유학생들의 잡지에서 처음 등장했는데, 1898년 이른바 '청년애국회' 사건 이후 사람들의 입에 오르내리기 시작했다. '청년애국회' 사건은 1898년 7월 1일 정부와 학교, 『독립신문』 등 주요 기관에 '대한청년애국단' 명의로 황태자의 대리 청정 등을 요구하는 편지가 배달된 사건이다.[2]

최남선은 이미 1908년에 창간한 『소년』 창간호에서 "우리 대한(大韓)으로 하야곰 소년의 나라로 하라"고 외쳤으며, 1919년에 창간한 『청춘』에선 배움을 강조했다. 이경훈은 "청년·청춘·소년 등은 부모의 세대를 완고한 전근대로 돌려버리며 근대를 선도했던 주체의 형식

이다"고 했다.[3]

1920년부터 『동아일보』와 『개벽』에는 문화운동의 주역으로서 '청년'을 부각시키는 기사들이 속속 등장하기 시작했다. 1920년 조선청년연합회가 결성되었으며, 1920년에서 1921년 사이에 전국적으로 2000개 이상의 청년회가 생겨났다. 청년은 '새로움'과 '신문명'의 건설을 의미했다. 기성세대 및 그들의 가치관으로부터 단절하는 것은 청년을 정의하는 가장 중요한 기준이 되었으며, 그 때문에 청년을 연령으로 정의할 수 없다는 주장까지 등장했다.

『동아일보』 1920년 5월 26일자는 "사회의 동적 방면 진보세력을 대표하는 자가 청년이오 정적 방면 보수세력을 대표하는 자는 노년"이라고 주장했다. 실제로 일부 청년회는 회원 자격을 45세까지로 하기도 했다. '여자청년' 또는 '청년여자'라는 말도 사용되었다.[4]

민태원의 「청춘예찬」

"청춘(靑春)! 이는 듣기만 하여도 가슴이 설레는 말이다. 청춘! 너의 두 손을 가슴에 대고, 물방아 같은 심장의 고동(鼓動)을 들어보라. 청춘의 피는 끓는다. 끓는 피에 뛰노는 심장은 거선(巨船)의 기관(汽罐)과 같이 힘 있다. 이것이다. 인류의 역사를 꾸며 내려온 동력은 바로 이것이다."

고등학교 국어 교과서에 실려 거의 외우다시피 했던 민태원(1894~1935)의 「청춘예찬」이다. 삶이 고달픈데도 '청춘'이라는 게 그렇게 대단한 건가 하는 의아심을 갖고 그 내용을 음미했던 학생들도 많았으리라.

"이성은 투명하되 얼음과 같으며, 지혜는 날카로우나 갑 속에 든 칼이다. 청춘의 끓는 피가 아니더면, 인간이 얼마나 쓸쓸하랴? 얼음에 싸인 만물은 죽음이 있을 뿐이다. 그들에게 생명을 불어넣는 것은 따뜻한 봄바람이다. 풀밭에 속잎 나고, 가지에 싹이 트고, 꽃 피고 새 우는 봄날의 천지는 얼마나 기쁘며, 얼마나 아름다우냐? 이것을 얼음 속에서 불러내는 것이 따뜻한 봄바람이다. 인생에 따뜻한 봄바람을 불어 보내는 것은 청춘의 끓는 피다. 청춘의 피가 뜨거운지라, 인간의 동산에는 사랑의 풀이 돋고, 이상의 꽃이 피고, 희망의 놀이 뜨고, 열락(悅樂, 기뻐하고 즐거워함)의 새가 운다."

과장이 지나치다 싶겠지만, 1929년 월간 『별건곤』에 실린 글이라는 걸 감안할 필요가 있겠다. 나라 빼앗긴지 20년째인데, "이상! 우리의 청춘이 가장 많이 품고 있는 이상! 이것이야말로 무한한 가치를 가진 것이다. 사람은 크고 작고 간에 이상이 있음으로써 용감하고 굳세게 살 수 있는 것이다"라고 외칠 만하지 않은가.

"이상! 빛나는 귀중한 이상, 이것은 청춘의 누리는 바 특권이다. 그들은 순진한지라 감동하기 쉽고, 그들은 점염(點染, 어떤 것에 물들음)이 적은지라 죄악에 병들지 아니하였고, 그들은 앞이 긴지라 착목(着目, 어느 점에 눈을 돌림)하는 곳이 원대하고, 그들은 피가 더운지라 실현에 대한 자신과 용기가 있다. 그러므로 그들은 이상의 보배를 능히 품으며, 그들의 이상은 아름답고 소담스러운 열매를 맺어, 우리 인생을 풍부하게 하는 것이다."

특히 35세의 혈기 넘치는 식민지 지식인에게 이상이 없다면 도대체 무엇으로 살아갈 수 있으랴. 좌절과 패배감에 찌든 기성세대에게 무엇을 기대할 수 있으랴. 그래서 "보라, 청춘을! 그들의 몸이 얼마나 튼튼하며, 그들의 피부가 얼마나 생생하며, 그들의 눈에 무엇이 타오르고 있는가?'라는 찬탄을 발하지 않을 수 없었을 것이다.

"우리 눈이 그것을 보는 때에 우리의 귀는 생의 찬미를 듣는다. 뼈 끝에 스며들어 가는 열락의 소리다. 이것은 피어나기 전인 유소년에게서 구하지 못할 바이며, 시들어 가는 노년에게서 구하지 못할 바이며, 오직 우리 청춘에서만 구할 수 있는 것이다. 청춘은 인생의 황금시대다. 우리는 이 황금시대의 가치를 충분히 발휘하기 위하여, 이 황금시대를 영원히 붙잡아 두기 위하여, 힘차게 노래하며 힘차게 약동하자!"

인류 역사 이래로 모든 인간이 청춘을 탐냈겠지만, 과거 한국에서 '청춘'은 그리 대접받았던 개념이 아니었다. 장유유서(長幼有序) 질서가 엄격한데다 청춘의 물적 조건과 청춘을 위한 사회적 인프라가 워낙 열악해 청춘은 큰 부담이기도 했다. 그렇기에 '청춘예찬'이 더욱 의미가 있었다. 그렇지 않으면 지금과 같은 '청춘독재' 시대에 '청춘예찬'을 할 필요가 무어 있겠는가.

청춘은 민족적 희망 프로젝트

청춘엔 여러 얼굴이 있다. 미우라 마사시(三浦雅士)는 청춘은 '부르주아 계급의 발흥과 확대' 및 '산업자본주의와 궤를 같이하며 전 세계에 침투'된 것으로 '청춘의 빛과 그림자는 실상 자본주의의 빛과 그림자에 다름 아니었'다고 주장했다.[5]

원용진은 1930년대 미국이 경기회복을 노리던 때 광고회사들은 "청춘이 바로 사업이다"는 슬로건을 내걸었다고 했다. 새로운 소비

『동아일보』 1929년 4월 2일자에 게재된 타고르의 시 「동방의 등불」. 타고르는 조선의 방문 요청을
받아들이지 못한 미안한 마음을 시에 담았다.

주체를 형성해야 했고, 더 많은 소비를 촉진시켜야 했던 때 광고는 청
춘의 재구성이라는 큰 프로젝트에 착수했다는 것이다.

　"광고는 지속적으로 모습을 달리하는 청춘을 온갖 수사를 다해 창
조해냈다. 소비로 한층 더 멋져진 청춘, 부모 세대와는 다른 빛나는
청춘, 놀아서 즐거운 청춘, 모험적이어서 진취적인 청춘, 에로틱한 몸
을 가져서 더 탐나는 청춘 이런 식으로 말이다."[6]

　그러나 일제강점기 한국에선 청춘은 민족적 희망 프로젝트였다.
1929년 4월 2일 주요한의 번역으로 『동아일보』에 발표된 인도 시인
타고르의 시 「동방의 등불」이 식민지 조선인에게 희망을 준 것도 바
로 그런 사정과 무관치 않았을 것이다.

　"일찍이 아세아의 황금시기에 / 빛나는 등촉(燈燭)의 하나인 조선 /

그 등불 한번 다시 켜지는 날에 / 너는 동방의 밝은 빛이 되리라"

이 시는 당시 타고르가 일본을 세 번째 방문했을 때 『동아일보』의 기자가 조선 방문을 요청했으나 받아들이지 못하는 미안한 마음을 대신해 기고한 작품이었다. 일본을 예찬했던 타고르의 시는 조선인들이 해석하는 것과 같은 의미의 것은 아니었지만,[7] 희망에 굶주린 조선인들에게 그게 뭐 대수였으랴. 이미 기성세대는 나라를 빼앗긴 죄인들이었으므로, 이제 희망은 어린이와 청춘에게 걸 수밖에 없었다.

조선 유교문화를 넘어서

일제 식민 체제를 떠나서도 청춘을 예찬하지 않으면 안 될 그럴 만한 사정이 있긴 했다. 장유유서를 신앙처럼 여기는 완고한 유교문화 때문이다. 유교와 양반에 대해 대단히 비판적이었던 윤치호는 1929년 1월 24일자 일기에 다음과 같이 썼다.

"(1) 조선 양반의 기본 생활법칙은 이렇다. ①밥 먹을 때와 글씨 쓸 때 빼고는 손 하나 까딱하지 마라. 이것이야말로 조선인들에게서 나타나는 게으름의 어머니다. ②모든 사람이 내 시중을 들도록 만들라. 남들 시중을 들 생각은 마라. 이것이야말로 조선인들이 갖고 있는 이기주의의 아버지다. (2) 양반생활을 운영해나가는 세부 규칙은 이렇다. ①남에게 식욕이 좋다는 걸 보여주지 마라. 천해 보인다. 늘 소화가 잘 안된다고 하소연해라. ②걷기나 달리기 같은 운동을 삼가라. ③늘 중요한 신체 부위가 아프다고 하소연해라. 예컨대 두통, 요통, 팔다리의 통증, 기타 등등 말이다. 이 통증들이 굉장히 오래가는 척해봐라. 그러면 진짜로 아픈 것처럼 여겨질 것이다. ④중국 역사와 고

전만 읽어라. 조선 역사와 고전에 관심이 있다는 걸 드러내서는 안 된다. 그러면 몹시 천박해 보인다. 미술과 산술이나 의술 같은 과학을 좋아한다는 것도 드러내지 말라. 효심, 고결함, 국왕에 대한 충성심에 대해 글을 써라. 바람과 달에 대한 시를 지으면서 여가를 보내라. ⑤ 항상 하인들을 닦달해라. 아랫것들에게 물건을 넘겨줄 때는 던져주어라. 그들이 내게 겁을 먹도록 화를 많이 내라. 언제나 천천히 행동해라. 사소한 것에 관심을 보이지 마라."[8]

『임꺽정』의 작가 홍명희는 1936년에 쓴 글에서 장유유서와 경로사상 때문에 조선 사회에 조로증이 만연하는 현상을 다음과 같이 개탄하였다.

"과거 조선시대에는 노인 외에는 사람이 없다 할 만큼 노인의 세상이었다. 소년들도 사람이고 청년들도 사람이건만 소년은 노인의 노리개에 불과하고 청년의 노인의 지팡이에 불과하였다. (그 결과) 천진스러운 소년과 활발스러운 청년은 보기 어렵고, 나이 많지 않은 엄엄(奄奄)한 노인은 흔히 볼 수 있다."[9]

왜 히틀러·무솔리니를 예찬했을까?

청춘의 패기를 열망했던 일부 식자들은 청춘의 패기가 과잉되게 흘러넘치는 파시즘으로 경도되기도 했다. 이광수는 1928년 9월 『동아일보』에 쓴 글에서 당대의 위대한 개인으로 무솔리니, 레닌, 쑨원 등 세 사람을 들었다. 그리고 여러 차례 무솔리니와 히틀러를 예찬했다.[10]

윤치호도 무솔리니 예찬론자였다. 그가 1929년 2월 11일자 일기에 쓴 무솔리니 예찬론에 따르면, "그는 대단히 유능하고 정직하고 상식

1920년대 후반 조선 사회는 '청춘의 패기'에 너무 경도된 나머지 파시즘마저 찬양하는 분위기였다. 춘원 이광수는 무솔리니(왼쪽)와 히틀러(오른쪽)를 예찬해마지 않았다.

있고 정력적인 사람이다. 이탈리아뿐만 아니라 중국, 러시아, 인도, 조선에도 무솔리니와 같은 인물이 반드시 필요하다. 낭만적인 국제주의, 짐승 같은 볼셰비즘, 구역질나는 사회주의 같은 지긋지긋한 것들로부터 사람들을 구제해내기 위해서 말이다."[11]

그러나 윤치호는 히틀러에 대해선 비판적이었다. 그는 히틀러의 유대인 박해, 분서갱유, 이웃나라에 대한 침략 등에 대해 히틀러를 진시황과 같은 인물이라며 비난했다.[12] 반면 이광수는 무솔리니뿐만 아니라 히틀러도 좋아해 1930년 히틀러의 『나의 투쟁』을 번역했다.

이승렬은 "이때에 이광수는 전체주의(全體主義)가 세계를 풍미할 것을 예언했고, 또 자신이 처음으로 조선에서 파쇼라는 말을 대신하여 전체주의라는 말을 사용한 것에 대해 자부심을 갖고 있었다는 점에서, 우리는 그가 식민지 지식인이 지닌 이중적 의식구조의 돌파구로써 파시즘 이데올로기에 관심을 가졌던 것을 추측할 수 있다"고 했다.[13]

이광수를 아예 '파시스트'로 규정하는 주장도 있지만,[14] 이광수가 파시즘에 매료된 이유 중의 하나는 청춘의 패기와 박력이었던 것 같다. 이광수는 『동광』 1931년 5월호에 쓴 글에서 "이태리의 파시스트를 배우고 싶다"며 "청년학생은 영웅이 아니 되면 아니 된다"고 주장했다. 또 그는 『동광』 1931년 10월호에 쓴 「조선의 청년은 자기를 초월하라」, 『신동아』 1932년 2월호에 쓴 「청년에게 아뢰노라」라는 제목의 글에서도 청춘을 사회에 바칠 것을 역설했다.[15]

1935년 권승락이라는 필자도 1935년 『학등(學燈)』 14호에 쓴 「나는 히틀러를 숭상한다」라는 제목의 글에서 '청춘의 피'를 높이 평가했다.

"나는 이 모든 점으로 봐서 히틀러를 숭상치 아니할 수 없다는 것이다. 나는 히틀러를 숭상하는 일면에는 피 끓는 독일 청년들을 아니 사랑할 수 없다. 그들은 과격한 히틀러의 행동을 저주하지도 않고, 그를 모해하지도 않으며, 지나친 반항도 없이 히틀러의 설복에 깨끗이 응하는 정신이야말로 아름답고 깨끗하지 않은가."[16]

반면 『조선중앙일보』 1934년 8월 28일자는 세계적 반동 정치가뿐만 아니라 이른바 조선의 지도자라는 옛 인물들이 "청년 유혹으로서

업"을 삼으면서 자신의 "보수적 지위가 붕괴되는 것을 방지하려고 청년의 이름을 빌고 힘을 빌어서 대세를 역전시키려는 이익의 수단"으로 삼는다고 비판했다.[17]

02

원산총파업과
고무신 여공 파업

90여 일간의 항일투쟁

일제강점기의 노동자는 당시 '자유노동자'라고 불리던 일용노동자까지 포함하면 1928년 약 113만 6000명에 이르렀다. 이 중에서 공장 노동자는 3만 7247명, 광산노동자는 2만 2670명, 그 밖의 대부분 노동자들은 막벌이꾼 등 각종 일용노동자들이었다.[18)]

강점기 노동파업 중 가장 널리 알려진 건 1929년 1월에서 4월까지 벌어진 원산총파업이다. 이는 그 규모와 지속성, 그리고 강인성과 투쟁성이란 점에서 식민지 시기 한국 노동운동과 민족해방운동의 분수령을 이루는 중요한 사건이다. 원산총파업은 원산항에서 하물의 하역 · 운반에 종사하는 부두노동자를 주축으로 조직된 원산노동연합회에 의해 지도되었는데, 1921년 설립된 원산노동회를 원산노동연합회의 전신으로 볼 수 있다. 경찰과 군대를 동원한 일제의 극심한 탄압에

한국 노동운동과 민족해방운동의 분수령을 이루는 원산총파업. 일제가 동원한 경찰과 군대의
극심한 탄압과 저지에도 불구하고 무려 90여 일이나 지속됐다.

도 불구하고 90여 일이나 지속된 원산총파업은 3·1운동, 광주학생운동과 함께 일제하 대표적 민족해방운동으로 기록되고 있다.[19]

원산총파업은 1929년 1월 14일 상오 10시 산하 단위노조인 문평석유공장 노동자들의 동맹파업을 시작으로 전체 원산노동자의 총파업으로 발전했다. 파업은 일인 감독 고타마란 자가 조선인 노동자들을 걸핏하면 모욕하고 구타한 데서 비롯됐다. 노동자들은 고타마의 해임을 포함한 5개항의 요구 조건 내걸고 파업에 돌입했다. 원산의 일인 기업주들은 밖에서 새로 노동자를 모집하는 수법으로 대응했다. 일본군 400명까지 파견돼 원산 시내는 공포 분위기였다.

『동아일보』 1929년 1월 27일자에 따르면, "23일은 바람도 몹시 불거니와 일기도 매우 쌀쌀한데 거리의 이곳저곳에서는 이리 몰리고 저리 몰리는 파업 노동자들의 뒤를 쫓아다니는 순사의 떼가 이곳저곳에 흩어져 자못 험악한 기분에 빠져, 언제 어느 곳에서 어떤 일이 일어나는지? 이런 환경 속에서 원산상의에서 모집해와 일을 시키던 노동자를 때린 파업노동자 한(韓)모 등 4명이 경찰에 연행되었다."[20]

파업이 오래 계속되면서 파업노동자 가족 1만여 명의 생계가 어려워져 하루 두 끼로 버텨야만 했다. 이게 널리 알려져 매일같이 수많은 격려 편지와 전보, 성금, 물자가 몰려들었다. 항일투쟁 양상으로 발전한 것이다.[21]

합법운동에서 비합법운동으로

일제는 어용노조를 동원해 노동자들을 분리시키고 이간질하는 수법까지 구사했다. 게다가 일제는 원산노련(원산노동연합회)이 공산당과 관계가 있다는 혐의를 뒤집어씌워 대대적인 탄압에 들어갔고, 결국 총파업은 4월 6일 노동자 측의 패배로 끝나고 말았다.[22]

김경일은 "원산총파업은 일제가 대륙침략과 태평양전쟁을 준비, 감행하기 위하여 노동계급에 내던진 일대 결전이었으며 불행하게도 그것은 어떠한 의미에서는 일방적인 선전포고였다"며 다음과 같이 말했다.

"이러한 인식이 없었던 노련은 적절한 대응을 하지 못하고 결과적으로 패배하고 말았으며 이후에 노동운동을 비롯한 사회운동은 비합법운동의 영역으로 옮아가게 된다. 이러한 의미에서 총파업은 1920년대 합법적 운동을 결산하면서 동시에 1930년대 비합법운동의 시작을 알리는 것이었다."[23]

원산총파업을 '식민지 민중 대 제국주의'가 아니라 계급적 시각에서 보는 연구들도 있다. 김경일은 "총파업을 통하여 민족 부르주아지는 정치적으로 민족개량주의적 입장을 명백히 드러낸 셈이며 이는 민족 부르주아지와 일부 소부르주아지가 진보적 성격을 잃고 민족해방운동의 대열에서 탈락하였음을 보이는 것이다"고 평가했다.[24]

90여 일간의 투쟁엔 각종 매체들이 활용되었다. 전반적으로 1920년대의 노동운동은 기관지, 회보 중심이었지만 『벽신문』이나 『산신문』 등도 활용되었다. 『벽신문』은 제정 러시아 때에 유행하던 것으로 점차로 공장이나 농촌, 학교 등에 보급되었는데 신문 형식을 취하고 있었다. 직장이나 사무소, 합숙소 등 군중의 눈에 잘 보이는 곳의 벽을 이용하여 그 직장을 중심으로 한 정치시사 문제, 뉴스, 사진, 만화 등을 게재하여 노동자나 통행인에게 재미있게 보이기 위한 일종의 선전·선동 신문이었다. 『산신문』은 일제의 검열이나 자금 부족 등 발간에 따르는 어려움을 고려하여 몇몇의 사람들이 각기 주제별 혹은 분야별로 나누어 일정한 사항에 대하여 조사, 발표함으로써『벽신문』과 같은 효과를 거두려는 것이었다.[25]

고무신 광고 경쟁

1930년 8월엔 평양에 있는 10개 고무공장 노동자 1800여 명이 총파업에 들어갔다. 파업 참가 노동자 가운데 3분의 2 정도가 여성 노동자였다. 파업 이유는 임금 인하 반대와 단결권, 단체계약권 같은 노동자의 사회적 권리 요구 등이었는데, 이런 파업은 1930년부터 1934년까지 전국에 걸쳐 18회나 발생한다.[26]

이는 그만큼 고무신의 인기가 대단했다는 걸 말해주는 것이기도 하다. 1920년대에 고무신이 인기를 끌면서 고무신 광고 공세도 치열해졌다. 1922년에는 이하영의 대륙고무공업주식회사가 제조한 고무신을 순종과 왕실에서 신었다는 광고가 나오는 등 당시로선 기발한 아이디어가 속출했다. 이에 질세라 '만월표 고무신'도 '이강 전하(순종의 아우 의친왕)가 손수 고르셔 신고 계시는 만월표 고무신'이라고 맞불을 놓았다. '별표 고무신'은 내구성에 초점을 맞춰 '강철은 부서질지언정 별표 고무는 찢어지지 아니하오'라고 대응했다. 그러자 '거북선표 고무신'은 이순신과 더불어 '미끄럼 방지'라는 기능성을 강조하면서 '가짜 거북선표가 많사오니 속지 마시고 물결 바닥을 사십시오'라고 외치고 나섰다.[27]

『조선일보』 1924년 10월 22일자에 실린 광고는 "이 대륙표는 미국 대리공사였던 이하영이 운영하며, 근대 고무화의 성황으로 평양 고무

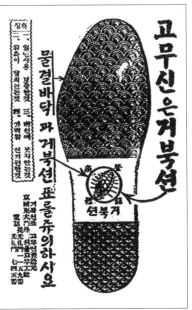

"강철은 부서질지언정 별표 고무는 찢어지지 아니하오"라고 했던 별표 고무신과 '미끄럼 방지' 기능성을 강조했던 거북선표 고무신 광고. 거북선표 고무신은 가짜가 많으니 속지 말고 '물결 바닥'을 사라고 선전했다.

제산(製産)이 연액(年額) 약 100만 원"이라며 사세를 과시하기도 했다. 『동아일보』 1926년 4월 21일자엔 일본인이 신는 나막신인 게다 때문에 "운동장이 결단난다"는 경고 광고까지 실렸다.[28] 1921년에 2개이던 고무신 공장은 1933년에 72개로 늘었으며, 1937년경엔 도시민을 비롯해 학생들은 거의 대부분 고무신을 신을 수 있었다.[29]

'고무 여공의 생활'

대중은 고무신을 환영했지만, 당시 고무 여공의 노동조건은 매우 열악했다. 『중외일보』 1930년 8월 11일자에 따르면 한 여성 노동자는 노동을 감독하는 자들이 "우리에게 대하는 태도는 실로 메스꺼움이 날 지경"이라며 "여직공도 사람인 이상 소, 말과 같은 대우를 어찌 참겠습니까?"라고 하소연했다.[30]

『신동아』 1932년 6월호는 '고무 여공의 생활'을 이렇게 묘사했다.

"문을 열고 들어서자마자 고무 찌는 냄새가 코를 찌른다. 가마 문이 열리자 130도나 뜨거운 열기 속에서 쪄진 검고 흰 고무신들이 지독한 냄새를 피우며 쏟아진다. 그 옆에서 온종일 이 냄새를 맡으며 휘발유를 온몸에 발라가며 꽃 같은 여공들은 일을 하고 있다. 롤러를 잡고 고무신 바닥을 누르는 그의 얼굴은 힘이 몹시 드는지 금세 붉어지며 팔에 힘줄이 굵어진다. 여자 신을 만들기가 좀 힘이 덜 들어도 남자 고무신은 만들기가 퍽 힘이 든다고 한다. 옆에서는 어린애들이 젖을 달라고 보챈다. 이렇게 고생을 해야 하루에 80전 그나마 봄과 가을에는 일거리를 얻기가 힘이 든다고 한다."[31]

고무 노동뿐만 아니라 전반적으로 이 시기의 노동 통제는 매우 가혹했다. 방직회사들의 경우 폭언, 구타 등의 물리적 폭력이 일반적인 방법이었다. 종연방직에서 일했던 한 여성 노동자의 증언이다.

"한번은 나랑 언니들 몇이서 일을 잘못한다고 깨를 할딱 벗겨 빤스도 벗기고 가슴도 드러내놓게 해가지고 기숙사 방마다 끌고 다니면서 곤란하게 만들고 매질도 해댔어."[32]

그래도 공장 구직 열기는 뜨거웠다. 「여공 25명 모집에 800여 명이 응모」(1931. 3. 28), 「공장 앞에 모여든 헐벗은 처녀 무리」(1932. 2. 24), 「30여공 모집에 응모 무려 400여─여 직업전선에 이상」(1932. 5. 5), 「50여 부인 직업을 애원」(1932. 6. 16) 등과 같은 신문기사 제목들이 그

방직공장에서 일하고 있는 여공들의 모습. 1920년대 당시 노동의 현장은 무척 열악했다. 폭언, 구타, 성희롱이 비일비재했고 노동에 비해 임금도 형편없었다. 그러나 이런 형편인데도 공장 구직 열기는 가시지 않았다.

걸 잘 말해준다.[33]

1929년엔 기생파업도 일어났으며 1932년엔 카페 살롱인 아리랑 여급 19명도 파업농성에 들어갔다. 1930년대에 전국 여러 곳에서 기생들의 파업과 휴업이 이어졌는데, 주로 화대 계산으로 인한 착취 문제 때문이었다.[34]

03

민족 모독에 항거한
광주학생운동

일본인의 상습적인 한국인 모독

1920년대 말은 민족운동에 대한 국민의 열의가 매우 높던 때였다. 특히 학생들의 경우 동맹휴학의 형태로 항일적 주장이 전국 방방곡곡에서 쏟아져 나왔다. 일제의 노골적인 차별 때문이었다. 일인 교사들이 학생들 앞에서 한국인을 '썩은 민족'이니 '야만 민족'이니 하는 식의 발언을 예사로 하곤 했다. 항일 동맹휴학 건수는 1921년 33건, 1922년 52건, 1923년 57건, 1924년 24건, 1925년 48건, 1926년 55건, 1927년 72건, 1928년 83건, 1929년 78건 등이었다.[35]

비록 일제당국에 의해 압수는 당했지만 이미 1926년 6·10만세운동 때에 학생들이 사용하려던 격문 중엔 "①조선인 교육은 조선인 본위로! ②보통교육은 의무교육으로! ③보통학교 용어는 조선어로! ④중등이상 학생의 집회는 자유로! ⑤대학은 조선인 중심으로!" 등의 내용이 들어 있었다. 1920년대를 통틀어 동맹휴학의 요구조건과 결의사항 중에서 가장 많이 제기된 것은 "①노예교육의 철폐 ②조선역사의 교수 ③교내 조선어의 사용 ④학생회의 자치 허용 ⑤언론집회의 자유" 등이었다.[36)

동맹휴학운동의 절정은 광주학생운동으로 나타났다. 1929년 10월 30일 오후 전라남도 광주에서 나주로 향하던 열차 안에서 일본인 학생이 조선인 여학생을 희롱한 사건이 발단이 되어 11월 3일에 일어난 광주학생운동은 3·1운동 후 일어난 최대의 항일민족투쟁이다.

당시 광주고등보통학교 2학년 학생 박준채는 1929년 10월 30일 오후, 광주를 떠난 통학열차가 나주역에 도착했을 때 일본인 학생 후쿠다 슈조(福田修三, 광주중 3년) 등이 자신의 사촌누나 박기옥(광주여고보 3년)에게 다가와 댕기머리를 잡아당기며 희롱하는 것을 보고 "왜 학생들이 의롭지 못하게 행동하느냐"며 후쿠다를 내려쳤다. 이 사건은 당시 객차에 있던 한국 학생들과 일본 학생들의 집단 패싸움으로 번졌다. 사건 후 경찰에 연행된 박준채는 경찰로부터 "조선 학생인 네가 무조건 잘못했으니 사과하라"는 말을 들었다. 박준채의 회고다.

"나는 피가 머리로 역류하는 분노를 느꼈다. 가뜩이나 그놈들하고는 한 차에 통학을 하면서도 민족감정으로 서로 멸시하고 혐오하며 지내온 터였는데 그자들이 우리 여학생을 희롱하였으니 나로서는 당연한 감정적 충격이었다. 더구나 박기옥은 나의 누님이었으니 나의 분노는 더하였다. 나는 박기옥의 댕기를 잡고 장난을 친 후쿠다를 개찰구 밖 역전광장에 불러 세우고 우선 점잖게 따졌다. '후쿠다, 너는 명색이 중학생인 녀석이 야비하게 여학생을 희롱해.' '뭐라고, 센진 놈이 뭐라고 까불어.' 이 센진이라는 말이 후쿠다의 입에서 떨어지기

광주여고보 3학년 박기옥(왼쪽)과 그의 사촌동생 박준채의 사진. 1929년 광주학생운동은 광주고보 2학년이던 박준채가 사촌누나를 희롱한 일본인 학생 후쿠다를 혼내주면서 시작되었다.

가 무섭게 나의 주먹은 그자의 면상에 날아가 작렬하였다. 더구나 이 센진이란 얼마나 우리 민족을 모욕하는 말인가. 일인 교사들이나 지각없는 일인들 앞에서 불시로 튀어나오던 이 비칭에 대하여 평소 나는 어린 마음에도 앙심을 먹고 있었다."[37]

5개월간 5만 4000여 학생 참가

당시 나주 영산포 지역은 통학생 중 일본인 학생이 한국인 학생보다 많을 정도로 식민적 성격이 짙었다.[38] 평소 쌓인 게 많았으리라. 다음 날인 11월 1일에도 싸움은 계속됐다. 이틀 후인 11월 3일, 일본 메이지 천황의 생일을 맞아 광주고보, 광주농업, 광주사범, 광주여고보 학생들이 일제히 항거, 시위행진을 벌였다. 이때 광주고보 학생 중 일부

광주학생운동은 5개월간 전국 각지 거의 모든 학교들이 참여해 대대적인 시위와 동맹휴학을 전개했다. 사진은 일본 학생을 편들어 왜곡 보도한 일본어 신문 『광주일보』를 규탄하는 1929년 11월 3일 시위 현장.

는 일본 학생을 편들어 보도한 일본어 신문 『광주일보』 본사를 습격, 운전기에 모래를 끼얹기도 했다. 당시 광주 학생들은 서슴없이 '조선 독립만세'를 외쳤으며, 독서회의 지도자들은 학생들의 항일투쟁을 격려하고 후원했다.[39]

광주에서 시작된 이 운동은 1930년 3월 말까지 5개월간 전국 각지의 거의 모든 학교들이 호응하여 대대적인 시위나 동맹휴학을 전개하는 것으로 발전했다. 참가 학교 수는 164개교였고 참가 학생 수는 5만 4000여 명이었는데, 이는 당시 중등학교급 이상 학생 수 8만 9000명 가운데 약 60퍼센트에 해당하는 규모였다. 이로 인해 구속 기소된 학생 수는 1642명으로 이 가운데 4년의 실형을 선고받은 학생이 3명, 퇴학 582명, 무기정학 2330명 등이었다.[40]

언론의 위축, 문자보급운동

광주학생운동이 일어나자 10여 일간 신문보도는 금지되었다. 이후 신문은 발간되었지만, 일제의 통제와 탄압이 가중되면서 신문의 논조에도 큰 변화가 일어났다. 정치적·사상적 논조에서 문화적·사회적·역사적 논조로 이동한 것이다. 총독부 경무국 도서과장으로 언론통제의 실무를 맡았던 다츠타는 1924년부터 1929년까지를 '언론의 이론 투쟁시대'로, 1929년 이후를 '표연히 그 필봉을 고쳐서 온건으로 기울'인 시기로 설명했다.[41]

그리하여 신문들의 창간 이래 기사 압수처분 건수도 1929년부터 크게 줄어들었다. 기사 압수처분 건수는 1920년에 37건(동아 16, 조선 21), 1921년에 38건(동아 15, 조선 23), 1922년에 27건(동아 15, 조선 12), 1924년에 153건(동아 56, 조선 48, 시대 49), 1925년에 151건(동아 57, 조선 56, 시대 38)이었으나, 1929년엔 75건(동아 28, 조선 21, 중외 26) 등이었다.[42]

일제의 통제에 위축된 『동아일보』와 『조선일보』는 주로 신문사 주최의 사업을 통해 민족의식이나 민족문화를 지키는 노력을 기울였다. 특히 문자보급운동에 앞장섰는데, 이는 이미 광주학생운동 이전부터 조선어연구회에 의해 시도된 것이다.

최현배 등을 중심으로 한 한글운동 단체인 조선어연구회는 1926년 11월 4일(음력 9월 29일)을 '가갸날'로 정하고 기념식을 가졌다. 1926년 12월에는 조선어강습회를 개최했으며, 1927년 2월에 기관지 『한

글』을 창간했다. '가갸날'은 1928년부터 '한글날'로 이름을 바꾸었다. 음력을 양력으로 환산해 10월 28일에 행사를 치르다가 1940년 안동에서『훈민정음』원본이 발견되어 세종 28년 음력 9월 10일에 한글이 제정된 것을 확인하고, 이를 양력으로 환산하여 10월 9일로 한글날을 확정지었다. 1946년부터 10월 9일에 행사를 개최했다.[43]

『동아일보』와『조선일보』도 1920년대 후반부터 문자보급운동을 벌였다.『조선일보』는 1926년부터 '아는 것이 힘, 배워야 산다'는 표어를 내걸고 문맹퇴치운동을 전개했다.[44]『동아일보』는 1928년 4월 1일을 기해 '글장님 없애기 운동'을 벌일 것을 선언하였다. 이어『조선일보』는 1929년 7월 14일부터 '귀향 남녀학생 문자보급운동'을 시작해 이를 연례행사로 실시했다. 이 운동의 첫 해에 참여한 학생은 409명에 이르렀다.[45] 이러한 문자보급운동은 광주학생운동을 계기로 더욱 확대 발전된다.

1920년대의 지하신문

최현철은「일제하 지하신문 연구: 1920년대를 중심으로」라는 논문에서 "기존 1920년대 언론사 연구는 일제하 체제 내에서 합법적으로 활동했던『동아일보』와『조선일보』를 중심으로 서술한 결과『동아일보』와『조선일보』양 신문사의 사사(社史)처럼 되었"으며 이 신문들이 "수행한 역할을 미화하고 있다"고 비판했다.[46] 그는 그런 '미화'의 사례로 정진석의 다음과 같은 평가를 들었다.

"이민족의 지배하에서 우리의 민족지가 겪은 수난의 상처가 크고 많았다는 것은 오늘의 관점에서 보자면 장하고 자랑스러운 일이 아닐

『조선일보』는 1926년도부터 "아는 것이 힘, 배워야 산다"는 캐치프레이즈를 내세우며 문맹퇴치운동을 전개했으며, 문자보급운동은 광주학생운동을 계기로 더욱 확대 발전되었다.

수 없다. 구한말에서 시작하여 일제시대, 그리고 해방 후 오늘에 이르기까지 민족적 수난과 격동기에도 항일―민주투쟁의 전통을 확립해온 한국 언론의 진수(眞髓)는 일차적으로 강압과 저항의 관점에서 파악되지 않으면 안 될 것이다."[47]

최현철은 『동아일보』와 『조선일보』 등 합법적인 신문의 기사 압수와 삭제, 발행정지 횟수 등과 같은 자료를 가지고 이들이 일본 제국주의자들에 대항하여 '항일투쟁'을 했다는 식의 주장엔 문제가 있다며 다음과 같이 주장했다.

"김규환에 따르면, 일제 식민지하에서는 우리나라 사람 소유의 신문뿐만 아니라 일본인 소유의 신문도(일어판과 한글판) 역시 총독부의 정기적인 검열을 받았으며, 때때로 기사의 삭제와 압수가 일어났다. 일본인 소유 신문의 기사 삭제와 압수가 있었다고 해서 이들이 '항일

신문'이었다는 증거가 될 수 없듯이, 『동아일보』와 『조선일보』의 기사 압수와 삭제 및 발행정지 횟수와 기간 등의 자료를 기초로 이들이 일본 제국주의자들에 맞서 투쟁한 '항일신문'이었다는 논리에는 무리가 있다. 신문의 성격을 규정할 때 기사의 입수, 삭제와 발행정지에 관한 자료는 중요하지만 이차적일 수밖에 없다."[48]

최현철은 『동아일보』와 『조선일보』로 대표되는 근대 신문의 역할을 규명하기 위해서는 이들 신문에 대한 엄정한 분석과 아울러 당시 발행되었던 다른 종류의 신문들과 비교 분석하는 작업이 이루어져야 한다고 했다. 그가 말하는 다른 종류의 신문들은 바로 '지하신문'이다.

"체제 내에서 합법적으로 존재했던 『동아일보』와 『조선일보』를 중심으로 기술하고 있는 기존 1920년대 일제하 언론사연구는 언론 역사의 역동성을 간과하고 있다. 체제 내에서 막대한 정치적ㆍ경제적인 재원을 가지고 운영되는 합법적인 신문의 역사가 중요한 만큼 체제 밖에서 정치ㆍ경제적 불이익을 감수하면서 발행된 비합법적인 지하신문의 역사도 무시되어서는 안 된다. 뿐만 아니라 지하신문이 단지 체제 내 합법적인 신문으로 가는 과정에서 나타나는 존재로 파악되어서도 안 된다. 체제 내 합법적인 신문과 지하신문은 모두 언론사의 주체이다. 따라서 일제하 존재했던 체제 밖의 불법적인 지하신문의 역사는 체제 내 합법적인 신문인 『동아일보』와 『조선일보』 등과 함께 일제하 언론사의 핵이 되어야 한다."[49]

최현철의 문제 제기에 동의하기는 어렵지 않다. 그러나 문제는 최현철도 지적하고 있듯이 1920년대에 발행된 지하신문이 남아 있지 않다는 데에 있다. 아마도 자료 중심의 역사 서술이 갖는 근본적인 한계가 바로 여기에 있다고 볼 수 있겠다.

제**8**장

1920년대의 대중매체

01

「진달래꽃」과
「님의 침묵」

『개벽』의 활약

1920년 6월 25일 천도교의 재정 지원으로 창간된 종합잡지 『개벽』은 일제의 탄압으로 1926년 8월 발행이 금지되기까지 7년 동안 통권 72호를 내놓은 종합잡지다. '개벽(開闢)'은 국어사전엔 천지가 처음으로 생김, 천지가 어지럽게 뒤집혀짐, 새로운 시대가 열림의 비유 등으로 풀이되어 있으나, 천도교 1대 교주인 최제우의 말에서 가져온 것이다.[1] 『개벽』 창간호는 세계 개조의 시대에 대중이 가야 할 길을 제시했다.

"눈을 크게 뜨라. 귀를 크게 하라. 그리하여 세계를 보라. 세계를 들으라. 세계를 앎이 곧 자기의 죄악을 앎이요. 자기 장래를 앎이요. 자기의 총명(聰明)을 도움이요. 자기의 일체를 개벽함으로다."[2]

『개벽』은 평균 9000부의 발행부수로 당시로선 대단한 잡지였지만 결코 대중적인 잡지는 아니었다. 당대의 엘리트들이 열심히 읽은 잡지였다.[3] 김근수는 "『개벽』은 일제하 36년을 통하여 우리나라 신문화사상 가장 권위 있는 대표적 종합잡지로서 우리에게 문화적, 사상적으로 큰 영향을 준 잡지며 이 땅에 처음 나온 본격적인 종합잡지이기도 하다"고 평가했다.

"물론 그 전에도 『정춘』이나 일본 유학생의 동인지 『학지광』 등이 없었던 건 아니나, 이와 비할 바가 못 되고, 또 『개벽』과 전후해서 『서울』 『서광』 『신천지』 『조선지광』 『현대평론』 『동명』 등이 간행되었지만 그 권세에 있어서 『개벽』을 따를 수 없었다."[4]

잡지들이 많이 창간됨에 따라 신문과 잡지 사이의 역할 분담도 서서히 이루어지게 되었는데, 이는 신문에서 사실과 가치의 분리를 시도하는 저널리즘적 기법 자체의 변화로 나타났다. 신문은 사실 중심, 잡지는 의견 중심의 매체로 나아가는 작은 변화가 이루어지게 된 것이다.

1923년 『개벽』 등의 잡지엔 한때 "신문들이 사실 보도보다 평론에 치중한 적이 있었지만 이제는 사실 그대로만을 보도해주면 독자가 스스로 판단할 것"이라면서 최근 "기괴하게도 보도와 논평이 병행되고 사회면에서 사평이 섞이고 있음"을 우려하는 목소리가 등장하기 시작했다. 신문이 "시시각각으로 출래한 사건을 '오즉 공평한 태도로 보도하는 것'을 사명으로 알아야 하며 이 점을 망각한 신문은 지극히 위험하야 우리가 상도(想到)치 못할 죄악을 사회에 가급(加及)케 한다"는 주장도 제기되었다.[5]

김소월의 「진달래꽃」과 「초혼」

김소월(1902~1934)의 시 「진달래꽃」이 발표된 지면도 『개벽』(1922년 7월호)이다.

"나 보기가 역겨워 / 가실 때에는 / 말없이 고히 보내드리우리다 / 영변에 약산 / 진달래꽃 / 아름 따다 가실 길에 뿌리우리다 / 가시는 걸음걸음 / 놓인 그 꽃을 / 사뿐히 즈려밟고 가시옵소서 / 나 보기가 역겨워 / 가실 때에는 / 죽어도 아니 눈물 흘리우리다"

최동호는 "「진달래꽃」은 남녀 간의 사랑의 기쁨과 이별의 슬픔을 노래한 낡은 시가 아니다. 이 시는 1920년대라는 시대적 단위를 넘어서서 사랑의 보편성을 노래한 20세기 한국의 명시라 평가해도 무리가 아니다"며 다음과 같이 말했다.

"이 시는 '죽어도 아니 눈물 흘리우리다' 로 끝나고 있다. 이별을 부정하는 '아니 눈물' 을 흘린다고 했으니 그것은 이별의 눈물은 흘리지 않겠다고 말한 것으로 해석된다. 부정의 눈물이 통곡의 눈물보다 더 깊은 호소력을 갖는다는 것을 김소월은 깨달았던 것이다. 김소월을 한국의 대표적인 서정 시인으로 만든 작시법의 비밀이 여기에 있다고 하겠다."[6]

김소월의 시집 『진달래꽃』은 1925년에 나왔는데, 여기엔 「초혼(招魂)」이 실렸다.

"산산이 부서진 이름이여! / 허공중에 헤여진 이름이여! / 불러도 주인 없는 이름이여! / 부르다가 내가 죽을 이름이여! / 심중에 남아 있는 말 한마디는 / 끝끝내 마저 하지 못하였구나 / 사랑하던 그 사람이여! / 사랑하던 그 사람이여! / 붉은 해는 서산 마루에 걸리었다 / 사슴의 무리도 슬피운다 / 떨어져 나가 앉은 산 위에서 / 나는 그대의 이름을 부

한국을 대표하는 서정인 김소월과 1925년 매문사에서 나온 그의 시집 『진달래꽃』. '한'이라는 민족적 감정의 실타래를 풀어놓은 그였지만, 연이은 사업실패로 술과 한숨으로 지내다 1934년 자살했다.

르노라/ 설움에 겹도록 부르노라/ 설움에 겹도록 부르노라/ 부르는 소리는 빗겨 가지만/ 하늘과 땅 사이가 너무 넓구나/ 선 채로 이 자리에 돌이 되어도/ 부르다가 내가 죽을 이름이여!/ 사랑하던 그 사람이여!/ 사랑하던 그 사람이여!"

김영철은 「초혼」에 대해 "소월의 시는 상반된 모순 감정의 표출을 기본으로 하고 있다. 이렇게 끈끈하고 뒤엉켜 있는 감정의 실타래는 과연 무엇일까. 그것은 바로 우리의 고유한 민족정서인 한이 아니던가. 끊어질 듯 끊어질 듯 이어지는 그 끈질긴 생명의 선이 소월의 시편에서 다시 살아난 것이리라"고 했다.[7]

김소월은 1925년 『동아일보』 지국을 개설해 운영하다 실패했고, 1927년 손을 댄 고리대금업도 말아먹고 말았다. 그는 술과 한숨으로 지내다 1934년 자살했다. 그는 죽기 직전에 쓴 시 「돈 타령」에서 "되려니 하니 생각 / 만주갈까? 광산에 갈까? / 되겠나 안 되겠나 어제도 오늘도 / 이리저리 하면 이리저리 되려니 하는 생각"이라고 했다.[8]

이광수 주재, 방인근 경영의 『조선문단』

종합지인 『개벽』이 문학지 역할을 맡고 있는 동안 본격 문학지가 하나 창간되었으니 그건 바로 『조선문단』이다. 1924년 10월 1일자로 창간된 『조선문단』은 이광수가 주재(主宰)하고 춘해 방인근(1899~1975)이 자금을 전담, 편집 겸 발행인을 맡았다. 『조선문단』은 동인지 형식을 떠나 문단 전체에 지면을 개방했으나 기본적으론 계급주의 문학에 맞선 순수문학을 지향했다.[9]

『조선문단』은 이광수의 문단 파워를 키우는 역할을 했다. 통권 26호가 나오는 동안 소설이 당선되어 추천받은 사람은 총 19명으로, 그중에서 훗날 문단에 이름을 크게 남긴 이는 최학송(최서해), 채만식, 박화성, 임영빈, 한병도, 계용묵, 안수길 등이다. 이 중에서 계용묵, 안수길만 빼고 나머지 사람은 모두 이광수가 추천했다.[10]

훗날(1931년) 김동인은 "조선에 새로운 문예가 생겨난 지 십수년, 잡지 『조선문단』이 발행될 때와 같이 흥성스러운 때가 없었다"며 다음과 같이 주장했다.

"『개벽』의 색채는 좌경이 분명하였다. 『개벽』을 무대로 좌경 신·구 문인들이 단순히 투쟁적 글을 썼다. 『조선문단』을 무대로 삼고는 좌·우파의 온 문인이 창작으로 평론으로 자기네의 입장을 분명히 하였다. …… 춘해(방인근)는 『조선문단』을 계속하기 때문에 많지도 못하던 재산을 다 없이하였다. 춘해에게 돈이 없어지는 것을 기회로 『조선

춘원 이광수의 문단 파워를 키워준 『조선문단』. 자그마치 이 잡지를 통해 등단한 사람만 최서해, 채만식 등 총 19명이다.

문단』은 폐간되었다."[11]

훗날(1969년) 방인근은 "그때는 고작해야 4000부~5000부요 그렇 잖으면 2000부~3000부에 불과했다. 그것으로 수지가 맞을 리 만무 하다"며 다음과 같이 말했다.

"거기다가 그때는 지방 서점에는 대개가 거의 외상 거래인데 십중 팔구는 대금을 잘 떼어 자신다. 거기다가 또 원고료를 지불했다. 그때 는 별로 원고료라는 것이 없고 대개는 그대로 썼다. 그러나 나는 할 수 있는 대로 후히 원고료를 지불해왔다. 그중에는 원고료를 전혀 주 지 못한 분도 많았지마는 그 외는 원고료 대신에 요리 대접을 많이 하 였다. 이것은 문우와 교제요 유흥이었는데 이 비용도 매월 상당하였다. 거기다가 생활비 기타 경비하니 수입은 쥐꼬리만 하고 지출은 호랑이 꼬리만 하니 결국은 은행예금을 곶감대 빼먹듯 하게 되었다."[12]

한용운의 『님의 침묵』

1925년의 대표적 시집이 『진달래꽃』이라면, 1926년의 대표작으론 만해 한용운의 『님의 침묵』을 들 수 있겠다. 설악산 백담사에서 창작해 간행한 이 시집의 표제작인 「님의 침묵」은 다음과 같다.

"님은 갔습니다. 아아 사랑하는 나의 님은 갔습니다./ 푸른 산빛을 깨치고 단풍나무 숲을 향하야 난 적은 길을 걸어서 참어 떨치고 갔습니다./ 황금의 꽃같이 굳고 빛나든 옛 맹서는 차디찬 티끌이 되야서, 한숨의 미풍에 날어갔습니다./ 날카로운 첫 키쓰의 추억은 나의 운명의 지침을 돌려 놓고, 뒷걸음쳐서 사라졌습니다./ 나는 향기로운 님의 말소리에 귀먹고, 꽃다운 님의 얼골에 눈멀었습니다./ 사랑도 사람의 일이라, 만날 때에 미리 떠날 것을 염려하고 경계하지 아니한 것은 아니지만, 이별은 뜻밖의 일이 되고 놀란 가슴은 새로운 슬픔에 터집니다./ 그러나 이별을 쓸데없는 눈물의 원천을 만들고 마는 것은 스스로 사랑을 깨치는 것인 줄 아는 까닭에, 걷잡을 수 없는 슬픔의 힘을 옮겨서 새 희망의 정수박이에 들이부었습니다./ 우리는 만날 때에 떠날 것을 염려하는 것과 같이, 떠날 때에 다시 만날 것을 믿습니다./ 아아, 님은 갔지마는 나는 님을 보내지 아니하얏습니다./ 제 곡조를 못 이기는 사랑의 노래는 님의 침묵을 휩싸고 돕니다."

그간 이 시에서 '님'은 민족, 조국, 불타, 중생, 불교의 진리 등으로 해석되어왔다. 그러나 최동호는 "그러나 이와 같은 해석들은 매우 구체적인 것 같지만 실제로는 추상적인 접근이라고 생각된다. 우리가 그의 시집을 모두 통독하고 나서 분명히 알 수 있는 것은 님이 현실에 존재하지 않는다는 사실이다. 님은 떠나가고, 시인은 그 침묵의 공간 속에서 다시 되돌아올 것을 호소하는 기다림에 가득 차 있는 것이다"고 했다.[13]

홍용희는 "「님의 침묵」은 제목부터 역설적이다. 님이 침묵한다는 것은 님의 부재를 통한 현존을 가리킨다. 침묵은 절대 무(無)로서의 없음이 아니라 있음의 없음이며 활동하는 없음이다. 가시적인 현상으로는 부재하지만 비가시적인 본질에서는 분명 현존하는 것이다. 제목이 내포하고 있는 반대일치의 역설은 이 시의 내용구성의 기본적인 형성원리이다"며 다음과 같이 말했다.

"이러한 역설은 궁극적으로 이별과 만남 역시 근원 동일성을 지닌다는 깨달음을 낳는다. 만남이 이별의 전제이듯이 이별은 만남의 전제가 되는 것이다. 마치 밤의 어둠이 낮의 밝음을 불러오고 낮의 밝음이 밤의 어둠으로 치환되는 이치와 상응한다. 그래서 마지막 연에 이르면 시적 화자는 첫 행의 '님은 갔습니다' 라는 현상적 사실을 넘어 '님은 갔지마는 나는 님을 보내지 아니하얏습니다' 라는 반대일치의 심원한 근원을 노래하게 된다. 이제 그의 '제 곡조를 못이기는 사랑의 노래' 는 현실적 결핍과 고통에도 불구하고 영원히 찬연할 수 있다. 한용운이 「님의 침묵」의 역설의 원리에 입각한 절대적 사랑을 통해 식민지하의 어둠 속에서도 일관되게 자신은 물론 겨레의 아픔을 위무하며 삶의 희망을 지켜내었던 배경이 여기에 있다."[14]

'별세계'를 뜻하는 잡지 『별건곤』의 창간호 표지. 수기, 실화, 야담, 사화, 르포, 인터뷰, 설문 등 재미있는 기사를 통해 대중의 호기심과 감수성을 자극했다.

'취미와 상식'을 개척한 『별건곤』

『개벽』은 폐간 시까지 발매금지 40회 이상, 정간 1회, 벌금 1회 등의 탄압을 받았다. 약 148개의 기사가 완전 삭제 혹은 부분 삭제 처분을 받았다.[15] 백철은 "그때 모든 잡지들이 우후죽순처럼 났다가 2, 3호가 못 가서 폐간되고 말던 시절에 있어서 그렇게 심한 일정 당국의 간섭을 받고 1, 2호 건너 발금(發禁)을 당하면서 당당 7년간 72호의 호수를 거듭했다는 것은, 그 사실 자체가 일제에 대한 끈질긴 레지스탕스의 역사를 말해주고 있는 우리 신문화 운동 초기의 대표적인 잡지였다"고 평가했다.[16] 『동아일보』 1926년 8월 3일자는 『개벽』의 폐간을 조선 '언론계 일대 참극'이라 표현했다.[17]

개벽사는『개벽』에 이어 1926년 11월 1일『별건곤』이라는 대중 잡지를 창간했다. 별건곤(別乾坤)은 별세계라는 뜻이다.『별건곤』은 '5전 잡지'라는 비아냥을 들었지만 수기, 실화, 야담, 사화, 르포, 인터뷰, 설문 등의 재미있는 기사를 통해 대중의 호기심과 감수성을 자극하면서 '취미와 상식'이라는 새로운 영역을 개척했다.[18] 예컨대『별건곤』 1928년 7월호에 실린 '현상 이발소 투표 모집'이란 현상광고가 새미 있다.

"지금 도시 남자치고 이발소에 안 다니는 이가 있겠습니까? 이발소 이야기는 결코 결코 남의 이야기하듯 지나쳐버리지 못할 것입니다. 경성 안에서 어느 이발소가 제일 나은가? 대구, 평양, 원산, 개성, 인천시는 어느 곳이 제일 나은가? ……투표하여 주십시오. 그리하여 경성 따로 평양 따로 대구 따로 그곳 그곳에서의 일등, 이등, 삼등을 알고 지내게 하십시다. 이리 하는 일은 현재 잘 아는 집을 널리 알게 되는 데만 그치는 것이 아니라, 앞으로 더욱 더욱 좋아지게 하는 일이니 결코 등한히 여기지 말고 다 같이 일표씩을 던져주시기 바랍니다. …… 상기 육 도시 각 투표하신 이에게는 각도 투표 따로따로 모아서 제비를 뽑아 일등 일인씩(총 6명), 이등 일인씩(총 6명), 삼등 십인씩(총 60명)을 정하여 당선자로 하고, 일등에는 상등(上等) 면도 일개 진정(進程)(외 부상품 2종 첨정(添丁)) 이등에는 상등 향유 비듬약 진정 삼등에는 본사 특별상품 진정."[19]

여성 잡지의 활약

1920년 3월 10일 창간호를 낸『신여자』도 주목할 만한 잡지였다. 이 잡지는 '우리나라 최초의 여성 종합월간지'로 불리고 있으며, 김일엽(김원주)은 '최초의 여성주간'이 되었다. 이 잡지 이후 '신여성'이란 유행어가 생겨났다는 설도 있다.[20]

1917년 일본 여자유학생들의 동인지『여자계』는 남성의 도움을 받은 데다 남성 필자가 더 많은 잡지인 반면,『신여자』는 이화학당 출신이 중심이 되어 직접 집필하고 편집한 잡지였다. 나혜석도 참여한 이 잡지는 주간이었던 김원주가 돈을 대던 남편과 이혼하는 바람에 4호를 내고 종간되고 말았지만, "대담한 여성 해방의 논리를 펴나간 본격적인 여성 주도의 잡지였다"는 평가를 받고 있다.[21]

도쿄여자미술학교 출신인 나혜석은 1920년 4월 15일 일본의 쿄토제국대학 출신 김우영과 정동예배당에서 결혼식을 올렸는데, 이는 신문지상에 나타난 최초의 신식 결혼식이었다고 한다.[22]

한편 1922년 6월 1일부터 1923년 9월까지 천도교의 개벽사에서는 부인들의 교양 교육을 위해『부인』지를 발간하였다. 편집인은 이순화이며 생활개선, 가정의 낙원과 미풍양속 진작, 자녀교육, 여성의 취미교양을 내세우고 있다.『부인』은 부녀들을 독자대상으로 하여 순한글로 쓰고 세계의 여성들에 대한 소식보다는 조선 부인을 표준으로 하여 논문들을 게재하고 있으며 이것은 우리 부인부터 아는 부인, 실력 있는 부인, 부인다운 부인이 되면 세계의 흐름을 자연적으로 알게 된다는 취지였다.[23]

이 잡지는 1923년 10월부터『신여성』으로 이름을 바꾸어 발간하였다. 이렇게 잡지명을 바꾸어 발간한『신여성』은 당시 최장수 여성지로서 1923년 9월 1일부터 1934년 6월까지 통권 제38호가 발행됐다. 국판 100면 내외의 체재로 한국 최초의 상업적인 여성지였는데, 일반

교양 기사 외에도 사회주의적인 색채를 띤 논설을 많이 실었다. 그 밖에도 여학생에 관한 기사와 여성운동, 농촌여성 문제들을 심도 있게 다뤘다. 국한문혼용체를 사용했던 『신여성』은 여성들이 직업을 가지고 스스로의 자질 향상과 여성의 지위 향상을 위해 노력하도록 하는 데 진보적인 역할을 하였다. 이 밖에도 1924년 7월에 『부녀지광』이 창간되고, 1926년 9월에는 『활부녀』, 1927년 4월에는 『부녀세계』, 1929년 근우회 창립 2주년에는 『근우』 등이 발간되었다.[24]

당시 잡지 필진엔 식자층 비율이 매우 높았으며 여성지 필진도 대부분 남성이 차지했다. 필진이 모자라 중복활동을 하기 일쑤였다. 1920년대 『신여성』의 편집인이었던 방정환은 20개가 넘는 필명으로 활약하기도 했다.[25]

검열이라는 제약에도 불구하고 문학은 일상적으로 비애를 발산할 수 있는 거의 유일한 카타르시스 공간이었다. 1920년대 초반 문학열이 매우 거셌던 것도 우연이 아니다. 여성들이 생각하는 이상적인 남편의 직업 1위가 문사(文士)를 차지할 정도였다. 기생들도 문사를 좋아해 '문학기생'이란 말도 나왔다. 잡지에 실릴 수 있게 해주겠다며, 그 대신 기생에게 키스를 요구하는 청년 문학가가 만화에 등장하기도 했다. 이런 문학열을 타고 1927년 기생들도 동인지 『장한(長恨)』을 발간했다.[26]

기생들의 동인지 『장한』

『장한』의 존재와 단편적 내용은 관련 연구자 사이에 알려져 있었을 뿐 원본은 찾을 수 없었는데, 2005년 3월에서야 창간호 원본이 발견돼 언론에 소개되었다. 『장한』 창간호의 발간일은 1927년 1월 10일이고 편집·발행인은 김보패, 인쇄인은 노기정, 인쇄소는 한성도서, 발행소는 장한사(長恨社)이다. 재미있는 것은 장한사의 주소가 '서울 관수(觀水)동 14-1'로 당시의 대표적 요릿집이었던 '국일관'의 주소와 일치한다는 점이다. 근대 기생문제를 연구하고 있는 한국학중앙연구원 교수 서지영은 "국일관에서 자본을 댔을 것이란 추정이 가능하다"며 "발행인 김보패는 가명이거나 필명일 가능성도 배제할 수 없다"고 말했다. 애호가의 개인 서고인 서울 '아단문고'에서 이 잡지 창간호를 찾아낸 최덕교는 "소설가 최서해 씨가 장한의 편집을 맡은 것으로 알고 있다"고 말했다.

110여 쪽에 달하는 이 책의 가격은 40전, 필진은 대부분 당시 이름을 떨쳤던 유명 기생이다. 소설가 김유정이 사랑한 여인이자 훗날 여류 판소리의 대가로 꼽힌 명창 박녹주 외에 김월선, 윤옥향, 김남수, 백홍황 등 현직 기생이 소개된 40여 편의 글 대부분을 직접 썼다. 책에 실린 내용은 사회비판, 기생 권익옹호 등 현실 참여적 글에서부터 내가 만일 손님이라면, 기생이 되기까지, 삶에 얽힌 회한 등 사적인 내용을 포함해 미국·일본·중국인이 쓴 조선 기생에 관한 글, 단발·화장 등 패션정보, 외국 배우 동정, 임질·매독·구강위생 등 건강관리, 유머 등 다양한 내용을 담고 있다.[27]

『장한』 창간호는 표지 복판에 커다란 새장 속에 갇힌 채 웅크리고 앉아 있는 기생 사진을 싣고 주변에 "동무여 생각하라, 조롱 속에(의) 이 몸을"이란 글을 적었다. 이 시기의 기생을 일반적으로 농중조(籠中鳥)라고 불렀는데, 이는 '조롱(새장) 속의 새'란 뜻이다.[28]

편집진의 생각은 잡지 권두언(卷頭言)에 선명하게 나타나 있다. 권두언은 "웃고 살아도 부족이 많은 세상을 어찌하여 한탄으로 살까보냐…… 우리의 '장한'은 앞으로는 장한(長恨)이 없게 하자는 장한이다 …… 이로부터는 장한이 없게 힘쓰자"고 밝혀 이 잡지가 기생의 권익 향상을 목적으로 하고 있음을 보여주고 있다.

변화에 대한 소망은 김월선이 쓴 「창간(創刊)에 제(際)하야」에도 나타난다. 김월선은 "조선에서 기생은 하루바삐 없애야 하겠으며, 안해야 되겠다"라며 "사회제도가 이를 허락지 않는 것은 부인하지 못할 사실이니, 그대로 계속하여 있기로 말하면 모든 점에 있어서 향상되고 진보되어야 하겠다…… 이와 같은 취지에서 문화적 시설의 하나로 …… 잡지 장한을 발행하는 것이다"라고 적었다.

사회에 대한 비판은 잡지 곳곳에서 강하게 나타난다. 기생 김채봉은 「첫소리」란 글에서 "사람으로서 사람의 부속물이 되어 있다 하면 그 얼마나 모순된 현상인가"라고 사회를 비판한 뒤 "모순인 차별의 계급 관념을 타파하고 자유평등을 구하는 애원의 소리 속에 끓는 피가 가득히 숨어 있는 것을 잊어서는 안 되겠다"며 신분해방을 주장하고 있다. 또 당시의 명기 김남수는 「온돌야화(溫突夜話)」란 글에서 "만연하는 향락주의와 물질주의가 사랑의 열정을 식게 한다"며 쉽게 만나고 쉽게 헤어지는 당시 세태를 비판했다.[29]

김교신의 『성서조선』

1927년 7월 1일 종교 잡지로 『성서조선(聖書朝鮮)』이 창간되었다. 기독교의 한 교파인 무교회운동의 신앙 동인(同人)잡지로 김교신·함석헌·송두용·정상훈·유석동·양인성 등 6명이 발행 주체다. 이들은 일본 기독교계의 사상가이며 무교회운동의 창도자 우치무라 간조(內村鑑三, 1861~1930)의 문하에서 감화를 받은 신앙 동지들이었다. 『성서조선』은 창간 후 한동안 1년에 4차례 발행되다가 1929년 8월호부터 월간이 되고, 1942년 3월 20일자로 폐간되었다. 발행부수는 최고 300부였다고 한다.[30]

함경도의 유교 전통이 강한 집안에서 태어난 김교신(1901~1945)은 1918년 함흥공립농업학교를 졸업하고 일본 유학 중 기독교에서 동포를 살릴 구원의 희망을 찾았다. 그는 처음 갔던 교회의 목회자가 교권에 의해 쫓겨나는 것을 보고, 교회나 교권의 틀에 의해 왜곡되지 않은 그리스도를 갈구하다 1921년부터 무교회주의자 우치무라 간조의 성서연구회에 출석해 성서를 배웠다. 그리고 이때 함께 배운 함석헌, 송두용, 정상훈, 유석동, 양인성 등과 함께 '조선성서연구회'를 만들고, 귀국 후 『성서조선』이란 잡지를 발행했다. 김교신은 자기중심적인 탐욕의 성취를 위해 방법을 가리지 않는 정복적인 서구의 기독교적 모습을 비판했다. '미국이나 일본의 기독교'가 아니라 조선의 실정과 조선인의 심성에 맞는 '조선의 기독교'를 열고자 했다.[31]

신채호의 『텬고』

1921년, 독립운동가이자 사학자인 단재 신채호는 중국 베이징에서 순한문 월간지 『텬고(天鼓)』를 발행하였다. 천고(텬고)는 천둥에 비유한 '천명(天命)의 소리'란 뜻으로 『사기(史記)』에 나오는 말인데, 천명에 의한 성토(聲討)를 단행하는 신성한 매개체가 되겠다는 뜻이었다.[32]

신채호는 이 잡지를 혼자 집필하고 편집하고 손수 제작했다. 한문으로 간행된 것은 조선인뿐만 아니라 중국인을 독자층으로 겨냥했기 때문이다. 『텬고』는 1921년 1월의 창간호를 낸 뒤 월간지 형태로 7번 발행된 것으로 알려져 있으며 국내에는 1999년 8월에서야 처음 공개됐다.

고려대 최광식 교수는 중국 베이징대에서 한국 고대사를 강의하던 1999년 2월~7월 이 대학 도서관에서 1921년 신채호의 『텬고』 제1권 1호~3호를 찾아내고 제호 사진과 내용을 『역사비평』 가을호에 공개했다.[33] 1호에는 맨 앞에 삽화를 넣어 신년축사와 창간사를 실었고 「대조선 군정서가 왜병을 대파한 축사」, 「일본 제국주의의 말운이 이르렀다」 등의 논설이 실려 있다. 2호에는 중국의 정전제를 고대 조선이 수입해 공전제를 실시한 것은 사회주의적인 요소가 많은 것이라고 지적하고 있다. 또 3호에는 「제3회 3·1절을 동포에게 고함」, 「각지의 3·1절 기념 소식」 등 3·1절 소식을 비중 있게 다루었다.[34]

편집인(단재)이 쓴 「천고창간사」는 잡지 창간의 4가지 의의를 이렇게 설명한다. 첫째, 일본이 우리만이 아닌 동양의 구적(仇敵)으로 중국과 한국이 순치(脣齒, 입술과 이)의 관계임을 일깨워준다. 둘째, 우리의 투쟁 노력들을 널리 찾아 이웃나라 인민들에게 소개한다. 셋째, 일제의 역사왜곡을 바로잡는다. 넷째, 조선총독부의 언론탄압과 왜곡에 맞서 해외에서나마 대의를 널리 밝히는 것이 필요하다.[35] 단재는 『텬고』 창간사에서 이렇게 썼다.

"『텬고』가 세상에 나오게 된 인연은 무엇인가? 왜는 우리나라의 원수일 뿐만 아니라 또한 동양의 구적이다. 저들은 한말부터 우리 연해의 주군(州郡)을 침략하였고 우리 선조들을 쫓기게 하여 젊은이들은 자상을 입어야 했고 노약자들을 산속으로 몰아내는 등 대대로 편안치

못하게 했으니, 이 모두가 왜인들의 짓이다. ······ 텬고여! 우리 민족
이 적들을 죽일 수 있도록, 우리들의 강산을 수복할 수 있도록, 북을
울려 춤추게 하여라. 나는 너를 기쁘게 춤추게 할 것이다. 텬고여! 텬
고여! 노력하고 다시 노력하자. 분투하고 다시 분투하자. 제발 너의
이 성스러운 역사적 사명을 잊지 말기를 부탁하노라."[36]

또 창간사와 함께 1권에 실린 「천고와 새해」란 글을 보면 단재가 이
잡지를 공자의 『춘추(春秋)』에 견줄 정도로 사명감을 가지고 한 작업
임을 알 수 있다.

"천고의 귀한 임무는 진실로 무겁고, 천고의 앞길은 장차 멀다. 옛
날 주(周)왕실이 쇠퇴하자 춘추가 지어졌고, 지금 세상이 크게 어지러
우니 천고가 나왔다. 춘추는 왕도의 전쟁을 위한 것이고, 명분의 전쟁
을 위한 것이고, 당시의 전쟁을 위한 것이다. 그러나 천고는 인도(人
道)의 전쟁을 위한 것이고, 자유의 전쟁을 위한 것이고, 장래의 전쟁
을 위한 것이다."[37]

『상록수』의 작가 심훈은 3·1운동에 참가하였다가 옥고를 치르고
베이징으로 탈주하여 마침 단재가 『텬고』의 원고를 집필하는 모습을
지켜보고 다음과 같이 썼다.

"그때 마침 『텬고』라는 잡지를 주간하였는데, 희미한 등하에서 모
필로 붉은 정간을 친 원고지에다가 철야 집필하는 것을 목도하였다.
그 창간사인 듯 '텬고, 텬고여, 한 번 치매 무슨 소리가 나고, 두 번 뚜
드리매 머리가 울린다'는 의미의 글인 듯이 몽롱하게 기억되는데, 한
구절 쓰고는 소리 높여 읊고, 몇 줄 또 써내려가다가는 붓을 멈추고
무릎을 치며, 위연히 탄식하는 것이 마치 글에 실진한 사람같이 보였
다. 붓끝을 놀리는 대로 때 묻은 면포자의 소매가 번쩍거리는데, 생각

이 막히면 연방 엽초에 침질을 해서 말아서는 태워 물고 뻐금뻐금 빤다. 그러다가 불시에 두 눈에 이상한 섬광이 지나가는 동시에 수제 여송연을 아무데나 내던지며 일변 붓에 먹을 찍는다. 나는 그 생담배 타는 연기에 몇 번이나 기침을 하였었다."[38]

2004년 3월『텬고』1·2권을 일반인들도 읽기 쉽게 최광식이 역주한『단재 신채호의 천고』(고려대아연출판부)가 출산됐다.『텬고』는 7권까지 발행된 것으로 알려져 있지만 현재 확인된 것은 베이징대 도서관에 남아 있는 1, 2, 3권뿐이다. 이 가운데 어렵게 1, 2권을 입수해 번역한 최 교수는 "베이징대 도서관의 '고대 조선 문헌해제'에서『텬고』를 발견하고 처음 문의했을 때 도서관 측은 소장이 사실조차 인정하지 않으려 할 정도로 통제가 심했다"며 "중국이 고구려사를 중국사의 일부라고 터무니없는 주장을 하며 역사를 왜곡하고 있는 것에 어떻게 대응할까 고민하다 보면 단재 선생의 얼굴이 떠오른다"고 말했다.[39]

02

"전화 하나 없는 상점이 무엇이 변변하겠느냐"

전화는 권위와 신용의 상징

1910년 일제강점 이후 전화는 주로 일제의 식민지 경영을 위한 도구로 활용되었다. 전국의 전화기 수는 1910년 6774대에서 1920년에는 1만 5641대로 늘었으며, 이 가운데 전신공용분이 681대였다.[40] 1920년 2월 전화규칙의 개정을 통해 전화가입권을 공개추첨 방식으로 부여했다. 공개추첨은 상업회의소의 대표자와 신문기자들, 그리고 다수 신청자가 입회하여 진행했다. 전화매매를 목적으로 하는 자들이 몰려들어 골칫거리였다고 한다.[41]

이제 전화는 권위와 신용의 상징이 되어갔다. 『동아일보』 1920년 6월 11일자에 따르면, 이제 상점 간판에 전화번호가 적혀 있어야 신용이 있어 보이게 되었다. 전화가 없으면 사람들은 "전화 하나 없는 상점이 무엇이 변변하겠느냐"며 냉소를 보냈다는 것이다.[42]

그러나 아직 전화 기술을 신뢰하기는 어려웠다. 전화 고장이 잦고 전화 교환이 지체되는 일이 자주 벌어졌다. 『조선일보』 1920년 7월 18일자에 따르면, "전화를 한번 하자면 수화기를 들고 전화통 앞에 서서 빨리 나와야 5분 내지 10분이고 그렇지 않으면 30분 내지 1시간 이상 서 있어도 나오는 일이 없으니……나중에는 발광을 할 지경으로 발을 구르며 욕설이 입에서 절로 나오게 할 뿐만 아니라 전화통을 깨어 두드려버리고 싶은 생각이 나게까지 한다."[43]

전화 교환수는 1920년부터 경성우편국에서 일어가 능숙한 보통학교를 졸업한 조선 여성을 채용하면서부터 등장했다. 1928년 중앙전화국 광화문 분국에는 40명의 전화 교환수 중 조선 여자가 11명이었다. 그들은 15세에서 18세 사이의 소녀였는데, 근무 여건이 매우 열악했다.[44] 초등학교 이상의 교육을 받아 당시로서는 고학력자들이었지만 가정 형편이 어려운 경우가 많았다. 전화 이용자들의 욕설까지 감당해내야 하는 이들의 고달픈 업무는 종종 신문의 가십거리가 되곤 했다.[45]

조선인의 서울인가 일본인의 서울인가

1921년 경성 시내에 설치된 공중전화는 20여 대에 이르렀다. 당시엔 '자동전화'라 불렀다. 가장 이용이 많은 남대문역전 자동전화의 경우 월 1000여 건의 통화가 이루어졌다.[46] 1923년 7월 1일 일제는 전화 가입자의 지속적인 증가와 전화 관련업무의 증대에 따라 경성우편국의 전화 교환업무 등을 분리하여 경성중앙전화국을 별도로 설치하였다. 이때에 경성 내 전화가입자는 6586명이었다.[47]

1924년경 전화통화 건수는 경성 시내의 경우 하루 평균 8만 6000통이었는데, 연말이 되면 10만 건으로 늘어났다. 1923년의 최고 기록은 12월 23일로 10만 3000건이었다.[48]

이런 서울의 전화를 배경으로 염상섭은 1925년에 『전화』라는 소설을 발표했다. 염상섭은 '시간당 통화료'라는 방식에 주목했다. 이경훈의 해설에 따르면, "통화료는 중요한 말이건 사소한 말이건 따지지 않고 오직 말을 하면서 소비된 기계적 시간만을 따질 뿐이며, 더 나아가 아무 말도 하지 않고 있을 때(예를 들어 상대방을 바꾸기 위해 기다리고 있는 시간, 즉 전화연결의 네트워크가 가동되고 있는 시간)에도 계산된다. 그리고 이때 돈(교환가치)은 기계적 시간의 핵심적 내용을 이룰 것이며, 따라서 기계적 시간과 교환가치는 호환적(互換的) 관계를 맺게 될 터이다. 예를 들어 '1분=50원', '2분=100원'이라는 식으로 말이다. …… 전화의 유선망이란 기계적 시간과 함께 자본주의 교환 시스템의 일상화를 강력히 은유한다. 그것은 자본주의적 관계의 한 표현이다."[49]

1927년 '자동전화'의 명칭을 '공중전화'로 바꾸었는데, 그 이유인즉슨 "전 조선 주요 도시의 시내 각처에 설치한 자동전화는 최근에 이르러 자동식 전화가 개시된 이후로 그와 혼동되기가 쉬운 까닭에 체신국에서는 종래의 자동전화를 공중전화로 개칭키로 하였다"[50]고 했다.

전화는 주로 일본인들을 위한 것이었다. 1924년 서울의 총 전화가입자 수 5969명 가운데 일본인이 4875명, 조선인이 951명, 외국인이 143명으로 일본인이 전체의 82퍼센트를 차지했다. 『동아일보』 1924년 4월 21일자는 "조선인의 서울인가 일본인의 서울인가. 문명의 이기인 전화로 보아도 통곡하지 않을 수 없다"며 다음과 같이 절규했다.

"어찌 전화뿐이랴. 조선 내에 있는 철도, 륜선, 탄탄한 대로, 우편,

전신 이러한 모든 문명의 이기는 그것을 설비하는 비용과 노력은 조선인이 하고 그것을 이용하기는 일본인이 한다. ……우리는 조선의 오늘날 문명의 주인이 아니라 종이다. 조선 사람아, 우리는 이 문명의 주인이 되도록 전력을 다하자. 만일 그렇지 못하거든 차라리 이것을 깨뜨려버리자."[51]

그러나 이후에도 달라지지 않았다. 1928년 당시 조선의 인구에 비례한 전화보급률은 1000명당 1.5개에 그쳤으나 일본인 1000명당 56개로 일본 본토보다 가입률이 7배 이상 높았다.[52]

전화사기 사건의 등장

1920년대 중반부터 이른바 '장난전화'가 나타나기 시작했다. 1925년 2월 13일 밤 경성의 한 식당에 전화로 "오늘밤 중에 여섯 명의 강도가 네 집으로 갈 터이다"라는 경고를 하는 전화가 걸려왔다. 식당 주인은 경찰에 신고를 하였다.

"(경찰은) 이 일이 조선에서 처음 되는 사실임으로 깜짝 놀라 활동을 개시한 결과 그 전화를 건 사람인즉 경성우편국 전화과에 사무원으로 있는 야스카와 류스이(安川流水)와 후지모토 다케오(藤本武男)으로 판명되었는데 처음에는 일시 대소동을 이루었으나 그 사람은 자주 그 식당에 다니면서 노는 사람들로 마침 그때 그집 하녀 춘자임을 알고 농담으로 그런 장난의 소리를 한 것으로 알게 되어 한바탕 웃음으로 끝을 맺게 되는 동시에 두 청년에게 대하여는 후일을 경계하였다더라."[53]

전화를 놔주겠다고 돈을 받고서는 돈만 챙기는 전화 사기꾼도 나타났다. 『조선일보』 1925년 4월 7일자에 따르면, "요사이 며칠 동안 종로서에는 박영철에게 손해당한 사람들로부터 고소장이 매일 답지하는 중이며 일반 개인의 피해는 물론 각 관청 은행 회사 단체에서도 적지 않은 피해가 있는듯하여 방금 그 여죄를 계속 취조 중이라더라."[54]

전화를 이용한 끔찍한 범죄도 일어났다. 1926년 2월 전북 전주에서 일어난 일이다.

"전북 전주 고사정 장의원 원장 장련십랑(長連十郎)의 둘째 딸 '이도리'는 당년 십일세의 심상소학교 삼년생인데 지난 십 일 오전 열 시 이십 분경에 그 학교로 전화가 온바 본가에 긴급한 일이 있은즉 '이도리'를 곧 보내 달라함으로 그 담임 촌상(村上) 여선생은 상학중임에도 불구하고 곧 돌려보냈었다는데 그 부모는 그날 오후 네 시가 되도록 그 딸이 오지 아니함으로 학교로 전화하였더니 학교에서는 오전 십일 시경에 돌아갔다함으로 곧 경찰서에 수색원을 제출하고 백 원의 현상으로 시내 각처에 광고하였으나 행방을 전혀 알지 못하던 중 지난 십 일 일 오후 두 시경에……시체를 발견하고……그 아이의 만또로 목을 세 번이나 감았으며 소도(小刀)로 목을 두 곳이나 찔렀고 머리에는 두 곳이나 돌로 친 상처가 있으며 국부는 능욕을 당하야……."[55]

전화로 자기 형의 목소리를 흉내내 사기 행각을 벌인 사건도 일어났다. 1927년 1월 황해도 재령에서 일어난 일이다.

"박성곤은 큰 실업가인 박형곤의 동생으로 자기 형이 대판(大阪)에 가고 없는 틈을 타서 자기 형과 서로 거래가 빈번한 진남포 후포리 실업가 임병칠에게 전화를 걸고 하는 말이 나는 재령 박형곤인데 여기서 곡식 살 것이 있으니 사라면 곧 사리원 식산은행으로 돈 팔천 원을 전보환전으로 보내라 하고 이어서 또 사리원의 자기 형과 친한 일본 사람 재목상에게 전화를 걸어 자기 형의 이름으로 걸고 하는 말이 지금 내 아우가 진남포서 식산은행으로부터 나오는 돈을 찾으러가니 곧 보증을 해주라고 한 후에 즉시 사리원 식산은행으로 뛰어와서 오전 열한 시에 팔천 원을 찾아가지고 어디로인지 종적을 감추었는데 지금 경찰에서는 비상선을 늘이고 범인수색에 몰두하는 중이나 아직도 범인의 자취는 오리무중임으로 추상컨대 벌써 국경을 넘었으리라 하며 범인은 작년에도 역시 이번과 같이 인천 모 은행에서 만 원가량의 돈을 사기한 일이 있는 중범이라더라."[56]

왕실을 사칭한 전화사기 사건도 일어났다. 1928년 4월 경성 종로에서 일어난 일이다.

"시내 종로 금은세공 삼광상회에 전화로 이곳은 리왕직(李王職)인데 대비전하께서 쓰실 것이니 금비녀 금반지 등 가격 일백 칠십여 원 어치를 곧 가져오라 한 바가 있어 이에 주문을 받은 삼광상회에서는 곧 때를 지체치 않고 주문한 물건을 가지고 금호문으로 들어가게 되자 돌연 양복을 입은 삼십 세가량 되어 보이는 신사 청년이 나타나 소리를 지르며 배달인을 향하여 어째 이같이 늦게 가져오느냐고 리왕직 사무관처럼 야단을 치고 대비전하께 뵈온 후 쓰실 물건만 살 터이니 이리 달라고 하야 가지고 들어간 후 어디로인지 종적을 감추어버린 사건이 발생하였다는데 이 급보를 접한 소관 창덕궁 경찰서는 물론이요 시내 각서에서는 사건을 절대 비밀에 붙이고 범인을 엄탐 중이라더라."[57]

창기(娼妓)와의 유흥비 마련을 위한 전화사기 사건도 일어났다. 1928년 10월 인천에서 일어난 일이다.

"인천에 있는 주봉기 씨 주단포목점에 전화하기를 자기는 부내와리에 있는 삼성태 양화점의 주인인데 점원을 보낼 터이니 옥양목 한

필만 주어 보내라 한 후 곧 달려가서 옥양목 한 필을 가져다가 소사 역전에 있는 모 음식점에 맡긴 후에……유곽에서 체포한 바 이 자는 수일 전에 기타 여러 곳에서도 이와 같이 전화를 이용하여 절취한 물품의 가격이 실로 백여 원이 넘으며……창기에게 바쳐서 소비한 사실이 판명되었는데 그는……인천에 거주하는 고귀성이란 당년 이십 세 된 자이라더라."[58]

이런 사기 사건들은 오늘날 창궐하고 있는 보이스피싱(voice phishing)의 원조인 셈이다. 이제 1930년대로 가게 되면 "경성은 바야흐로 전화광시대(電話狂時代)"라는 말까지 나오게 된다.

경성역은
근대적인 스펙터클

시계와 철도

조선총독부는 경성의 표준시(도쿄보다 30분 앞섬)를 무시하고 도쿄 표준시에 따라 1912년 1월 1일부터 날마다 오정포(午正砲)를 울려 시간을 알렸다. 1921년과 1922년 경기도는 '시(때)의 기념일'을 지정하고 6월 10일에 시간관념을 강조하는 행사를 가졌다.[59] 이 운동은 곧 전국으로 확산돼 "시간은 금이다" "시간을 지키자" "시계를 바르게 맞추어라" 등과 같은 대중적 표어가 전국을 휩쓸었다.[60]

1920년대에 이르러 시계가 도시 거주자들의 생활필수품이 되었다. 1910년대 광고에는 주로 벽시계와 회중시계가 실리는 데 반해 1910년대 후반부터는 손목시계 광고가 자주 나타났으며, 1922년부터는 각 학교, 교회, 공장 등에서 정오에 종을 치고 팸플릿을 살포하고 관청 직원들이 시간 준수에 대한 강연을 하는 등의 캠페인이 벌어지기도

근대성과 조국의 식민지 현실을 상징적으로 보여주는 경성역. 1926년 10월 경성역 정면에 걸린 커다란 벽시계를 시작으로 경성 시내 곳곳 큰 건물에는 벽시계가 내걸리며 사람들의 만남을 관장하기 시작했다.

했다.[61]

이런 캠페인 못지않게 사람들의 시간관념에 큰 영향을 미친 건 정해진 시간에 출발하고 도착하는 기차였다. 1920년대에 들어서면서 기차여행은 자연스러운 것으로 자리 잡을 정도로 대중화되었다. 『개벽』 1921년 8~10월호에 연재된 염상섭의 「표본실의 청개구리」에서 주인공은 "어디든지 가야겠다"는 생각에 자연스럽게 기차여행을 떠올릴 정도였다. 1920년대 말 전국의 기차 통학생 수는 1만여 명을 헤아렸다.[62]

대륙에 욕심을 품고 있는 일본의 속셈 때문에 철도는 날이 갈수록 더 뻗어갔지만, 조선인들에게 철도는 문명의 이기만은 아니었다. 『동아일보』1923년 3월 6일자 사설은 "교통기관은 조선 사람이 의지하여 수입의 원천을 짓는 교통기관이 아니라 다소의 편리를 이용하여 조선 사람의 피를 빨아먹고 주머니를 빼앗아가는 교통기관"이라고 비판할 정도였다.[63]

피를 빠는 만큼 스펙터클이 더욱 필요했던 걸까? 1925년 9월 20일에 준공된 서울역 역사는 연건평 1만 7000여 평에 르네상스풍의 화려한 외관을 자랑하는 초현대식 건물로 식민지 민중을 주눅 들게 만들기에 충분했다. 박천홍은 "일제시대 작가들에게 경성역은 낡은 왕국의 수도를 압도하는 근대적인 스펙터클이었다"며 "근대성과 식민성을 한몸으로 체현하고 있는 경성역에서 식민지의 이방인인 작가들은 근대인의 고독과 슬픔을 느끼고 가곤 했다"고 말했다.[64]

1년이 지난 1926년 10월 서울역 정면엔 큰 벽시계가 등장해 명물이 되었다. 이후 경성 시내의 큰 건물들마다 큰 벽시계를 내걸면서 사람들의 만나는 시간과 장소를 관장하기 시작했다.

자동차를 모는 부랑자

한편 1918년 212대에 불과하던 자동차는 1925년에 1200대, 1926년엔 1587대로 늘었다.[65] 우리나라 최초의 속도위반자는 서울에 살던 이관호라는 대절택시 운전사다. 경성부 낙원정(종로2가 낙원동)에 살던 이관호의 택시는 경기 123호 포드 차였다. 1921년 5월 3일 오전 9시 반경 종로거리를 시속 30킬로미터로 달리다가 속도위반으로 경찰에 걸려 과태료 5원을 경기도 경찰국에 냈다. 당시 쌀 한가마가 20원 정도였으니 꽤 비싼 벌금이다. 당시 제한속도는 시속 24킬로미터였다.

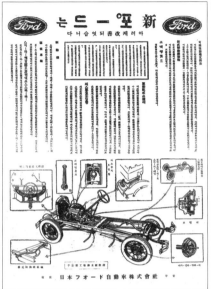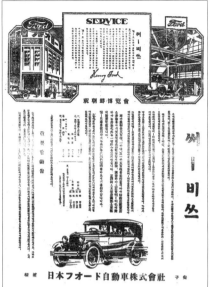

자동차 본체의 해부도, 헨리 포드의 연설문을 이용한 1920년대 자동차 신문광고. 회사는 판촉활동의 일환으로 기생이나 지방 유지를 태운 카퍼레이드나 술잔치를 벌이기도 했다.

이해 4월 경기도 경찰국은 처음으로 미국에서 고속 오토바이 2대와 속도 측정기인 스톱워치를 도입, 종로에 배치했다.[66]

자동차는 1920년대 중반부터 본격적으로 신문광고에 등장했다. 포드자동차가 낸 광고는 자동차 본체의 해부도, 서구 도심지를 달리는 자동차 묘사, 헨리 포드의 초상화와 연설문을 인용한 성능 선전 등을 담았다. 『동아일보』 1929년 8월 6일자에 실린 시보레 자동차 광고는 "바람을 뚫고 질주하는 시보레의 상쾌미"라고 주장했다.[67]

광고 이외의 판촉 활동으로 각종 이벤트도 연출되었다. 차체를 비단으로 칭칭 감고 장안의 명기를 태워 카퍼레이드를 한다거나 지방 유지를 태워 동네 한 바퀴 돌고 술잔치를 벌이는 수법 등이 사용되었다.[68]

자동차강습소도 생겨났다. 경성자동차강습소는 자동차 운전수를 "암흑세계에서 광명세계에!" "인습적 직업에서 해탈하야 문명적 직업에!"라고 소개했다. 이때의 운전수들은 상류사회 출신의 멋쟁이였다. 1925년 이정옥이 25세의 나이로 운전수 시험에 합격하자 신문은 '동양 최초의 여자 운전사'라며 대서특필했다.[69]

자동차와 운전수에 대한 동경은 강했지만, 아니 그렇기에 더욱 드라이브에 대한 비난은 매서웠다. 『동아일보』 1928년 10월 20일자엔 자동차 드라이브에 대해 '자동차를 모는 부랑자' '황금을 뿌리는 야유랑(방탕아)의 자동차'라는 비난이 소개되기도 했다. 택시는 1928년 4인 기준에 1원(현 시세로 12만 원), 시내 한 바퀴 도는 데 3원이었다 하니 택시 관광은 있는 집안의 호사였을 뿐이다.[70]

전차와 버스, 창경원 벚꽃놀이

우리나라에서 출퇴근이라는 개념이 처음 생겨나기 시작한 것은 근대적 대중 교통수단인 '전차'가 서민들의 삶의 일부로 자리 잡기 시작한 1920년대 접어들면서부터다. 크고 작은 교통사고도 끊이지 않았다. 1929년 4월 22일에는 진명고녀 3·4학년생 120명을 태운 전차가 전복해 88명이 다치는 참사가 터져 세상을 깜짝 놀라게 만들었다. 그때 식민지 조선에서 지금의 '여고'에 해당하는 고녀는 경성·진명·숙명·이화 4곳밖에 없었기 때문에 당시의 여고생들이란 대부분 특수층의 딸들이었다. 그래서 전차를 운영하던 경성전기의 사장이 곳곳에 사죄를 하러 다닌 뒤에야 사태는 겨우 진정됐다.[71]

지방선 1912년부터 버스의 부정기 운행이 시작되었지만, 경성에

남대문시장 앞에 서 있는 전차. 전차는 1920년대의 대중적인 교통수단이었으며 경성에 버스가 등장한 건 정확히 1928년이었다.

버스가 등장한 건 1928년이었다. 유니폼을 입은 여차장이 큰 인기를 누려 경성제국대 학생들의 연애 상대가 되기도 했다.[72] 1920년대 말 경성 시내를 주행하는 전차와 버스는 각각 120대와 40대 정도로, 하루 승객 수는 전차 11만여 명, 버스 1만여 명이 되었다.[73]

전차와 버스는 부지런히 사람들을 실어 나름으로써 창경원 벚꽃놀이를 대형 이벤트로 만들어주었다. 『동아일보』 1920년 4월 12일자에 따르면, 창경원 구경꾼은 매일 약 2만여 명에 이르렀다. 『동아일보』 1927년 4월 26일자에 따르면, 창경원 밤 벚꽃이 한창일 때 하루 전차 이용객이 15만 명을 넘을 때도 있었다.[74]

『조선일보』 1930년 4월 12일자에 따르면, "봄 빛이 무르녹아 천산만야에 오색 꽃이 피고 방싯거리는 이때에 창경원 야앵(夜櫻, 밤 벚꽃)

창경원에 벚꽃놀이 나온 일제시대의 상춘객들. 일제는 자신들의 천황 체제를 도모하기 위해 조선의 궁궐을 요란한 오락장으로 만들었다.

은 장안의 마음 들뜬 사람을 또한 끌어 모을 것이다. 그들의 눈총은 여자들의 다리로, 그리고 여자는 사나이의 끔벅거리는 눈에 해죽거리며 따르는 이 광경이 자못 볼 만하지 않았던가?"[75)]

일제는 창경원에 벚꽃나무를 수천 그루 옮겨 심은 뒤 1924년부터 매년 4월 밤 벚꽃놀이를 하도록 했다. 대규모 무대도 세워 놀자판으로 만들었다. 새롭게 일본 천황 체제를 도모하기 위해 '조선의 궁궐을 요란한 오락장으로 만드는 일이 필수'였다는 분석이 있다.[76] 이와 관련, 김영근은 이런 질문을 던졌다.

"전차나 버스를 타고 창경원에 가 휘황한 불빛 아래서 밤 벚꽃놀이를 하던 사람들은 어떤 생각을 하였을까. 전차와 버스, 전깃불을 보면서 근대적 문물에 감탄하다가, 한편 동물원으로 변한 창경궁을 바라보면서 식민지 사회에 살고 있음을 절감했을까."[77]

좌측통행은 문명인의 표징

1920년 5월 13일자 『동아일보』 3면에는 "조선총독부 경시청이 우측통행을 실시한다"는 기사가 실렸다. "경성 시내 각 경찰서에서 11일부터 시가를 통행하는 사람은 반드시 오른편으로 다니게 하고자 길거리마다 순사가 지키고 서서 실행에 노력 중이라더라"는 내용이다. 당시 조선총독부의 우측통행 방침은 일본의 좌측통행 전통과는 배치되는 것이었다. 일본 사무라이들은 왼쪽 옆구리에 칼을 차고 다녔기 때문에 우측으로 걸을 경우 마주 오는 사무라이의 칼과 자신의 칼이 맞부딪치게 되는 것을 피하기 위해 좌측통행을 했다는 설이 있다.

결국 총독부는 1921년 12월 1일부터 조선에서도 '좌측통행'을 실시했다.[78] 1921년 12월 1일 아침, 『조선일보』·『동아일보』 사회면 톱은 '오늘부터 좌측통행'이란 기사였다. 당시 신문은 갑자기 '좌측통행'을 실시하면서 총독부가 벌인 선전활동을 자세히 전하고 있다. 1921년 12월 1일자 『조선일보』 기사는 「12월 1일부터 좌측통행」이란 큰 제목아래 "형형색색의 선전방법, 전차도 좌측 전운, 오늘부터 길가는 이들이 왼편으로 가야만 한다"라는 소제목을 붙여 소개했다.[79]

좌측통행이 처음 실시되던 날 아침 서울 시내는 물론 전국 도시가 '좌측통행'이란 깃발과 노래로 들썩였다. 경찰은 거리 전신주에 좌측통행을 알리는 쪽지를 붙였고, 소학교와 보통학교 아이들에게 '좌측통행'이라 쓴 깃발을 나눠줬으며, 소방대원들과 비번 경찰관들이 길거리에서 좌측통행 '홍보 도우미' 역할을 했다. 인력거와 지게꾼들도 '좌측통행' 깃발을 꽂고 다니는 요란을 떨었다.[80]

『동아일보』는 "엄격히 말하면 11월 30일 자정을 알리는 맨 마지막 종소리와 함께 모두 왼편으로 가야 한다"면서 "길에서 마주칠 때에도 왼편으로 피하지 않고 불행히 충돌을 일으키면 좌측통행 규정에 의해 판단이 될 터"라고 경고했고, 『조선일보』는 "당일은 여하간 기괴한 현상을 볼 것"이라고 했다. 『동아일보』는 좌측통행을 처음 실시하던 날 서울 시내 표정을 12월 2일자에 실었는데, "경성 시내가 모두 왼편으로 쏠리는 듯했다"고 소개했다. 한 경찰간부는 "처음엔 위반자가 있어도 용서하고자 하나, 몇 일 지나서부터는 단연코 용서치 아니할 작정"이라고 말했다. 당시 소방대원들이 불렀다는 '교통선전가'에 따르면, "행보는 문명인의 거동／좌측통행은 그의 표징／가시오 가시오 좌편으로／부디부디 잊지 말고서."[81]

그로부터 87년만인 2007년 9월 4일, 건설교통부는 좌측보행을 우측보행으로 변경하는 게 타당한지에 대한 연구용역을 한국교통연구원에 의뢰했다. 우측보행이 바람직하다는 연구결과가 나오면 이듬해부터 국무조정실 주관으로 범정부 차원의 변경작업을 추진할 방침이라고 했다. 좌측보행은 오른손잡이가 많은 우리나라 사람의 신체특성이나 교통안전 등에 맞지 않다는 의견이 꾸준히 제기돼 왔으며 회전문이나 지하철 개찰구 등도 우측보행에 맞춰져 있다는 것이다. 좌측보행은 국제관례에 어긋난다는 지적도 있다. 대부분 국가에서는 우측 보행이 관례이며 일본에서도 지금 차량은 좌측으로 통행하고, 사람은 오른쪽으로 걷도록 하고 있다. 건교부는 "좌측보행은 오랫동안 교육 돼온 만큼, 바뀌더라도 도입시기와 세부절차 등은 면밀히 검토해 추진할 것"이라고 말했다.[82]

사나이거든
풋볼을 차라

민족의 발전은 건장한 신체로부터

일제강점기에 백두산과 더불어 민족주의 정서를 한껏 발산 할 수 있는 또 하나의 출구가 있었으니 그건 바로 '축구' 였다. 일제강점이 이루어진 1910년을 전후하여 대한체육구락부, 황성기독청년회를 비롯해 일광구락부, 청강체육구락부 등 성인팀 외에도 경신 · 보성 · 휘문 · 배제 · 선린 등 중등학교 팀이 생겨났다. 이와 관련된 김윤기의 증언이다.

"유니폼은 상투에 망건, 조끼 등 한복 차림이었습니다. 인원 제한도 없이 양팀 같은 수로 보통 15명 정도였죠. 골대는 운동장에 돌멩이를 놓아 만들고요. 골인의 판정은 키퍼의 신장을 표준으로 볼이 키를 넘지 않으면 인정됐어요. 한마디로 난장판이었지요. 포지션, 작전도 없이 볼의 방향을 따라 몰려다니는 마치 럭비 같은 게임이었습니다.

빠른 주력을 이용하여 문전에 대시하는 속공이 최고의 테크닉이었고 볼을 높이 멀리 차는 것을 잘하는 선구가 명선수였지요. 내가 축구를 시작한 10년대 중반에도 원시성을 벗어나지 못했지만 선수들의 열의 는 지금에 비할 바 아니었지요. 하루 종일 학교에서 연습하고 집에서 저녁식사를 한 뒤 다시 운동장에 나가 달을 벗 삼아 볼을 찼습니다. 한 해에 축구화를 4켤레나 갈았어요."[83]

대규모 군중이 모이는 축구대회는 1907년 7월 29일 일제가 보안법 을 공포해 집회를 금지하면서 위축되었으며, 이는 1910년 8월 29일 경술국치를 거쳐 1919년 3·1운동에 이를 때까지 계속되었다. 일제가 1920년 문화통치로 전환하면서 축구의 숨통도 트이게 되었다.[84]

1920년 7월 13일 동아일보사와 문화민족주의자들의 후원과 『동아 일보』 주필 장덕수가 90여 명의 발기인 모집에 앞장섬으로써 조선체 육회가 발족했다. 『동아일보』 7월 16일자는 기념 사설에서 "민족의 발전은 건장한 신체로부터" 나온다고 했다.[85] 7월 20일엔 도쿄 유학 생 야구·축구·정구 선수단이 엄청난 환영 속에 귀국해 전국 순회 경기를 가졌다. 바로 이해에 서울 계동에 있는 휘문의숙에 흙바닥이 나마 정규 사이즈의 운동장이 처음 마련되었다.[86]

월간 『개벽』 1920년 11월호엔 「사나이거든 풋볼을 차라」라는 제목 의 기사가 게재되었다. 이 글은 조선 사람이 어렸을 때부터 업혀 길러 지고 꿇어앉는 습관이 있어서 다리도 짧고 양복을 입어도 폼이 안 난 다고 지적하면서, 축구를 하면 다리가 길어지고 튼튼해져서 민족적인 신체 결함을 고칠 수 있다고 주장했다.[87]

1921년 전조선축구대회

1921년 2월 11일~13일 3일간 배재고보 운동장에서 조선체육회 주최 제1회 전조선축구대회가 개최되었다. 왜 하필 추운 2월이었을까? 축구에 대한 뜨거운 열정이 그렇게 만들었다. 이왕 대회를 하기로 한 이상 기다릴 이유가 없다는 것이었다. 관중의 심정도 그랬고, 바로 3개월여 전인 1920년 11월 4일 배재고보 운동장에서 제1회 진조선야구대회가 열린 것도 자극이 되었다. 대회를 열자마자 첫날부터 만원을 이뤘다. 열기가 얼마나 뜨거웠던지 대회 첫날 학생부 세 경기 모두 심판 판정에 불복해 기권으로 끝났으며 일반부도 마찬가지였다. 대회 이틀째 청년단 준결승전인 배재구락부와 평양숭실구락부의 대결에서도 심판 판정시비로 양팀 응원단 간의 편싸움이 일어나 우승팀마저 가려내지 못한 채 끝나고 말았다.[88]

축구대회는 각 지역별로도 왕성하게 열렸다. 예컨대 『조선일보』 1921년 3월 29일자는 인천에서 최초의 축구대회가 1000여 명의 관중이 모인 가운데 성황을 이뤘다고 보도하였다.[89] 이즈음 축구대회에선 선수의 자격 시비로 경기가 중단되기도 했고 관중석에서도 싸움이 일어나는 등 늘 격정적이었다. 심지어는 부녀자석에서 기생이 담배를 피우자 여학생이 "공중이 모인 곳이니 담배를 삼가 달라"고 말해 한바탕 싸움이 벌어진 일도 있었다.[90]

이즈음 개최된 몇 가지 대회를 들자면 1921년 5월 14일 전주청년회와 광주청년회의 축구시합, 1921년 5월 21일 평양 YMCA가 창설한 전국축구대회(서울 휘문고보 우승), 1922년 6월 8일 제1회 황해도축구대회, 1922년 8월 13일 함경도 청진에서 열린 북선(北鮮)축구대회 등이다.[91]

1922년 12월 미국 프로야구 올스타 팀이 도쿄를 들렀다가 서울도 방문했다. 12월 8일 용산 만철운동장에서 미국 팀과 '전조선군'의 야구시합이 열렸다. 23대 3으로 졌지만, 흥행엔 대성공을 거두었다. 신문들은 이 시합을 대서특필했다.[92]

1925년 경성공설운동장 완공

1924년 축구는 파리 올림픽을 계기로 국제적인 경기로 인정을 받았다. 이에 필적할 만한 한국에서의 변화는 1925년 10월 15일 경성공설운동장(동대문운동장)의 완공이다. 이어 평양의 기림리공설운동장도 만들어졌다. 경성공설운동장을 건설하기 위해 일제가 당시 성곽이었던 곳을 폭약을 써가며 헐어버렸고 석재는 일본인들의 주거시설을 짓는 데 사용했다.[93]

경성공설운동장은 스포츠와 더불어 일제가 주도하는 각종 충성집회의 용도로 활용되었다. 시국이 조금만 불안정하면 전국 각 곳에서 경기를 중단시킨 것으로 보아 후자의 목적이 더 큰 게 아니었나 싶다. 『조선일보』 1926년 3월 3일자는 함남 홍원군에서 2월 28일 개최한 축구대회가 경찰의 갑작스러운 해산명령으로 무산돼 멀리서 찾아온 관중이 통탄했다는 기사를 게재하였는데, 이를 3·1절이 임박했기 때문인 것으로 추정했다.[94]

1926년 4월 25일 조선의 마지막 임금 순종이 죽자 전국적으로 애도와 통곡의 물결이 흘러넘쳤다. 이 때문에 조선체육회가 주최하고 동아일보사가 후원하는 제7회 전조선축구대회는 가을로 연기되었다. 바로 이해에 배재고보 팀은 오사카 마이니치신문 주최 전일본축구선수권

경성공설운동장에서 열린 육상경기의 모습. 1925년에 완공된 경성공설운동장은 스포츠와 더불어 일제가 주도하는 각종 충성집회의 장으로서 기능했다.

대회에 출전했는데, 이것이 국내 팀 최초의 해외 원정 기록이다.[95]

1927년 8월 28일 『동아일보』『조선일보』『중외일보』『매일신보』 등 서울 시내 4대 신문사의 '운동 기자'들이 시내의 한 음식점에 모여 '운동 기자단'을 결성했다. 이들은 결성 목적을 "조선의 운동계가 바야흐로 융성하여 그칠 바를 모르는 상황에 부응하기 위함"이라고 밝혔다.[96]

1927년부터는 사학의 명문 연희전문과 보성전문의 맞대결이 연보전(훗날의 연고전)이 세인의 관심을 끌었으며 이후 정기전을 갖게 되었다. 1927년 9월 상하이에서 열린 제8회 극동올림픽대회에서 필리핀을 누르고 우승한 일본 와세다대학 축구 팀이 경성에 들러 17일부터

19일까지 3차전을 갖기로 했다. 첫 경기 상대는 연희전문이었는데, 와세다대학 팀이 0대 4로 대패하고 말았다. 크게 놀란 와세다대학 팀은 남은 경기 일정을 취소하고 도망치듯 일본으로 떠나고 말았다. 박경호·김덕기는 "이 같은 소식을 접한 국민은 잠시나마 피지배민족으로서의 설움을 잊을 수 있었다"며 "와세다 팀을 완전히 제압한 사실에 대해 국민들은 극동올림픽 쟁패전은 '우리의 승리'라고 외치며 승리감을 만끽했다"고 했다.[97]

1928년 숭실중의 일본축구선수권대회 우승

1928년 1월 평양의 숭실중학교 팀은 일본학생축구선수권대회에 조선 대표로 출전해 1회전에서 경도사범을 11대 0, 2회전에 전년도 우승 팀을 이기고 올라온 동경고사부속중학 팀을 6대 0, 그리고 결승전에서 광도일중 팀을 6대 1로 물리쳐 전 일본을 깜짝 놀라게 하고 돌아왔다. 축구 명문인 숭실중학교 출신을 주축으로 해 결성된 무오축구단은 평양 축구를 이끌었다. 무오축구단은 1918년에 결성된 한국 최초의 단일팀이며 '무오축구단'이라는 이름은 무오년에 창설했다고 해서 붙여졌다.[98]

숭실중학 팀이 우승을 차지하고 돌아오자 전 국민이 반겼으며 평양에서는 대대적인 환영행사가 벌어졌다. 1월 12일 평양역에는 각 학교 학생과 단체 인사 등 수만 명이 운집하여 환호하는 소리가 '천지를 진동'하였다. 폭죽이 터지는 가운데 만세가 터져 나왔다. 선수단은 10여 대의 자동차로 평양 시내를 순회하는 카퍼레이드를 벌였으며, 많은 사람들이 선수단에 희사금을 보냈다.[99]

1928년 5월 22일 조선심판협회(조선축구협회의 전신)가 창립되었다. 회원은 모두 14명이었다. 조선심판협회 회장 신기준은 1928년 11월 조선체육회 주최 제9회 전조선축구대회를 마치고 난 소감을 발표했는데, 응원단에 대해 다음과 같이 말했다.

"'까라' '차라' '죽여라'와 같은 야비한 언사를 들었습니다. 응원단의 본질은 자기편은 고려(鼓勵)하는 것이요, 상대편은 매욕(罵辱)하는 것이 아니겠지요. 이긴 때면 소리가 크고 진 때면 소리가 쏙 들어가는 것은 응원단의 필요가 없을 뿐 아니라 오히려 불필요하다고 생각합니다."[100]

1929년 경평축구대항전

1929년 10월 8일 조선일보사는 경성 팀과 평양 팀의 경평축구대항전을 주최하였다. 『조선일보』는 이 대회가 "조선 운동사상 새로운 광채를 띄우게 하는 동시에 각 방면에 비상한 '센세이슌'을 줄 것이 틀림없다"고 했다.[101] 『조선일보』 10월 8일자 사설은 "부지중에 민중적 차원으로 화합하자는 데"에 취지가 있다 했고, 『조선일보』 부사장 안재홍은 개회사에서 "경기로 끝내는 것이 아니라 조선의 역량을 과시하는 기회"로 승화해야 한다고 했다.[102]

당시엔 '팀' 대신 '군(軍)'이란 말을 썼다. '전경성군 대 전평양군 축구대항전'이란 이름이 붙은 이 대회의 경성군은 당시 축구의 명문 경신중학 중심으로, 평양군은 일본의 최강팀인 와세다대학을 7대 0으로 물리쳐 이름을 날리던 숭실학교 중심으로 구성되었다. 출신 학교는 그랬지만 평양 팀의 멤버는 25세 이상의 청장년이었고, 서울 팀의

주축은 당시 민족사학의 쌍벽을 이루던 연희·보성전문 선수로 대부분이 20세~23세의 대학생이었다.[103]

이 대회에서 사용한 공은 '최학기운동구점'이 만든 '고려호'였다.[104] 입장료는 일반 20전, 학생 15전이었는데 당시 설렁탕 한 그릇 값은 15전으로 지금의 축구장 입장료와 비슷했다.[105] 축구용어의 경우 선수들 사이에서는 센터링이니 프리킥이니 하는 영어를 쓰기도 했지만, 신문은 헤딩숏을 두탄(頭彈)으로 쓰는 등 한문화한 용어로 보도했다.[106]

10월 8일 서울 원서동 휘문고등학교 운동장을 가득 메운 7000여 관중이 열광하는 가운데 치러진 1차전은 1대 1로 비겼고, 9일의 2차전은 4대 3으로 평양이 승리했으며 10일의 3차전에서는 평양이 다시 4대 2로 이겨 2승 1무로 결국 평양이 우승했다. 평양 팀은 평양에 돌아가 대대적인 환영을 받았다.[107]

YMCA는 스포츠의 중심

축구만 인기를 끈 건 아니었다. 대중의 사랑을 받은 다양한 스포츠가 있었으며 스포츠의 중심에 YMCA가 있었다. YMCA는 1920년부터 전조선단체유도대회, 1925년부터 전조선중등학교 농구선수권대회, 전조선중등학교 배구선수권대회, 1928년부터는 전조선탁구선수권대회, 전조선아마추어 권투선수권대회, 전조선씨름대회, 궁술(弓術)대회 등을 주최하였다.[108]

스포츠는 구국(救國)의 은유였다. 특히 유도가 그랬다. 『동아일보』 1924년 7월 11일자 사설은 유도 보급에 가장 열성적이었던 서울의 사설 도장 중의 하나인 강무관이 유도 보급을 위한 지방 순회를 실시하자 다음과 같이 주장했다.

"백성의 원기가 없으면 그 사회 그 나라는 멀지 아니하여 멸망할 것이라. 그러므로 조선의 오늘날의 비운을 만회하자면 우선 우리는 원기 있는 백성이 되어야 한다. 원기를 갖자. 그리하여 우리의 비운을 물리치자. 새로운 원기를 가지고 새 국면을 개최하자. 이것이 오늘날 조선에 일반 유식자의 긴급한 부르짖음이며 이러한 의미에 있어서 강무관의 이번 계획은 실로 의미심장한 계획이라."[109]

또 『개벽』 1924년 7월호에 따르면 "경성배재학교, 휘문학교, 독립적 기관으로는 조선무도관, 강무관, 지방은 대구연무관, 현대 국민체육이 급선무인 삼천리강산 내 겨우 무도 수양처가 56개소에 불과하니 언제나 국민 양성에 중추기관인 중등학교의 당국자의 각성을 촉구한다. 무도장(武道場)은 대소를 불구하고 할 수가 있는 것이오 결코 다대(多大)한 비용이 드는 것이 아니다. …… 지도자만 있으면 족히 막대한 효과를 일으키는 것이다."[110]

유도와 함께 권투도 인기였다. YMCA 영어과 출신으로 일본에 건너가 메이지대학교에서 재학했던 황을수가 일본에서 권투를 배워 1929년에 전일본선수권대회에서 우승하고, 일련의 중국 필리핀 선수를 이긴 것을, 조선의 전 언론이 대대적으로 보도했다. 언론은 '민족 미래의 기대'를 표명했다.[111]

여성 스포츠

여성 스포츠도 활발했는데, 여성 스포츠는 남성 스포츠와는 다른 대

전조선여자정구대회의 모습. 관중들이 운동 기량보다 젊은 여자선수들의 몸에 열광하자 대회장엔 남자들의 출입이 금지되기도 했다.

접을 받았다. 1923년 6월 경성제일고등여학교에서는 8개의 여학교가 모여 제1회 전조선여자정구대회가 열렸다. 그런데 이 대회를 찾은 사람들이 선수들의 운동 기량보다는 젊은 육체에 더욱 열광하는 바람에 결국 대회장에 남자 출입이 금지될 정도였다.[112]

　남성 위주의 사회는 여성 스포츠를 건강한 남아를 낳아 기를 수 있는 '조선 민족의 어머니들의 건전한 체력'의 관점에서 보았다. 예컨대 『동아일보』 1928년 5월 26일자는 여성 정구대회에 두고 쓴 사설에서 "조선 민족의 모성의 참의미에서 출발한, 참의식에서 입각한 여성의 사회생활에의 진출"이라고 축하했다.

　이에 대해 박노자는 "남성들의 스포츠를 두고 신문들이 '2세 국민의 건강을 위해 열심히 뛰라'고 격려해주고 '스포츠가 아름다운 자태와 어여쁜 얼굴 갖기에 도움된다'는 식의 '덕담'을 해줄 일은 당연히 없었지만, 여성 스포츠를 보는 주류의 시각은 그 수준이었다"고 했다.[113]

1925년에는 마산 의신여학교와 진주 자원여학교가 야구전을 벌이기도 했다. 매년 사이클 경기도 열렸다. 1928년에는 이화학당에서 스케이트 링크를 만들어 농계체육으로 장려했고, 농구경기는 일빈에도 널리 소개되었다. 이외에 아주 귀족적인 운동도 이미 들어와 있었는데 1927년에는 원산고등여학교에 스키장이 설치되었다.[114] '무당의 작두타기'라고 불렸던 스케이트는 1930년대에 널리 유행돼 모던 걸은 남자를 만나 스케이트장에 가기 위해 전신주 밑에서 기다리고 서 있곤 했다.[115]

수영과 수영복 패션

수영은 피서와 밀접한 관련을 맺고 있는 스포츠이자 패션, 문화와도 깊은 관련이 있다. 중요한 곳은 가렸다 하더라도 벌거벗은 몸을 많은 사람들 앞에 드러내는 게 금기시된 사회에서 수영은 스포츠의 이름으로 그걸 정당화해주는 효과를 냈다.

한국 근대 수영의 시작은 1916년 원산 수영강습회로 볼 수 있으며, 1929년 9월 1일에 열린 제1회 전조선수영대회에서는 여성 수영선수들이 처음으로 그 자태를 드러냈다. 당시 여자 수영선수들이 어떤 수영복을 입었는지는 남아 있는 사진도 없고 기록으로도 알려져 있지 않지만, 일반 여성들의 수영복은 새로운 패션이 되었다.

여름철 일요일에는 5000명, 특별히 어떤 행사가 있을 때는 수만 명의 수영객이 한강으로 나갔으며 인천의 월미도 해수욕장에도 많은 인파가 붐볐다. 여자들도 많았다. 1920년대 초 무릎과 팔꿈치까지만 노출했던 수영복 패션은 1920년대 말부터 어깨와 겨드랑이, 넓적다리를 노출하기 시작했다.[116]

"광복 전 한반도를 지배했던 일본은 당대의 선진국으로, 패션이나 스포츠 측면에서도 세계적 흐름과 큰 차이가 없었다. 각기우동 한 그릇이 5전이던 일제 말기, 40원짜리 일제 수영복을 사 입었던 조선의 유산계급은 어엿하게 존재했다."[117]

제**9**장

1920년대의 유행문화

01

모던 걸, 모던 보이는
못된 걸, 못된 보이

네온사인 간판의 등장

옛날의 상점 간판은 글씨보다는 현품현시의 그림 위주였다. 서양에서는 술집과 여관 이외의 농기구상은 삽을, 옷가게는 가위를, 모자집은 모자를 내걸어 간판으로 이용했다. 중국도 비슷했는데 중국의 영향권에 있던 우리나라도 주막과 객줏집에서 깃발이나 등롱(燈籠)을 내걸어 나그네들을 불러들였으며, 점쟁이들은 긴 장대에 헝겊조각을 매달아 간판 구실을 하게 했다.[1] 1920년대까지만 해도 우리나라 냉면집 간판엔 국수가닥 그림이 내걸렸고 치과의원 간판엔 이(치)와 잇몸 그림이 내걸렸다.[2]

물론 모든 간판이 다 그렇게 실물을 내걸었던 건 아니다. 일제 치하에서 ○○상점, ××상회라는 글씨 위주의 간판이 본격 사용되었는데, 경제 규모가 작고 국민들의 활동 영역이 좁았기 때문에 오늘날처

럼 간판이 요란하지는 않았다.[3]

1929년에 열린 조선박람회를 기해 나가사키(長崎)의 간판장이들이 대거 건너와 간판에 관한 갖가지 노하우를 전수했다. 중앙우체국 옆에 높이 10미터의 전광식 간판이 등장해 일본 화장품을 선전하기 시작한 것도 그 무렵이다.[4] 조선박람회 때엔 시골에서 기생들이 원정을 올 성노로 떠들썩했고, 산완 치장도 요란했다. 다 쓰러져가는 기와집의 4배~5배가 되는 크기의 간판이 내걸리기도 했다. 『조선일보』1929년 9월 8일자 안석영의 만문만화는 "난장이가 큰 갓만 쓰면 큰 키로 보이냐"고 꼬집었다.[5]

서울 거리는 1930년대에 간판문화 혁명기를 맞게 되지만, 이미 1920년대 말 서울의 밤거리에는 네온사인 간판이 등장해 행인들의 시선을 사로잡았다. 네온으로 치장한 상점의 진열장은 새로운 유행을 전파하는 역할을 해내기 시작했다.[6] 유행의 선도자는 단연 백화점이었다.

백화점의 등장

1906년 일본 미쓰코시백화점이 서울 명동에 임시출장소를 낸 이래로 다른 일본 백화점들이 서울 충무로 일대에 진출하였다. 조지야백화점이 1921년, 미나카이백화점이 1922년, 히로다백화점이 1926년에 개점하였다.

미쓰코시백화점은 1929년 9월 경성지점으로 승격돼 1930년 10월에 충무로 입구(지금의 신세계백화점 자리)에 지하 1층, 지상 4층의 대규모 신관을 건립하였다. 경성지점은 대지 730평, 연건평 2300평, 종

1921년 문을 연 조지야백화점(미도파백화점의 전신). 식민지 조선에도 유행의 바람은 거세게 불었으며, 유행의 대표주자는 서양물을 먹은 '양행꾼'과 백화점이었다.

업원 360명을 거느린 한국과 만주 최대의 백화점이었다.[7]

조선 상인들은 일본 백화점에 대항하기 위해 애를 썼다. 1920년대 말경 종로에 동아부인상회와 화신상회가 대형매장을 만들어 개업했으나 성공을 거두진 못했다. 이들은 자신들을 '백화점'이라 주장했지만 세간에서는 '얼치기 백화점' 혹은 '백화점 흉내를 냈다'고 평가했다.[8] 그러나 이들도 1930년대에 일본 백화점들과 본격 경쟁에 임하면서 유행 열기는 뜨겁게 달아올랐다. 김진송은 1920년대의 유행에 대해 다음과 같이 말했다.

"처음 유행은 일종의 문화적 특권의식에서부터 시작되었다. 특히 서구문화가 유행의 주류를 형성하기 시작한 초기에 서구의 문화를 접하는 것만으로도 문화적 계급화를 이룰 수 있었기 때문에 하나의 표징으로 서구의 유행 혹은 외양적 현상이 유행으로 자리 잡았다. 이러한 현상은 유행을 창출하는 계급이 주로 지식인들이었다는 데서도 알 수 있다. 특히 서양물을 먹은 사람들을 일컫는 '양행꾼' 늘이 선도했다."[9]

1920년대 충무로 일대는 일본인 양복점이 100여 곳, 종로 일대는 한국인이 경영하는 양복점이 50여 곳이나 되었다. 양복 수요가 증가하자 양복기술자 양성기관으로 양복실습소가 서울을 비롯하여 전국 각지에 생겨났다. 1922년 박승억을 중심으로 조선양복직공조합이 설립돼 노동운동을 벌일 정도였다.[10] 그러나 유행의 주도세력은 역시 남성보다는 여성이었다.

벌거벗고 다니게 되면 우리는 무얼 해먹나

1920년대 『동아일보』는 계절마다, 해마다 변해가는 패션 경향을 싣고 있다. 1921년 신춘에는 국사, 관사(官紗), 순인 저고리가 여성들 사이에서 유행했고 여학생들 사이에서는 소담한 검은색 양산, 기생들 사이에서는 화려한 수가 놓아진 양산이 유행했다. 남자 넥타이는 짙은 유록(綠, 검은 빛을 띤 녹색)과 밝은 빛에 무늬가 넓은 것이 인기였다. 1922년 여름에는 몇 년 전부터 유행하던 일본산 왜사나 중국산 당항라로 지은 옷이 아니라, 한산모시나 공주 춘포 같은 소재로 지은 옷이 유행했다. 개량된 한복 소재가 등장했기 때문이다.

1923년 겨울에는 긴 저고리, 짧은 치마에 삼칠(三七)로 가른 머리를 하고 털실목도리를 두른 여학생이 패션을 선도했다. 1923년 12월 9일 자『동아일보』는 「창조성의 마비」라는 기사를 싣고 이전까지 조선 사회의 유행 중심은 화류계여서 기생이 조바위를 쓰면 여염집 부녀도 조바위를 쓰는 식이었으나 언젠가부터 유행의 헤게모니가 여학생에 게 옮겨가서 이제 기생이 여학생을 모방하는 추세라고 썼다. 목도리 유행은 좀 더 심해졌다. 1924년 겨울에는 3원~8원이나 하는 고가 목도리를 두르고 다니는 사치스런 여학생이 많아 기성세대가 눈살을 찌푸렸다.[11]

『신여성』 1924년 4월호는 염상섭, 변영로, 나도향 등의 남성들이 '여학생의 목도리 시비'에 대하여 논하는 것을 게재했다. 숄을 이해하기 어려웠던 걸까. 이해하기 싫었던 걸까? 이 좌담에선 "목도리냐? 몸도리냐?" "여학생이 아니라 목도리가 걸어다니는 것 같다" "폭과 길이를 줄여라" "검은 빛과 진다홍은 너무 과격한 빛이다" 등의 비판이 쏟아졌다.[12]

그런 유행의 물결 속에서 소수에게 한정된 것이었을망정 속살이 훤히 비치는 '시스루(see through)'도 유행했다. 『신여성』 1924년 7·8월호에 따르면, "요사이 학생들 치마감 적삼감을 고를 때에 속 잘 들이다 보이는것 찾느라고 비추어 보기에 야단. 포목전 주인의 걱정하는 말 '개화가 다 되어 벌거벗고 다니게 되면 우리는 무얼 해먹나'" 또『신여성』 1926년 7월호엔 "위통에 살이 아른아른 보일락말락할 만치 얇은 피륙으로 의복을 만들어 입고……"라는 걱정 아닌 걱정의 말이 실리기도 했다.[13]

『동아일보』 1925년 6월 17일자는 "소위 신여성이라고 하는 신교육 받은 여자들의 의복사치가 장족적으로 발달하여 온 것만 보아도 결코 심상히 볼 것은 아니다. 신여성 자체의 경박과 천단(淺短)과 무원려(無遠慮)가 그 원인으로 특히 최근의 부모 탈선적인 신여성의 행동을 거하여 그 맹성(猛省)을 촉(促)한다"고 했다.[14]

『조선일보』 1929년 9월 15일자는 "요사이 유행은 커져야 할 것(양산)은 쪼그라들고, 쓸모없는 것(핸드백)만 커지고 있다. 주릿대치마에 앙머리, 잠사리 옷(삼옷)에 우산 쓰고, 머리를 풀어내리고, 간난아이 모자 쓰고, 실크 양말에 고무신 신고 다니는 여자들이 있다. 창피막심이다"고 개탄했다.[15]

유행은 '전염병'

그런 변화의 와중에서 서양문화를 적극 받아들여 유행을 선도하는 '모던 걸' '모던 보이'에 대한 논쟁도 일어났다. 물론 '모던 걸' '모던 보이'의 정체성은 서구적 소비문화와 직결돼 있는 것이었다.

『별건곤』 1927년 12월호에 실린 「모던이란 무엇이냐: 모-던 껄·모-던 뽀이 대논평」이라는 글에선 "근대화란 아무것도 모르는 녀석이 도포를 벗어버리고 양복을 입는다고 되는 것이 아니라 오직 그 의식과 방향이 가장 새로운 의식을 가진 사람을 말한다"는 당위론적 정의가 내려지기도 했다. 당시 '모던 걸' '모던 보이'는 '못된 걸' '못된 보이'로 불려지기도 할 정도로 비판을 받기도 했다는 걸 감안할 필요가 있겠다.[16]

유행은 '전염병'에 비유되었다. 『별건곤』 1928년 1월호는 "유행이라는 것은 그 이름과 마찬가지로 일종의 전염병 같은 것이니 한번 미균(黴菌)이 발생만 하면 어떠한 힘으로도 막으려야 막을 수 없이 일사

천리의 세(勢)로 쑥 퍼지고야 마는 것이다"고 했다.[17]

　화가이자 문필가, 영화감독이던 안석영이『조선일보』1928년 2월 7일자에 쓴「모-던 뽀이의 산보」라는 글에 따르면 당시 조선의 여러 가지 유행에는 영화가 큰 힘을 발휘하고 있었다. 영화는 "학교의 수신 (修身, 오늘날의 윤리) 과목이나 목사의 설교, 부모의 회초리보다도 젊은이들에게 감화력이 큰 것"이었다.

　천정환의 해설에 따르면 "인기 배우 해럴드 로이드가 쓴 대모테 안경이 조선의 젊은이들 사이에서도 유행이 되었고, 루돌프 발렌티노가 구레나룻 수염을 기르자 조선 청년들의 턱에 염소털 같은 수염이 달렸다. 버스터 키턴이라는 배우가 쓴 모자 때문에 조선 청년의 머리 위에도 '쇠똥'처럼 생긴 모자가 올라앉았으며 미국 서부활극에 나오는 카우보이의 가죽바지가 조선 청년에게 나팔바지를 입혀주었다. 각국의 수도와 대도시를 거점으로 유행의 세계성과 동시성이 구현되고 있었고 조선의 경성도 거기에 한자리를 얻고 있었던 것이다. 그 총아인 모던 보이와 모던 걸들이 '산보할 때에 그는 외국의 풍정인 듯이 느낄' 수 있었지만 실제로 조선의 거리에는 '다 쓰러져가는 초가집만' 있었다. 영화나 매스미디어만이 그 초가집 거리와 마천루가 이미 즐비하던 뉴욕 거리를 '모던'의 거점으로 연결하는 그물망을 짜놓고 있었다."[18]

진고개의 유혹

유행의 또 다른 진원지는 일본인들의 집단 상업·거주지역인 본정(本町, 지금의 충무로. '으뜸이 되는 동네'라는 뜻으로 '혼마치'라 부름)과 명치정(明治町, 지금의 명동지역)이었다. 이 지역은 당시 일부 조선인들의 선망의 대상이었다. 『동아일보』 1922년 11월 22일자는 "요사이 우리 사람들은 외국 물건이라면 입을 다거물고 다투어 사 쓰는 경향"이 있다며, 일본 유명 상점 고객 중 조선인이 상점에 따라 반수 이상에서 9할까지 된다고 개탄했다.[19] 『동아일보』 1924년 12월 26일자는 조선인이 일본 상점으로 가는 것에 대해 "쓸개 빠진 행위"라고 비난했다.[20]

그러나 그런 비난도 그 지역, 특히 진고개(지금의 명동지역)를 향한 조선인의 물결은 막을 수 없었다. 1929년 풍속잡지 『별건곤』 9월호에 실린 정수일의 「진고개」라는 글은 경성우편국을 거쳐 간 진고개 요지경을 이렇게 묘사해놓았다.

"조선은행 앞에서부터 경성우편국을 옆에 끼고 이 진고개를 들여다보고 갈 때에는 좌우로 즐비하게 늘어선 상점은 어느 곳을 물론하고 활기가 있고 풍성풍성하며 진열창에는 모두 값진 물건과 찬란한 물품이 사람의 눈을 현혹하며 발길을 끌지 않는 것이 업다. ……백화가 란만한 듯한 장식이며 서늘한 맛이 떠도는 갖은 장치가 천만촉의 휘황 전등불과 아울러 불야성을 이룬 것을 볼 때에는 실로 별천지에 들어선 느낌을 주는 것이다."[21]

『동아일보』 1929년 11월 4일자에 따르면, "모시모시를 찾고 사이니, 소반이니 하며 유까다 게다짝에 신이 나서 활보"하는 "일본식으로 노는" 조선인들이 있었으며, 심지어 "어느 고등 여학교에서는 일본인하고 결혼하기를 경쟁적으로 한다"는 풍문이 돌기도 했다.[22]

김영근은 "1930년 1월 학생들의 대대적인 만세 시위가 있었는데, 다른 한편에선 진고개 카페에 출입하다 풍기 단속으로 경찰서 신세를 진 학생들이 있었다"며 "만세 부르다 잡힌 학생들과 카페에 갔다 걸

1930년대 혼마치, 즉 충무로 입구의 모습. 일본인들이 집단 거주하며 상점을 열었던 충무로는 새로운 간판문화와 네온사인, 상점들의 현란한 진열대 등으로 조선인들에게 '별천지'에 온 듯한 느낌을 주었다.

린 학생이 같은 유치장에 있던 것도 당시 경성의 풍경을 구성하는 장면 중 하나였다"고 했다.[23]

진고개는 조선인들에게 적잖은 콤플렉스를 심어주는 기능을 발휘했던 것 같다. 조선인은 진고개의 모습에 "부러움과 동경"의 마음을 갖게 되며, 다른 한편으로는 "조선 사람들이 몇백 년을 두고 만들었다는 북촌 일대에 비해 얼마나 장한가"라는 생각을 갖기도 하였다니 말이다.[24]

"야 단발미인 간다 이거 봐라!"

모단(毛斷)은 modern이다

미용의 총본산이라 할 미용실이 최초로 생겨난 건 1920년이다. 『동아일보』 1920년 7월 29일자에 실린 광고가 최초의 미용실 광고다. 그러나 이 광고는 "경성미용원은 얼골을 곱게 하는 곳이올시다"라는 카피와 함께 미장원의 위치가 서울 운니동 87번지라는 것만 밝히고 있을 뿐 자세히 설명하고 있지는 않다.[25]

여성의 단발은 1920년대에 이른바 '신여성'의 출현과 함께 등장했으며, 이는 뜨거운 사회적 논란을 불러일으켰다. 신여성 가운데 단발을 최초로 결행한 여성은 당시 유행의 창조자 역할을 했던 기생 강향란이다. 그녀는 1922년 서울 시내 광교에 있는 중국 이발관에서 머리를 깎고 남장을 한 채 남자들이 다니는 강습소에 나가 남성들에게 큰 충격을 주었다. 그러나 배화학교에서는 머리 깎은 여자는 다닐 수 없

최초의 미용실 '경성미용원'. 미용실이 처음 생긴 1920년 전후만 해도 유행에 민감하다는 장안의 기생들조차 '단발'에 대한 거부감이 무척 강했다.

다고 하여 퇴학당했다. 그에게는 '조선 단발미인의 비조'라는 호칭이 따라붙었다.[26]

　강향란 이후 배우 이월화, 소설가 김명순, 허정숙, 주세죽 등이 머리를 잘랐다. 이들의 단발은 기성 체제에 대한 도전의 의미가 강했다. 당시 신여성을 "모단(毛斷)이라고 표현할 정도로(modern의 발음과 유사) 단발은 당시 여성에게 구시대의 의식을 버리고 새로운 문명을 맞이한다는 것을 의미했다."[27] 그랬기에 신문에는 심심치 않게 신여성의 단발 소식이 실리곤 했다.

『별건곤』 1926년 12월호에 따르면, 단발한 여성들은 "신식 여자하고도 최신식의 단발미인"으로 통하며 사람들의 시선을 끌었는데, 그들이 지나가면 "작난치던 아동배들도 '야 단발미인 간다 이거 봐라!' 하고 떠드러대고 가게머리에서 물건 팔던 사람들도 무슨 구경거리나 생긴 듯 멍하니 서서 그들의 가는 앙을 유심히 본다."[28]

1927년 구미 일주를 떠났던 나혜석은 부산을 떠나 하얼빈에서 6일 머무르는 동안 머리를 잘랐다. 머리손질이 편하고 양장에 맞춰 모자를 쓰기 위해서였다고 한다. 『조선일보』 1927년 11월 9일자는 「나혜석 여사 단발」이라는 제목의 기사를 통해 "세계 일주 여행 중에 있는 나혜석 여사는 프랑스 파리를 중심으로 하고 미술을 연구하는 터인데 최근에 단발을 하였다는 소식이 있다"고 보도했다.[29]

기생들의 단발 논쟁

1927년 1월 10일에 발간된 기생들의 동인지 『장한』에 따르면, 기생들은 단발에 매우 큰 관심을 보였다. 하지만 단발에 대한 기생의 시선은 결코 곱지 않다. 'ㅎ·ㅅ·ㅋ'이란 필자는 「여자의 단발」이란 글에서 "전후의 고려도 없이 유행만을 따라서 단발을 하는 일이 있다 하면 그것은 참으로 유감천만의 한사(恨事)라 할 것이다"라고 주장했다.

'오므브'란 필자는 「기생과 단발」이란 글에서 "우리나라 여자는 본시 머리털이 여자의 생명으로 알아왔으며 또한 동양의 여자의 체격상으로도 머리를 자르고 다니는 것이 그 얼마나 미태(美態)를 손모하는가 함은 누구를 물론하고 다 아는 바"라며 "단발을 하여 아름다운 태도를 없게 한다 함은 아무리 생각하여도 재미없는 일이다"고 썼다.

또 다른 기생 엄산월의 생각은 더 강했다. 그녀는 「단발과 자살」이란 글을 통해 "자살이나 단발은 그 순간의 착각으로 인하여 일어나는 현상"이라며 "다 저의 자유에 있을 것이나, 단발을 하는 것이나 자살을 하는 것이나 결행하기 전에 먼저 냉정히 자기 자신의 환경과 처지를 생각하여 보는 것이 가장 현명한 순서가 아닐는지"라며 단발을 자살에 비유했다.[30]

남성에겐 장발 유행

1920년대 후반 내내 신여성에겐 단발이 유행이었지만, 신남성에겐 오히려 장발이 유행인 재미있는 현상이 나타났다. 이는 그만큼 남성의 단발이 보편화되었다는 걸 의미하는 것이기도 했다. 『별건곤』 1928년 1월호는 일부 신남성의 장발 유행에 대해선 다음과 같이 말했다.

"불란서의 어느 화가가 머리 하나 깎을 처지가 되지 못하여서 그대로 길러둔 것이 일종의 유행이 되어서 화필만 들게 되면 의례히 머리를 길늘 줄 아는 것이 화가들 간에 약속이나 한 것처럼 전염되어 있더니 이즈막에 와서는 시인 소설가 음악가 주의자(主義者)할 것 업시 새로운 경향만 갖게 되는 사람이면 의례히 머리를 길늘 줄 알고 또 길러야만 그러한 경향을 갖게 되는 줄로들 알다싶히 하였고……."[31]

이광수는 이미 『창조』 1921년 1월호에 쓴 「문사(文士)와 수양(修養)」이란 글에서 "근래에는 '문사'라 하면 '학교를 졸업하지 말 것' '물은 술, 불은 술에 탐닉할 것' '반드시 연애를 담(談)할 것' '두발과 의관을 야릇이 할 것' '신경쇠약성 빈혈성 용모를 가질 것' '불규칙ㆍ불합리한 생활을 할 것' 등의 속성을 가진 인물을 의미하게 되었습니다"
고 야유조로 개탄했다. 두발을 야릇이 한다는 건 바로 장발을 꼬집은
것이다.[32]

'양분기생' '왜분기생' '연분기생'

새로운 두발 유행의 와중에서 화장에 대한 관심도 높아졌다. 서양 화
장품이 특종 업종의 여인들에게나마 전파되기 시작한 건 일제강점 이
후였다. 1910년대만 해도 지금 서울의 소공동과 퇴계로의 일신초등학
교 근처엔 백인 창녀들이 많이 몰려 살았다고 하는데, 바로 이들이 서
양 화장품의 전파 경로가 되었다.

　"이들은 백계(白系) 러시아 아가씨나 유태인의 혼혈 낭자들로 시베
리아와 상해, 천진 등지에서 밀입국, '컴인!' 하는 외마디 영어와 '놀
다가 가세요, 놀다가 가요' 하는 외마디 노랫가락으로 유객(誘客)을 하
곤 했다. 이들의 단골손님은 주로 청국의 무역 상인들이었다. 그들은
화대(花代)를 돈으로 치른다는 법이 없다. 으레 화장품 한 꾸러미씩을
청국서부터 마련해온다. 그 화장품이 그들에게 가장 환대받는 화대이
기 때문이다. 당시 한국에는 수공업적인 화장품밖에 없었기에 그들에
게는 이 양화장품이 극히 필요했을 것이다. 한데 자기네들의 수요에
그치지 않고 이 소량으로 밀수입된 화장품을 한국의 기생이나 갈보,
은근짜 등 접대부, 창녀들에게 밀매하는 하나의 부업으로 삼게까지
되었다. 개중에는 매음을 부업으로 하고 양화장품 밀매를 본업으로
하는 금발의 갈보가 생겨났으며 그때 돈 5000원~6000원이나 치부
한 유태 아가씨도 있었다 한다. 양화장품의 출처는 바로 이 백인 갈보

촌이었고, 일본 화장품의 출처는 일본 요정, 일본 유곽이었다. 왜분(倭粉)보다 양분(洋粉)이 더 비쌌기에 명월관 등 고급기생들만이 양분을 사 썼고, 왜분은 은근짜들이, 그 밖에 노동 을지로 산재해 있던 갈보들은 이 외래분을 사 쓸 만큼 넉넉하진 못했다. 그러기에 권번 기생제로 되었을 때 그들의 계급을 나누는 말로 '양분기생' '왜분기생' 국산인 '연분(鉛粉)기생' 으로 나누어 대명사로 삼았던 것이다."[33]

국산 연분(납분)은 그 부작용이 매우 심각했다. 이 연분을 많이 쓰는 여인들은 얼굴이 푸르게 부어오르고, 잇몸이 검어지고, 구토가 나고, 관절이나 뇌세포까지 손상되는 납독의 피해를 감수해야 했다. 납독으로 인해 미친 사람도 생겨났고, 기생의 사생아들도 눈이 멀었다든지 관절이 굳었다는 사례들도 많이 나타났다. 그런 심각한 부작용을 알면서도 연분을 썼으니![34]

하루에 5만 갑이 팔려나간 박가분

화장품 광고시장은 1910년대 말부터 일본제가 판을 친 가운데 1922년 한국산 화장품 광고가 첫 선을 보였다. '박가분(朴家粉)' 이다. 박가분 창시자는 오늘날 두산그룹을 창설한 박두병의 아버지 박승직이다.[35]

박가분이 처음 등장한 건 1916년이다. 박가분은 처음에 박승직이 포목상을 크게 경영했던 관계로 혼수 흥정 때 경품으로 주기도 하고, 포목상들이 시골에 다니면서 팔기도 하는 방식으로 유통되었다. 초기엔 향료를 넣지 않았는데 그건 얼굴에 향내가 나면 천박한 여인으로 취급되었던 당시의 사회풍조 때문이었다.[36]

박가분은 1918년 특허국에서 상표등록증을 받으면서 국내 최초의

1916년에 처음으로 등장한 '박가분'은 오늘날 두산그룹을 창설한 박두병의 아버지 박승직이 만든 화장품. 1918년 당시 어찌나 주문이 많았는지 '온 나라의 돈은 박가분이 다 긁어모은다'는 소문이 퍼졌다.

관허 화장품이 됐다. 등록상표를 훈장처럼 내세우며 대량생산에 들어 갔다. 여직공 30여 명을 고용하고도 밀려오는 주문을 감당하지 못할 정도로 대박을 터뜨렸다. 하루에 5만 갑이 팔려나가자 온 나라의 돈 은 박가분이 다 긁어모은다는 소문까지 퍼졌다.[37]

박가분 광고는 "살빛이 고와지고 죽은 깨(주근깨) 없어지는 박가분 을 화장하실 때 잊지 마시옵"이라고 했다.[38] 또 박가분 광고는 "조선 사람은 조선 것을 아모쪼록 만니 씁시다"라는 문구와 한복 입은 조선 여인의 이미지를 내세웠다.

반면 일본 제품은 서구 중심적 메시지를 내세웠다. 1926년 『동아일보』에 실린 일본 피부미용 치료제 '하루나' 광고는 "흑인이 변하여 미인이 된다"고 주장하고 나섰다. 김진송은 "오늘날 '백색미인'이라는 화장품 광고의 상투형은 이 시기에 이미 형성되었다고 할 수 있다"며 "1930년대를 전후하여 신문이나 잡지 광고에서도 두드러진 변화는 등장하는 사진이나 삽화에서 이전의 동양적인 여성이 서구적인 체형을 갖춘 여성들로 변화되기 시작한다는 점이다"고 했다.[39]

1920년대의 화장 붐에 대해 신문들은 "이제 가정부인들이 몸 파는 천녀와 구별할 수 없게 되었으니 한심스럽기 그지없다"고 개탄하기도 했다.[40] 『조선일보』 1925년 3월 29일자에 게재된 「새로 류행하는 양식 화장」이란 기사는 다음과 같이 비꼬았다.

"바튼 목을 길게 보이려고 분을 목에 백지장 같이 바르고 낮은 코를 높게 보이려고 콧마루에 분기둥을 세우고 눈을 크게 보이라고 눈가를 노랗게 내어 놓는 것이 너무 심한 듯합니다. 우리는 코 높고 눈 큰 서양 사람이 아니올시다. 뱁새가 황새 따르다가는 다리가 찢어지기 쉬움이지요."[41]

그러나 신문들은 화장은 비웃으면서도 화장품 광고는 외면할 수 없었다. 1926년 화장품(화장비누, 치약 포함) 광고는 『조선일보』와 『동아일보』의 전체 광고 가운데 13~16퍼센트를 점했는데, 이는 약 광고 다음으로 많은 것이었다.[42]

03

'끽다와
음악'의 유행

'끽다와 음악'

축음기(유성기)와 레코드를 살 능력이 없는 사람들은 대중가요의 감상을 어떻게 하였을까? 황문평은 "1920년에서 1930년 사이에 축음기와 레코드 생산은 다양해졌으나, 대중생활 면에서 볼 때 축음기나 레코드는 고가(高價)에 속하는 귀중품이다. 일반 서민 대중들이 손쉽게 살 수 없는 상품이었다. 여기에 착안한 것이 찻집(다방)에서 손님을 끌어 모으기 위해 유성기를 들려주게 되었다"고 했다.

"차 한 잔에 5전에서 고급 다방은 10전, 좋은 음악을 써비스로 들을 수 있고 어여쁜 아가씨와 대화를 나눌 수 있었다. 다방이라는 새로운 장사가 재미를 보게 된 것이다. 조금 고급스러운 다방은 서양음악(주로 고전음악)을 감상할 수 있고 논할 수 있는 문화공간으로 이용되어 갔다. 이름하여 '끽다(喫茶)와 음악'이라는 소위 명문다방이 유행병처럼 번져갔다. 일본의 이런 다방문화가 바다 건너 서울 그리고 평양 등지에 도시문화의 하나로 유행되어 간 것은 1920년대 말기의 일이 었다."[43]

카페도 비슷한 역할을 했다. 1919년을 지날 즈음 경성에는 이미 60~70여 곳의 카페가 영업 중이었다. 카페 걸은 여급(女給)이라고도 불렀는데 그 숫자가 수백 명에 이르렀다고 한다.[44] 그러나 카페보다는 다방이 비교적 더 드나들기 용이한 곳이었다.

일제강점 직후 일본인들은 명동의 진고개에 킷사텐(喫茶店, 찻집)을 지어놓고, 커피 장사를 시작하였다. 1914년 10월부터 영업을 시작한 조선호텔을 비롯하여 이 시기의 다방은 주로 호텔문화와 함께 유입된 것이어서, 실내도 대부분 양풍 스타일로 되어 있었다.[45]

식당과 겸업이 아닌 다방을 전업(專業)으로 생겨난 근대적 다방의 원조는 1923년경 지금의 충무로3가에 세워진 '후다미(二見)'라는 곳이다. 일본인이 경영하던 이 다방은 그 무렵 도쿄에서 새로운 사상과 풍습을 배워서 돌아온 문학자나 화가, 그 밖에 소수의 일본인 청년들이 손님의 전부였다.[46]

명동은 '다방의 거리'

이 시기에 있어 종로는 주로 우리나라 사람들이 모여 활동한 곳이다. 종로의 진고개에서 명동에 이르는 거리는 '작은 도쿄'라 불릴 만큼 일본 사람들이 상권을 확대시켜 진을 치고 살아가면서 점차적으로 조선의 상권을 장악하였는데, 진고개 상가를 구경해야 서울구경을 다했다는 말이 나올 정도였다.[47]

이때 당시 커피 맛은 우리나라 사람들이 많이 모여 있는 종로보다는 외국 문물을 우리보다 일찍 받아들였던 일본인들이 주로 활동하던 진고개와 명동 주변이 유명했다. 그래서 "내일 아침 명과에서 만날까? 커피 맛은 역시 명치정 근처야!"라는 말이 돌고는 하였다.[48]

명동에는 1927년경부터 근대식 개념의 다방이 나타나기 시작했다. 그 이후엔 종로 일대에도 생겼다. 딩시 명동은 다방이 수없이 들어서서 '다방의 거리'가 되어 있었다.[49]

다방이 대중들로부터 인기를 끌자 '명하(明河)' '금강산(金剛山)' '모리낭아' 등 일본 냄새가 풍기는 다방이 생겨나기도 하였다. 하지만 명동과 충무로, 종로 일대에 하나둘 생기기 시작한 다방은 아직까지 일반 대중과는 거리가 있었다. 다방에 드나드는 손님들의 대부분은 지체 높은 고위 관료층이거나 개화된 지식인들이었다. 이 시기에 다방은 대부분 '킷사텐'이라 불리는 일본식 다방이었고, 커피는 일본인들을 비롯한 특수계층들만이 맛보는 귀한 음료였다.

1927년 미쓰이 재벌이 운영하는 우리나라 최초의 서양식 백화점인 미쓰코시백화점을 열었는데 백화점 옥상에 옥외 다방을 만들어 사람들로부터 큰 호응을 얻기도 하였다.[50]

다방이 신문광고에 등장한 건 1910년부터였지만, 광고가 아닌 기사로 커피가 자주 다뤄진 건 바로 이즈음이다. 오늘날의 맞춤법과 달라 읽기에 힘이 들긴 하지만 기사 2개만 인용해보자. 『동아일보』 1926년 9월 1일자에 실린 「카-피의 효력」은 "카-피가 사람의 몸에 유익한 영향을 주는 것은 그 가운대 함유해 잇는 카페인이라는 성분의 작용으로 말미암아서라고 합니다"라고 주장했다.[51] 또 『동아일보』 1927년 10월 27일자에 실린 「카피차 끄리는 법」에선 "가을도 다 되엿

지금의 명동인 명치정(明治町)의 거리와 상점들. 종로의 진고개에서 명동에 이르는 거리는 가히 '작은 도쿄'로 불릴 만큼 일본 사람들의 상권 장악이 심했다.

고 겨울이 옵니다. 카피차 애용의 기절임니다"라고 분위기를 조성한 후에 다음과 같은 자상한 설명을 제시했다.

"오래지 아니한 것을 택하는 것이 필요함니다. 오래만 되지 아니하면 무슨 종류의 것이든지 다 좃슴니다. 그리고 또 양철통에 너흔 것을 사거든 뚜겅을 여는 동시에 곳 습기 엄는 딴 그릇에 옴겨담는 것이 가장 필요함니다. 그와 가치 하는 것이 취급방법의 대일이라고 할 수가 있슴니다. 그리고 그 다음에 주의할 것은 분량이나 일폰드의 카피는 사십인분으로 되여 잇슴니다. 고로 보통 한 사람 일회 분량이 삼몸메이니 차숫가락으로 갓북갓북 떠서 셋임니다. 한 사람 분을 만들어 먹는 것보다 이인분 삼인분 오인분 륙인분으로 만들어 먹는 것이 취급하기 편합니다. 한번 너흔 카피에 물을 갈아너어 가면서 여러번 울려 먹는 사람이 잇습니다마는 그것은 아조 잘못하는 것입니다. 번번히 카피물을 갈아너어야 합니다. 번번히 랭수를 새로 끌려서 써야 합니다. 한번 끌은 물을 다시 끌어서 쓰면 카피향기를 다 쪼처버리게 됨니다."[52]

'카카듀'가 퍼뜨린 다방취미

기존의 다방이 일부 특권계층이나 유한계급의 사람들로 출입에 국한되었다면, 1927년 종로 관훈동 입구 3층 벽돌집 1층에 '카카듀'라는 다방이 문을 열게 되면서 서구에서와 같이 우리나라에서도 커피가 예술가들의 삶 속에 파고들기 시작했다. 이 다방의 주인은 우리나라 최초의 영화감독이자, 소설과 동화를 쓴 이경손이었다. 카카듀는 우리나라 사람이 경영하는 최초의 다방으로 볼 수 있다.

이경손은 〈아리랑〉과 한국 최초의 문예영화라 할 수 있는 〈벙어리 삼룡이〉를 제작한 나운규를 길러내기도 하였다. 카카듀는 이경손이 하와이에서 돌아온 미모의 목사 딸과 동업 형태로 경영을 하였는데, 당시 젊은 사람들은 하와이에서 살다왔다는 이 미모의 여인으로 인해 가슴을 태우며 잠을 이루지 못하는 일이 많았다고 한다.[53]

사람들은 카카듀란 다방의 이름이 어떤 의미를 지니고 있는지에 대해서도 무척 호기심이 많았었는데, 카카듀를 드나들던 작가 이봉구(1916~1983)는 다음과 같이 말했다.

"'카카듀란 무슨 뜻이야/ 러시아 말이라는데/ 아니야, 이 사람아/

1930년대 미쓰코시백화점 옥상 카페의 모습. 1927년 종로구 관훈동에 '카카듀' 라는 다방이 생긴 이후부터 우리나라에서도 커피가 예술가들의 삶 속에 파고들기 시작했다.

서반아 말이라는데/ 서반아의 뭐란 말이야/ 뭐 투우사의 애인 이름이라는데' 이런 말을 제멋대로 주고받게끔 실내장치 이상으로 '카카듀' 라는 이름은 손님들의 머리를 아프게 했다. 사촌형을 따라 이 다방을 찾아올 때는 홍안소년(少年紅顔)인 나는 기묘한 실내장치보다도 이집 마담인 여인의 눈동자 때문에 얼굴이 붉어지고 가슴이 설레이었다. 사춘기의 나는 '카카듀' 의 멋진 여인 때문에 한동안 나대로의 고민이 있었다. 이것이 바로 어제일 같은데 30여 년의 세월이 흘러 내 나이 벌써 50이 되었다. 나는 기어코 '카카듀' 의 이름 뜻을 알고야 말

앉다. 이 씨에게 직접 들었다는 사람의 입에서 카카듀는 불란서 혁명 때 경찰의 눈을 피해 모이는 비밀 아지트인 술집 이름의 하나가 바로 이 '카카듀'라는 것이다. 그 시절 이 씨가 허구 많은 이름 가운데 새 세대 혁명동지들이 남몰래 모여 마시던 술집의 이름을 하필이면 따다 붙이었는지 그 속뜻을 짐작하고도 남으나 어쨌든 이 씨는 새 세대 새 사조(思潮)의 선각자이기도 했다. 그러나 경영에 능치 못한 이 씨이고 다객(茶客)도 그리 흔치 못한 때라 불과 수개월에 문을 닫고 이 씨는 상해로 가고 그 문제의 꽃 같은 여주인의 행방도 알 길이 없다."[54]

카카듀는 이경손이 직접 차를 끓여 유명하였는데, 방학을 이용해 도쿄에서 귀국한 해외 문학파들에게는 아지트나 다름없었다. 이후에도 해외 문학파는 단골을 정해놓고 다방을 드나들면서 '다방취미'라는 새로운 취향을 퍼뜨리는 데 기여했다. 또한 이경손의 취미를 반영하듯이 인도풍의 실내장식에다 커피 포대인 마포를 벽지로 그 위에 봉산탈춤의 가면을 걸어놓고 간판 대신에 붉은 색을 칠한 바가지 세 개를 달아놓아 서울 거리에서 한층 이채롭게 보였다.[55]

영화배우 복혜숙의 '비너스'

'카카듀'를 시작으로 우리나라 사람이 경영하는 다방은 계속해서 늘어나기 시작했으며, 이러한 일은 다방의 단골이었던 문화예술인들이 주도해나갔다. 당시 최고의 인기를 누리던 영화배우 복혜숙(1904~1982)이 인사동 계명구락부 1층에 '비너스' 다방을 낸 것도 바로 이 무렵인 1928년이다.

복혜숙은 충남 보령 출생으로 이화여전을 나오고 일본 유학까지 다

녀온 인텔리 신여성으로 대중들에게 최고의 인기를 누리던 영화배우
였지만, 당시엔 영화 개런티라는 것이 없거나 매우 박했기 때문에 생
활고를 해결하기 위해 이 다방을 차려 운영을 하였다. 또 여기에 어렸
을 때부터 외국 선교사를 통해 커피를 접하면서 즐겨 마시게 되었던
것도 '비너스'를 연 또 다른 이유였다. 그녀가 처음 커피를 접하게 되
었던 시절에 대해 복혜숙의 이야기를 들어보자.

"그 담부터는 아버지가 선교하는 데 따라서 4년마다 돌아다니면서
살았어. 열두 살 때까지는 어머니한테서 언문도 배우고 소학도 배우
고 그랬어. 딴 선생한테 맹자도 배우고. 그때 우리 사는 목사관 뒤에
선교사관이 있어서 서양 선교사들이 와서 살았다구. 거기 꼭 고꾸상
(요리사, cook을 말함)이 따라왔는데 그래두 내가 목사 딸이라고 커피를
줬어. 설탕을 넣어서 들큰하게. 그게 인이 백여서. 내가 나중에 다방
비너스 할 때, 오후 두세 시에 일어나도 커피를 안 먹으면 잠이 안 깨
는 거 같애. 그래서 커피를 대접으로 먹지 그냥……"[56]

'비너스'는 당시 문화, 연예활동의 중심지로 영화인들의 집합소이
자 아지트였다. 복혜숙은 처음 한 1년쯤은 마담으로 고용이 되었다가
뒤에는 직접 경영을 하게 되는데, 그 시대의 최고 여배우가 다방을 개
업했으니 각계의 명사들은 물론이고 연극이나 영화계 인사들도 많이
찾아왔다. 윤보선, 이광수 등을 비롯해 조택원, 이서구 등 이 무렵의
지식인들과 문학인들, 연예인들이 자주 들려 '비너스'는 문화인들의
살롱이 되었다.[57] 복혜숙은 훗날 다음과 같이 회고했다.

"나는 1928년부터 8년 동안 다방을 경영했다. 종로2가 지금의 예
총 사무실 자리, 당시엔 조선어학회 아래층으로 다방 이름은 '비너
스'라고 했다. 다방을 차린 건 동생들도 커서 교육을 시켜야겠는데 영

화와 연극 출연료는 생활이 되지 않았기 때문이었다. 목사를 그만두고 서울에 오신 아버지는 무슨 일을 하는 게 좋을까 궁리 끝에 쌀가게를 시작하셨는데 장사에 경험이라곤 없는 탓인지 밑천이 달아나고 말았다. 우리나라에 최초의 다방이 생긴 게 1920년대 초라니까 28년에 내가 다방을 연 건 유행의 첨단이요, 화제가 될 만한 일이었다. 4인용 탁자 12개를 놓아 좌석이 60개쯤 되었던 다방 한가운데는 석고로 된 '미로의 비너스 상'을 놓아두었다. 한 달에 22원(당시 쌀 한 가마 68원 정도)씩 집세를 내고 커피 값은 처음에는 5전이었는데 8전으로 올랐다가 나중엔 10전까지 받았다. 또 처음엔 커피만 팔았지만 나중엔 바를 겸해 요즘의 '주간다실 야간살롱'과 같은 영업을 일찌감치 한 셈이다. 술을 팔게 된 건 우리 집에 노상 드나들던 연극영화인들이 '제작자와 얘기를 하려면 술을 마셔야 하는데 아예 비너스에서 술까지 팔면 어떻겠느냐'고 해서 시작이 되었다. 양주 칵테일과 당시 최고급의 정종인 백학(白鶴)에 오징어를 잘게 썰어 간장과 버터를 곁들여 내서 상당한 인기를 끌었다."

다방 손님은 대부분이 연극영화인이었으나 그외에 신문기자 학생 등 각 방면의 소위 인텔리들이 폭넓게 드나들었다고 한다.

"다방을 시작한 게 24세 때였으니까 지금 생각하면 새파란 나이였는데 나는 손님들에게 꽤나 안하무인격으로 굴었다. 잘난 심부름도 가지각색이었다. 찻값, 술값 외상은 물론이고 때론 용돈을 오히려 꾸어가기도 했다. 박진, 서월영 씨 등이 대표적인 예였는데 그런 손님 가운데 유석, 조병옥 박사도 한몫 끼었었다. 미국에서 돌아온 지 얼마 안 되는 조 박사는 다방 초기부터 단골손님으로 걸걸한 성품으로 왈가닥인 나와 곧잘 농을 하며 친하게 지냈다. 그러고는 찻값, 담뱃값,

술값 모두 외상에 용돈도 심심찮게 빌려가셨다. 그러고 보니 또 한 분 생각나는 손님으로 전 대통령 윤보선 씨가 있다. 그는 대조적으로 언제나 혼자 와서 조용히 음악만 듣고 가는 아주 점잖은 손님이었다. 나와 별로 말은 나눈 적도 없었으나 하도 말이 없고 행동거지가 단정하여 아마 대학교수인가 보다고 생각했다. 우리 다방에 드나든 지 한참 뒤에 그가 윤보선 씨이며 훌륭한 가문의 귀공자라는 걸 알았다."[58]

문화예술인을 위한 '멕시코 다방'

『별건곤』 1929년 신년호에서는 "유행! 신년 새 유행―희망하는 유행·예상하는 유행"이라는 특집을 마련했는데 여기서 "될 듯한 유행" 란에는 이태준의 다음과 같은 글이 실려 있다.

"아모리 무신경한 상인들만 사는 종로라 하드라도 불원하야 끽다점 골목이 생길 것과 판백이 모던들은 물론이려니와 일반적으로도 끽다도락(喫茶道樂)이 유행되리라고 생각한다."

1929년 11월 종로2가 YMCA 근처에 전문적 다방인 '멕시코 다방'이 들어섰다. 이 다방의 주인은 일본 미술학교 도안과를 나온 배우 김용규와 심영이었는데 이들과 함께 의자와 테이블을 만든 사람은 화가 도상봉, 사진작가 이해선, 무대장치가 김정환과 구본웅 등으로 당시 일본 유학을 다녀온 이들이었다.[59]

'멕시코 다방'은 '카카듀'처럼 간판부터가 특이했다. 희고 큰 간판에 '멕시코'라고 영자로 써 놓고 간판 위에 큼지막한 물주전자를 매달아 놓았는데, 이것은 아마 우리나라의 옛날 주막에는 지붕 위로 장대에다 용수를 매달아 놓았던 것을 본떠 보자는 뜻에서 나온 것으로

보인다.[60]

'멕시코 다방'에는 장안의 예술인들이나 언론인들이 모두 모여들어 사랑방과 연락처 역할을 하였는데, 이러한 이유로 손님들의 메모를 맡아서 챙기는 종업원을 따로 두기도 하였다. 이 시기를 기점으로 해서 다방은 문화예술인들의 주요 모임장소로서 각광을 받게 되었다. '멕시코 다방'에서는 차뿐만 아니라 당시 조선호텔에만 있던 양주를 50여 종류나 준비해놓고 한 잔에 50전~80전 하던 양주를 30전~40전의 저렴한 가격에 내놓기도 하였다. 일본 경찰은 이곳을 주요 감시 대상으로 삼았고, 주인인 김용규는 유치장 신세를 지기도 하였다.[61]

또한 장소가 우미관 건너편인 만큼 '우미관패'들이라는 불량배들이 들락날락하였고 밤이 늦으면 '낙원카페'에서 나오는 술꾼들이 차로 입가심한다고 몰려들기도 하였다.[62] 여기에 무용가 최승희의 반라사진을 확대해 걸어놓는 등 야한 분위기로 유명하였으며 일하러 나가기 전이나 일 끝나고 난 후의 기생이나 여급들의 집산지이기도 했다.[63]

'최승희의 반라사진'은 1929년 일본에서 활동하던 최승희(1911~1969)의 첫 귀국공연이 선풍적인 인기를 끌었다는 걸 말해준다. 당시 한 언론은 "아따, 저러다간 사람을 죽일 것이요, 그러니 살인적인 인기라는 것이다. 경성의 모든 모던 보이들이 그 능청스런 포즈에 그만 정신을 잃고서 바보가 되었소, 그려"라고 논평했다.[64]

본래 '멕시코 다방'은 돈을 벌어 수익을 내겠다는 목적보다는 젊은 문화예술인들에게 자리를 마련해주기 위해 문을 열었으며, 좀 더 많은 이들이 함께 할 수 있도록 하기 위해 아침 11시부터 밤늦게 손님이 끊어질 때까지 문을 열어 두었다. '멕시코 다방'의 2층은 영화 및 연극배우 등이 연습할 수 있는 공간으로 활용되기도 하였다.[65]

그러나 가난한 예술인들이 차를 마시고 그때그때 차 값을 낼 수 없었다. 그러다 보니 외상이 매우 잦았다. 1931년 8월 '멕시코 다방'이 문을 닫을 무렵 확인된 외상값만 해도 자본금 1400원의 두 배가 넘는 3500원이나 되었다. 당시 종로의 팔판동이나 삼청동 같은 고급 주택지의 땅값이 평당 27원에서 30원 할 때였으니, 3500원이면 대지 150평을 살 수 있는 큰돈이었다.[66]

04

"사랑은 인생의 꽃,
오아시스"

연애편지의 전성시대

조선에서 '연애(戀愛)'라는 말이 처음 등장한 건 1912년 『매일신보』에
연재된 조중환(1863~1944)의 번안작 「쌍옥루」에서였으며, 신문기사에
처음 등장한 건 1914년 6월 『매일신보』였다. 중국과 일본의 중개를
거쳐서 도입된 말이다. 1920년대 중반에 이르러 김기진(1903~1985)은
"연애라는 말은 근년에 비로소 쓰게 된 말"이라고 설명했다. 비록 도
시 중심이었을망정 1920년대는 연애만이 유일한 인생 문제인 양 행
동하는 연애지상주의가 풍미하던 시대였다.[67] 여기엔 연애편지가 기
여한 바 컸다.

　1920년대엔 우편 이용도 크게 늘어 편지쓰기가 일상화되었다.
1895년 우편제도 실시 후 첫 보름 동안 수거된 편지는 총 137통에 불
과했지만, 1912년엔 전국에 500여 개소의 우편소가 생겼으며 1925년

한 해 동안 조선인이 인수한 편지의 양은 7000만 통에 이르렀다. 1920년대 소설에 유행한 서간체는 바로 이런 편지 열풍은 반영하는 것이기도 했다. 편지 열풍은 1920년대에 들어 꽃피운 자유연애의 거의 유일한 수단이라 할 연애편지의 유행에 크게 힘입었다.[68]

『개벽』 1925년 4월호엔 경성의 남학생들도 "교과서 참고서는 한 권 없어도 연애소설과 유행 창가 한 권씩은 다 가지고" 있으며 "서랍 속에는 여학생에게 편지하는 꽃봉투 꽃편지지"가 들어있고, "길만 나서면 여학생 히야까시 하느라고 시간 가는 줄도 모르고 집에 돌아오면 면도하느라고 밥도 제때에 잘 못 먹는다"고 조롱하는 글이 실리기도 했다.[69]

『동아일보』 1925년 7월 13일자에 실린 연애편지 쓰는 법에 관한 책의 광고는 "젊은 남녀가 자기 마음에 있는 생각을 그 애인에게 보낼 때 졸렬한 문장으로는 감동을 주지 못한다. 그러면 어떠한 편지가 사람의 마음을 끄는가"라고 했다. 『삼천리』 1936년 12월호에 실린 『문장백과대사전』이라는 책 광고는 "편지가 능하면, 입신출세가 빠르다"고 주장했다.[70]

1935년 한 해 동안 조선 내에서 발착된 편지는 6억 2100만 통에 이르렀다. 당시 조선 인구를 약 2000만으로 간주할 때 한 사람이 30통 이상 편지를 쓰거나 받은 셈이 되며 식자율을 15~20퍼센트로 추정하면 한 사람이 연간 250통~300통의 편지를 주고받은 셈이 된다.(이는 1984년~1985년의 수준에 해당한다)[71]

노자영의 『사랑의 불꽃』

편지쓰기는 당대의 뜨거운 유행이어서 편지쓰기 교범이 베스트셀러가 되곤 했다. 1923년 오은서(본명 노자영, 1901~1940)의 연애서한집『사랑의 불꽃』을 비롯하여 서한집도 베스트셀러가 되었다. 당시의 많은 소설들이 편지체로 쓰였거나 편지가 소설의 중요한 대목을 차지했다.[72)

『사랑의 불꽃』은 "사랑은 인생의 꽃"이요 "오아시스"라고 주장했다.

"나의 사랑하는 화복(華福)씨! / 나는 이제 아무 말도 할 수 없어요. ……나는 당신을 위하여 살았어요! 그리고 당신을 위하여 죽어요! 애인을 위하여 살고 애인을 위하여 죽는다는 것은 얼마나 즐거운 일일까요!"[73)

노자영은『조선일보』출판부 기자로 남자였다. 또 그의 외모는 여성적인 이름이나 감상적인 글과는 딴판이었다. 방인근(1899~1975)은 『조광』1940년 11월호에 쓴 글에서 "솔직하게 말하자면 춘성(노자영의호)의 첫 인상은 나빴다"고 말했다.

"얼굴이 삐쩍 마른데다가 몹시 까맣고 웃고 말할 때 커다란 입이 쭉 벌려지면서 검은 얼굴에 정반대되는 흰 이빨이 총출동을 하는 데는 흑인종을 연상케 하고 언뜻 말상으로 보여 악감정이 날 만했다."

그러나 성격은 여렸다. 1921년『동아일보』기자 시절 동료 기자 유광렬은 "어느 때에는 사회부 데스크로부터 몹시 나무라는 말을 듣고는 그의 하숙처인 청진동에 가서 이불을 뒤집어쓴 채 울고 있는 것을 내가 가서 위로한 적이 있다"고 했다.[74)

김을한은 1926년 8월『조선일보』에 노자영의『사랑의 불꽃』을 신랄하게 공격하는 글을 기고했다. 그는 "청춘남녀들이 연애편지를 쓸 때 춘성의 글을 베낀다"며 "노자영의 선정소설은 진정한 문학이 아니며 청소년들을 타락시킬 뿐"이라고 비판했다. 이에 노자영이 반박하고 다시 소설가 최서해가 가세해 논쟁이 확대되었는데, 그 글 덕분에 김을한은 『조선일보』 기자로 채용되었다.[75]

강명화와 정순애

연애는 생사를 넘어서는 문제였다. 신문에도 1922년부터 연애 자살이나 정사(情死)를 보도하는 기사가 급증했다. 1910년엔 391명에 그쳤던 자살자 수가 1916년 처음으로 1000명을 돌파한 후 1925년에는 1500여 명에 이르렀다. 자살 동기에 관한 정확한 통계는 없지만 연애 관련 자살자가 가장 많은 건 분명했다.[76]

정사 예찬론자까지 나올 정도였다. 1922년 윤근은 "연애의 가치란 차라리 실연에 있으며, 실연으로 말미암아 광열하며 사랑에 초민(焦悶)해 죽는 것은 절대미의 극치"라고 주장하기도 했다.[77]

1923년 대구 부호 장길상(훗날 국무총리 장택상의 형)의 아들 장병천과 사랑에 빠진 기생 강명화의 정사 사건은 사회적으로 엄청난 반향을 일으켰다. 강명화는 장길상의 반대로 결혼을 할 수 없게 되자 6월 10일 애인 앞에서 음독자살했으며, 4개월여 후인 10월 29일 장병천도 강명화의 뒤를 따라 음독자살했다. 강명화는 '순결하고 헌신적인 사랑의 상징'으로 부각됐고 그를 주인공으로 한 소설만 네 종류가 출간됐으며, 〈비련의 곡(曲)〉(1924)이라는 영화까지 만들어졌다. 어찌나 그 파장이 컸던지 40여 년이 지난 1967년에도 '강명화'라는 영화가 만들어졌다. 윤정희가 강명화, 신성일이 장병천 역을 맡고 이미자가 주제가를 불러 10만 관객을 불러모았다.[78]

한강 인도교 자살과 더불어 철도 자살도 크게 늘었다. 처녀가 자살을 기도하면 신문에 났고, 특히 '미녀'의 얼굴사진을 지면에 싣는 것은 필수였다.[79] 1923년 11월 7일 『조선일보』기자 민태형이 열차에 뛰어들어 자살하자 '조선'은 물론 '동아'까지 나서서 크게 보도했다. 『조선일보』는 연재기사로 민태형이 정순애라는 여인에게 사랑의 배신을 당해 자살한 과정을 상세히 보노했다. 11월 16일자 기사는 이렇게 끝을 맺었다.

"아, 아! 순애는 이 세상에 악마이다. 신성한 연애의 큰 죄인이다. 연애를 무시하고 황금에 눈이 어두운 순애, 참으로 이 세상의 큰 죄인이다. 아, 아! 이 세상에 순애와 같은 악마가 얼마나 있는가. 그러한 악마들은 모두 민군의 영혼 앞에 나아가서 온갖 죄악을 자백하고 회개할 것이다."

이 기사는 정순애의 사진까지 게재했다. 이건 말도 안 되는 '언론 폭력'이었지만 당시 독자들에게는 별 거부감 없이 받아들여졌다. 충격을 받은 정순애도 자살을 시도했으나 극적으로 살아났다. 그렇지만 주변 사람들로부터 "너 같은 년은 길가에 다니지도 말아라"는 소리를 들어야 했다고 한다.

연애의 내막을 보면 더욱 어이가 없다. 민태형은 처자가 있는 기혼남이었다. 정순애는 원래 남자관계가 복잡했던 여인으로 민태형과 동거를 했지만, 민태형이 어떤 사건에 연루되어 구속됐다가 1년여 만에 증거 불충분으로 풀려나기까지 다른 남자를 찾은 것뿐이었다. 민태형의 담당 변호사와 놀아났다가 다시 어떤 학생과 연애를 했다고 한다. 황금에 눈이 어두워 그랬던 것 같지는 않은데도 신문은 그쪽으로 몰아갔다.[80]

『동아일보』 1922년 6월 16일자는 한 남자가 변심한 여자를 결박해 놓고 그 앞에서 목매 자살한 사건을 보도했다. 이런 피학과 가학의 결합 양태는 그리 드문 것이 아니었다.[81]

연애란 성욕을 미화시킨 이름

1920년대~1930년대 연애주의엔 두 얼굴이 있었다. 허정숙(1902~1991) 등과 같은 사회주의 계열의 자유연애 결혼론자들은 상품화된 연애결혼 풍토를 비판했다. 이들은 여성의 경제적 능력을 자유연애 결혼의 선결조건으로 보았지만, 당시로선 도무지 말이 안 되는 것이었다. 여성이 경제적 능력을 가질 만한 사회적 조건이 사실상 불가능했기 때문이다. 그래서 자유연애 바람은 불었지만 남자의 능력을 우선시하는 풍토가 형성되었다.[82]

허정숙은 유명한 변호사이자 신간회 회장을 지낸 허헌(1885~1951)의 딸로 화요회 3인방 중의 한 명인 임원근과 1924년 최신식 결혼식을 올려 화제가 된 인물이다. 그녀는 자유연애를 주장한 러시아의 여성 정치가 콜론타이를 빗댄 '조선의 콜론타이'라는 별칭까지 얻으며 여러 남자들과 염문을 뿌리고 다녔다. 1930년 1월 임원근이 출옥했을 때 허정숙은 이미 북풍회 소속 사회주의자인 송봉우의 여인이 돼 있었다. 허정숙은 송봉우가 전향하자 그와 결별했으며, 1937년 중국에서 최창익과 결혼했다. 다시 최창익과 이혼한 허정숙은 1946년 최창익이 다른 여성과 결혼하자 결혼식에서 축사를 하며 옛 남편의 결혼을 축복했다. 먼 훗날 가수 조영남이 자신의 전 부인의 재혼 때에 보인 대범함의 원조인 셈이다. 해방 후 허헌은 북한 최고인민회의 의장과 김일성대학 총장을 지냈으며, 허정숙은 북한에서 문화선전상, 사법상, 조국전선 의장, 노동당 중앙위원회 비서 등을 지내다 1991년 사망했다.[83]

그런가 하면 연애의 계급적 성격을 폭로하는 주장도 등장했다. 1925년 송봉우는 『조선문단』에 쓴 「그 성의와 정열을 '살기 위한 싸흠'에」라는 글에서 연애란 "성욕을 미화시킨 이름에 지나지 않는 것"이라며 "지금 사회와 같이 착취계급이 있고, 압박계급이 있어 계급과 계급 사이에 싸움이 일고 반목이 험한 세상에는 참연애가 없"다고 주장했다.

"(이러한 세상에서는) 연애도 상품으로 되었습니다. 놈이 년을 사랑하는 것이 아니라 돈의 힘으로 년의 성을 짓밟는 것이요, 년이 놈을 사랑하는 것이 아니라 놈에게 성을 전매(專賣)하고 놈에게 일생의 생활 보장을 얻는 것이올시다. 시장에 정가표를 붙여 고객을 유인하면 육(肉)의 시장이요, 오직 다만 그놈에게만 전매하면 가정이올시다."[84]

사회주의 영향이 커지면서 1927년경엔 "연애는 우리들 인간성을 높이며 우리들의 새로운 사회를 위하여 싸우는 능률을 증가하는 것이 아니면 아니 된다"는 따위의 주장이 제기되고, 일각에선 점차 설득력을 높여갔다.[85]

김유정의 박녹주 스토킹

기성세대는 연애에 대해 세속적으로 대응했다. 『신여성』1926년 6월호에 실린 설문조사 결과에 따르면, 만일 "자녀에게 연애관계가 생겼다면 부모로서 어떠한 태도를 취할 것인가"라는 질문에 답한 15명 중에서 3명을 제외한 12명이 자신의 자녀가 연애를 한다면 상대방이 누구군지 알아보고 "상당하다"고 생각하면 결혼을 허용하겠다고 대답했다. 응답자의 대부분은 사회 명사나 그 부인, 사회운동가, 의사, 언론인, 교육자, 종교인 등이었다.[86]

그런 풍토를 꼬집는 건 만문만화의 몫이었다. 만문만화는 한 컷짜리 만화에 간접적이고 풍자적인 문체로 쓰여진 짧은 줄글이 결합된 형태였다.[87] 『조선일보』 1929년 2월 13일자 만문만화는 "근일 녀성들의 행동은 넘우도 로골화하여 간다. '돈만 잇스면 아모라도 조타' 는 것이다"고 개탄했다.[88] 그래서 돈 없는 모던 보이는 괴로울 수밖에 없었다. 『시대일보』 1925년 11월 3일자에 안석영이 처음으로 그린 한 컷짜리 만문만화는 연애에 미친 모던 보이의 중얼거림을 소개했다.

"조선 사람은 심각하지가 못해! 조선 여성은 모두가 천박한 것들뿐이야! 여기서 무슨 문예(文藝)가 생기고 여기에 무슨 연애가 있겠는가? 아 강렬한 자극을 받고 싶다. 사랑이라고 아주 악독한 여성과 더불어 하고 싶다. 아 태양을 껴안고 싶다! 아 아무것도 취(取)할 곳이 없는 조선을 벗어나고만 싶다."

그리고 나서 이 만문만화는 "여보게, 연애시 짓는다고, 선술집 안주만 없애는 친구들! 길을 똑바로 걸어라"라고 야단쳤다.[89]

실제로 연애시를 잘 쓴다거나 연애편지를 잘 쓴다고 꼭 연애를 잘하는 건 아니었다. 이를 드라마틱하게 잘 보여준 인물이 소설가 김유정(1908~1937)이다. 김유정은 휘문고보를 졸업하던 해인 1929년 가을 우연히 목욕탕에서 나오는 명창 박녹주(1904~1979)를 보고 한눈에 반했다. 그는 네 살 연상인 박녹주에 대한 짝사랑으로 수없이 많은 연애편지를 보냈다. 밤새워 편지를 써서 보내고 혈서를 써서 전하기도 하고 박녹주가 나가는 술집 앞에서 밤을 새워 기다렸다가 죽이겠다고 협박도 해보았다. 이 정도면 '짝사랑'이 아니라 '스토킹'이다. 김유정은 2년간 그런 식으로 열애를 했지만 끝내 거절당하고 말았다.

김유정은 박녹주 이후 시인 박용철(1904~1938)의 여동생 박봉자(1908~1988)에게도 연애편지를 보냈다. "한 장 편지를 쓰고 보면 몇 백 그램의 체중이 줄어드는" 뜨거운 연서를 몇 달에 걸쳐 30봉이나 보냈지만 이 또한 실패로 돌아가고 말았다. 박봉자는 평론가 김환태(1909~1944)와 결혼함으로써 김유정의 가슴에 못을 박았다.[90]

연애문화와 YWCA

기독교인들은 당시의 연애문화를 크게 우려했다. 연애는 혼인의 요소인데 그 연애가 세속화하여 여성들을 타락시킬 수 있기 때문이라는 것이다. 그래서 이를 기독교적인 품성으로 교화시켜 올바른 길로 갈 수 있도록 인도해야 하며, 이런 일을 할 수 있는 기관이 필요하다는 데에 의견이 모아졌다.

이는 1922년 12월 28일 중앙기독교청년회관에서 조선여자기독교청년회연합회(YWCA)의 창립을 앞두고 김창제가 기독교 여성들이 전면에 나서야 되는 이유를 역설한 핵심내용이다. 조선 YWCA는 1923년 8월에 창립되었다. 김필례·김활란·유각경의 주도로 창립된 조선 YWCA는 '기독교인의 품성계발과 여자청년의 영적·지적·신체적 행복의 증진'을 목표로 내세웠다.[91] 이제 이들은 다양한 분야에 걸쳐 맹활약을 하게 된다.

"포르노그라피의 전성시대"

신여성에 대한 편견과 차별

신여성은 여학생, 여학생은 신여성이었다. 『신여성』 1926년 4월호에 따르면, "조선에서 신여성은 곧 여학생(출신)을 가리키는 말"이었다.[92] 그런데 당시엔 여학생에 대한 묘한 이중의식이 있었다.

전경옥 등은 여학교 기숙사는 공부하는 여학생의 숙소였으나 잡지의 기사에서는 종종 연애의 온상 정도로 취급되었다고 했다. 이들은 현진건의 「B사감과 러브레터」(1924)는 "여학생 기숙사를 학생들의 숙소가 아닌 연애의 온상으로 바라보는 작가의 태도"를 보여주는 작품이라고 비판했다. 이들은 남성 작가들의 소설에선 "여학생은 살림도 못하고 공상에나 사로잡힌 무능한 여자"로 묘사되고 있다며 다음과 같이 주장했다.

"이러한 편견을 유포한 사람은 이광수, 김동인, 현진건, 염상섭과 같은 당대의 유명한 문사였다. 이들은 근대 조선 사회에서 중요한 예술양식의 하나인 문학이라는 장르를 쥐고, 여학생을 왜곡된 모습으로 제시함으로써 가부장 이데올로기를 효과적으로 유포하였다. 게다가 관습적 삶을 그대로 유지하는 여성을 구여성이라 지칭하고 이들이 가족을 위해 행하는 희생적인 면을 적극 부각시키면서 신여성을 비난하는 기제로 적극 활용하였다."[93]

사회주의자들도 마찬가지였다. 1923년 사회주의 단체인 전조선청년단대회의 행동강령 결의대회에서는 "남성 횡포에 대한 반항, 사회제도의 개혁, 여성에게 불리한 인습타파"와 같은 의제들은 운동을 분열시킨다는 이유로 채택되지 못했다.[94]

1925년 『신여성』의 편집자 박달성은 여름방학 특집 기사를 통해 여학생들이 방학 중 농촌과 공장에 가면 '아니꼬운 년' '되지못한 년들' '건방진 년들' '비러먹을 년들'이란 욕을 듣게 행동하지 말고 촌 여자들의 비위를 맞춰가면서 무던하다는 평을 듣게 행동해야 한다고 충고했다.[95]

기호품 애용에서 남녀 구별은 정착되기 이전이라 여성의 흡연에 대한 비난은 그리 심하지 않았지만, 『신여성』 1926년 2월호엔 "여학생 변소에 갔더니 맨 담배 찌끄러기가 널려 있다"며 '온건한' 비판을 하기도 했다.[96]

자정 후에 다니는 여학생들

그러나 남성 위주의 신문 잡지는 기를 쓰고 여학생을 성적 대상으로만 보도하려고 발버둥을 쳤다. 풍기문란 사례를 수집해 보도하는 게 그 전형적인 방식이었다. 특히 기자들이 변장을 하고 밤늦게 돌아다니는 여학생을 취재하는 게 인기를 끌었다. 예컨대 『별건곤』 1928년 1월호에 실린 「자정 후에 다니는 여학생들」이란 기사는 이런 내용을 담고 있다.

조선극장 앞에서 외투 입은 여학생과 동행한 모던 보이를 쫓아갔더니 그들은 청요릿집에 들어갔다가 다시 여학생의 집으로 들어갔다. 그런데 알고 보니 그 여학생은 교사와 약혼한 처지였다든가, 두 여학생의 뒤를 쫓아갔더니 자매간으로 어떤 신사가 그 집으로 들어가더라는 등 당시 여학생들이 문란한 성생활을 하고 있거나 매음행위를 하고 있다는 의미를 강하게 암시하는 기사였다.[97]

『여성지우』 1929년 2월호는 신문·잡지들의 무책임한 폭로 행태를 "여학생을 중상(中傷) 구무(構誣)하여 이득을 얻는 경영정책"이라고 비난했다. 『근우』 창간호(1929년 5월)는 "취미니 실익이니 하는 엉터리로 여자 성교 생식기 처녀막 연애 방약무인한 욕설 이따위 음담패설로 잡지쟁이들이 공복을 채운다"고 비난했다.[98]

'포르노그라피의 전성시대'

육체에 대한 시각이 서구화됨과 더불어 '여성의 상품화'도 이루어져 1927년 서울 거리의 모든 간판 그림의 70~80퍼센트는 꽃 아니면 여자였다고 한다.[99] 광고도 마찬가지였다. 당시 여성 광고가 유행병이 될 정도가 되자, 잡지 『신생활』 1922년 8월호에 실린 「여성 광고 유행병」이란 제목의 글은 "요새 와서는 상품화한 여자에 대하여 남자의 영리심이 매우 영리해진 모양 ……상품을 팔아도 남자보다 여자, 심

지어 광고판을 그려도 젖퉁이를 내민 여자를 그린다"고, 성을 이용한 자본주의 상술을 비판했다.[100]

그와 동시에 일본에서 각종 도색잡지, 나체화보, 성 관련 서적들이 쏟아져 들어왔고, 신문광고가 연일『성전(性典)』을 비롯한 잡지와 누드집을 선전해대는 바람에 1920년대 후반의 조선은 '포르노그라피의 전성시대'를 맞게 되었다.[101]

1920년~1928년『동아일보』에 게재된 책 광고 10건 가운데 4권, 20건 가운데 10권이 오를 정도였다.『동아일보』1924년 2월 13일자 독자투고란에는 "일인 서적상들의 광고문은 가증하기 짝이 없다"며 "우리의 형제여, 이런 광고에 속지 마라!"고 외치는 호소문이 실리기도 했다.[102]

가짜 광고도 많았다. 완전 누드라고 해놓고선 수영복 입은 여성 사진을 보내오는 경우가 많았다. "구십 노인이라도 이것보고 흥분하지 않을 수 없는 인생지락의 사진"이라고 해놓고선 남녀 노동자가 웃통 벗고 일하는 사진을 보내오는 경우도 있었다.[103]

여기에 거의 매일 신문을 뒤덮은 정력제 광고까지 가세했다. "남자가 40이면 정력의 조락기"라고 겁을 주면서 '마력적 회춘법'을 광고하는 식이었다.[104] 강한 반발에 직면해 3호로 폐간하고 말았지만, 1924년 4월엔『성애(性愛)』라는 잡지가 창간되기도 했다. 이 잡지는「소녀 발정기의 연구」,「정조관념의 비판」등과 같은 과감한 기사를 게재했다.[105]

매매춘 만연, 성병은 '국민병'

이에 발맞춰 매춘업도 일본으로부터 수입되면서 "전통적으로 호색적인 일본의 풍속, 자유방임적, 데카당적 사조의 유입 등으로 성해방, 성생활의 자유화가 급속히 만연되었다."[106] 매춘여성의 수는 1925년에 조선인 2085명 일본인 4085명에서, 1931년엔 각각 5072명, 4361명으로 늘어나 조선인 매춘여성 비율이 더 높아지게 된다.[107]

매춘여성에 대한 사회의 시각은 싸늘했다. 『동아일보』 1925년 11월 28일자에서 매춘여성은 '사회의 해독'으로, 그들의 몸은 '썩어진 고깃덩어리들'로 정의되었다. 매춘여성은 인권의 사각지대에 놓여 있었는데, 1931년 4월 함경북도 청진에서 동맹파업을 일으킨 창기 11명은 단발을 하고 단식을 하면서 "우리들을 절대 해방하지 않으면 죽음으로 대항하겠다"고 맞서기도 했다.[108]

1920년대에 성병은 '국민병'이 되었다. 과장된 것이겠지만, 한 의사는 "30세 내외의 남자로서 성병 없는 사람이 5할가량 밖에 아니 된다"고 주장했다. 또 어느 병원은 "병자 100명에 12명 정도가 매독환자"라고 밝힐 만큼 심각한 수준이었다. 매독의 공포를 불러일으키는 데 "코가 떨어진다"는 경고가 주로 쓰였다. 실제로 매독약 광고는 코가 떨어져 나간 여성의 끔찍한 얼굴을 광고에 실어 공포 분위기를 조성했다.[109] 그럼에도 매매춘은 기승을 부렸다.

『신여성』 창간호(1923년 10월호)는 여학생의 교복과 교표를 지정해야 한다고 주장했다. "여학생을 구별하는 경계선이 무너지게 된" 것이 이유라고 했다. 기생들이 여학생의 복장이나 스타일을 흉내 내고 있다는 것이다.[110]

그러나 흉내 내는 정도를 넘어 아예 여학생 교복을 입고 매매춘을 하는 데엔 당해낼 재간이 없었다. 1924년엔 여학생 복장을 한 매춘도 등장했다. 여학생도 아니면서 교복을 입고 매매춘을 하는 방식이었다. 또한 포주들이 경찰단속을 피해 성매매 여성을 학생복 차림으로 송출시키기도 해 학교 교사들이 동원돼 학생들을 조사하는 일도 벌어졌다.[111]

공창폐지운동과 아편추방운동

매매춘의 정도가 너무 심해 1920년대 종교계에선 공창폐지운동이 일어났다.[112] 최초의 공창폐지운동 단체는 1924년 남감리제파의 기독교도들이 중심이 되어 결성한 '공창폐지 기성회'였다. 공창폐지 기성회는 강연 등에 의한 계몽활동과 1만 2000명의 서명을 모아 총독에게 '조선공창폐지신청서'를 제출하는 등의 운동을 전개했다. 1925년 완도에 거주하는 여성 500명~600명이 공창 반대 데모를 벌이는 등 지방 여성들의 자발적인 공창폐지운동도 있었다.

그러나 널리 확산되기는 어려웠는데 매춘을 사회 체제의 산물로 보아 사회가 근본적으로 변하지 않는 한 없어지지 않는다고 보는 견해가 유력했기 때문이다. 예컨대 『개벽』 1924년 3월호는 "공창제도를 지지하는 죄는 공창 자신이나 성에 굶주린 노동자에게 있는 것이 아니라 불로소득의 약탈자인 유곽 주인과 그 현상을 보호하는 관료, 빈부 대립의 사회제도에 있다"고 주장했다.[113]

공창은 일제 지배정책의 일환이었기에 폐지하기 더욱 쉽지 않았다. 1923년 일왕 부자를 폭살하려 했던 박열은 일본 경찰의 신문조서에서 일제가 조선인의 멸망을 위해 아편정책과 매독정책을 쓰고 있다고

용산에 있던 유곽의 모습. 공창폐지 기성회가 결성되고 활발한 폐지운동을 벌였지만, 공창은 일제 지배정책의 일환이었기 때문에 아무런 소용이 없었다.

비판한 바 있다.

"일본 정부는 아편의 매매를 금지하고 있지만 그것은 표면상이며, 내실은 그 매매를 공인하고 있다. 아편은 대개 일본인 의사의 손에서 팔리며 도쿄성 제품이 사용되고 있다. 생각 있는 조선인이 그 매매 사실을 알고 관헌에 신고하면 그 위범자는 2, 3일간 구류해두는 데 그치는 것이다. 그러면서도 일본에서의 아편 매매는 엄중히 단속되고 있다. 일본 정부는 은근히 매춘을 장려하고, 성병을 일본으로부터 유입해 결코 매독검사를 하려 하지도 않는다. 이러한 것 등은 일본 정부가 정책상 조선인의 멸망을 꾀하고 있다는 증거다."[114]

박열의 주장엔 그럴 만한 근거가 있다. 일제는 아편전매정책으로 식민지 유지에 필요한 재원을 보충하였다. 일제는 제1차 세계대전 이후 아편을 이란, 터키 등에서 수입하여 타이완과 간토 지역에 판매하다가 한국을 재배지로 택해 아편을 대규모로 생산했다. 종전 후 아편 생산량은 감소했지만, 1931년 만주사변 이후 다시 급증했다. 그런 과정에서 국내에 아편이 유행하기 시작했다.

현실도피 수단으로 쓰는 게 가장 많았지만, 웃지 못할 오남용 사례도 많았다. 아편은 남성의 성기능을 강화시켜주는 회춘약이니 정력제로도 이용되었으며, 심지어는 수면제로까지 상용되었다. 별로 믿기진 않지만 『기독신보』 1924년 12월 24일자에 따르면, "전북 전주는 아편이 어찌 많이 유행하는지 부인들이 일할 때에는 그 어린아이에게 아편주사를 하야 잠을 들게 하고 일을 한다. 그러나 그들은 강연을 듣고 이러한 일을 금지하기로 작정하였다."[115]

일제가 정책상 조선인의 완전한 멸망을 꾀했을 것 같진 않다. 적당한 멸망이었을 것 같다. 지속적인 이용 가치를 위해서라도 말이다. 박열이 말한 멸망의 의미는 일제의 그런 계산을 지적한 것이었으리라. 조선여자기독교절제연합회를 비롯하여 여러 사회단체들이 공창폐지운동과 더불어 아편추방운동도 전개하게 되지만, 늘 이런 운동을 집어 삼키는 건 전쟁이거나 전시 체제다. 1930년대에 일제는 만주사변과 중일전쟁으로 한국을 전시 체제의 소용돌이로 몰아갔다.

제1장

1) 김용석, 「다시 쓰는 한반도 100년 (15)일제의 징용자 학대와 민족의식」, 『경향신문』, 2001년
11월 24일, 7면.

2) 정권현, 「"조선인 학살에 軍隊도 가세"」, 『조선일보』, 2003년 9월 1일; 조헌주 · 박원재, 「關東
대지진 조선인학살 80주년 / 日 마쓰오 교수가 밝히는 사건 전모」, 『동아일보』, 2003년 8월
30일, 10면.

3) 정권현, 「"조선인 학살에 軍隊도 가세"」, 『조선일보』, 2003년 9월 1일자.

4) 정권현, 「"조선인 학살에 軍隊도 가세"」, 『조선일보』, 2003년 9월 1일자.

5) 정권현, 「"조선인 학살에 軍隊도 가세"」, 『조선일보』, 2003년 9월 1일자.

6) 서경식, 「모어와 모국어의 상극: 재일조선인의 언어 경험」, 『황해문화』, 제57호(2007년 겨
울), 23~24쪽.

7) 한중일3국공동역사편찬위원회, 『미래를 여는 역사: 한중일이 함께 만든 동아시아 3국의 근현
대사』, 한겨레출판, 2005, 104쪽.

8) 강덕상, 「1923년 관동대진재 대학살의 진상: 일제의 광기와 대학살」, 『역사비평』, 통권 45호
(1998년 겨울), 63쪽.

9) 조헌주 · 박원재, 「關東대지진 조선인학살 80주년 / 日 마쓰오 교수가 밝히는 사건 전모」, 『동
아일보』, 2003년 8월 30일, 10면.

10) 조헌주 · 박원재, 「關東대지진 조선인학살 80주년 / 日 마쓰오 교수가 밝히는 사건 전모」, 『동
아일보』, 2003년 8월 30일, 10면.

11) 신용하, 『일제강점기 한국민족사(중)』, 서울대학교출판부, 2002, 37~38쪽.

12) 신용하, 『일제강점기 한국민족사(중)』, 서울대학교출판부, 2002, 36~37쪽.

13) 김용석, 「다시 쓰는 한반도 100년 (15)일제의 징용자 학대와 민족의식」, 『경향신문』, 2001년
11월 24일, 7면.

14) 조헌주 · 박원재, 「關東대지진 조선인학살 80주년 / 日 마쓰오 교수가 밝히는 사건 전모」, 『동아일보』, 2003년 8월 30일, 10면.

15) 오장환, 『한국 아나키즘운동사 연구』, 국학자료원, 1998, 155~156쪽.

16) 염인호 · 정운현, 「의열 독립투쟁」(8)김익상 의사」, 『서울신문』, 1999년 10월 22일, 6면.

17) 박노자, 「'정당한 폭력'은 정당한가」, 『한겨레 21』, 2007년 4월 17일, 96~97면.

18) 이명화 · 정운현, 「의열 독립투쟁」(18)김상옥 의사 '끝'」, 『서울신문』, 1999년 12월 31일, 6면.

19) 김형찬, 「김상옥 의사 의거 80주년 "숨지는 순간에도 육혈포 쏘는 시늉"」, 『동아일보』, 2003년 10월 24일, 18면.

20) 김형찬, 「김상옥 의사 의거 80주년 "숨지는 순간에도 육혈포 쏘는 시늉"」, 『동아일보』, 2003년 10월 24일, 18면.

21) 구승회 외, 『한국 아나키즘 100년』, 이학사, 2004, 216~217쪽.

22) 염인호, 『김원봉연구: 의열단, 민족혁명당 40년사』, 창작과비평사, 1992, 61~62쪽; 김삼웅, 『단재 신채호평전』, 시대의창, 2005, 265~276쪽.

23) 이기동, 「민중사학론」, 노태돈 외, 『현대 한국사학과 사관』, 일조각, 1991, 174~175쪽.

24) 오장환, 『한국 아나키즘운동사 연구』, 국학자료원, 1998, 175~176쪽.

25) 송건호, 『직필과 곡필: 송건호 전집 10』, 한길사, 2002, 29~31쪽; 한상도, 『대륙에 남긴 꿈: 김원봉의 항일역정과 삶』, 역사공간, 2006, 44쪽; 이광표, 「단재 신채호〈1880~1936〉(새로 쓰는 선비론:23 · 끝)」, 『동아일보』, 1998년 3월 27일, 26면.

26) 김영범, 『한국 근대민족운동과 의열단』, 창작과비평사, 1997, 104쪽.

27) 이광표, 「단재 신채호〈1880~1936〉(새로 쓰는 선비론:23 · 끝)」, 『동아일보』, 1998년 3월 27일, 26면.

28) 한시준, 「제7장. 중국 관내 독립운동과 신문 · 잡지」, 위암장지연선생기념사업회, 『한국근대 언론과 민족운동』, 커뮤니케이션북스, 2001, 272쪽.

29) 염인호, 『김원봉연구: 의열단, 민족혁명당 40년사』, 창작과비평사, 1992, 58쪽.

30) 김학철, 『최후의 분대장: 김학철 자서전』, 문학과지성사, 1995, 118쪽.

31) 님 웨일즈 · 김산, 송영인 옮김, 『아리랑: 조선인혁명가 김산의 불꽃같은 삶』, 동녘, 2005, 164~165쪽.

32) 김삼웅, 「의열 독립투쟁」(11)박열 의사」, 『서울신문』, 1999년 11월 12일, 6면.

33) 김삼웅, 「의열 독립투쟁」(11)박열 의사」, 『서울신문』, 1999년 11월 12일, 6면.

34) 김삼웅, 「의열 독립투쟁」(11)박열 의사」, 『서울신문』, 1999년 11월 12일, 6면.

35) 서정보, 「[책갈피 속의 오늘] 1926년 日박열~가네코 사형 언도」, 『동아일보』, 2008년 3월 26일자.

36) 김삼웅, 「의열 독립투쟁」(11)박열 의사」, 『서울신문』, 1999년 11월 12일, 6면.

37) 한중일3국공동역사편찬위원회, 『미래를 여는 역사: 한중일이 함께 만든 동아시아 3국의 근현대사』, 한겨레출판, 2005, 108쪽; 정혜경, 『일제시대 재일조선인민족운동연구』, 국학자료원, 2001, 368쪽.

38) 정운현, 「義烈 독립투쟁 金祉燮 의사(3)」, 『서울신문』, 1999년 8월 27일, 6면.

39) 정운현, 「義烈 독립투쟁 金祉燮 의사(3)」, 『서울신문』, 1999년 8월 27일, 6면.

40) 정운현, 「義烈 독립투쟁 金祉燮 의사(3)」, 『서울신문』, 1999년 8월 27일, 6면.

41) 정운현, 「義烈 독립투쟁 金祉燮 의사(3)」, 『서울신문』, 1999년 8월 27일, 6면.

42) 염인호, 『김원봉연구: 의열단, 민족혁명당 40년사』, 창작과비평사, 1992, 85~90쪽.

43) 염인호, 『김원봉연구: 의열단, 민족혁명당 40년사』, 창작과비평사, 1992, 406쪽.

44) 한홍구, 『대한민국사 02: 아리랑 김산에서 월남 김상사까지』, 한겨레신문사, 2003, 293쪽.

45) 염인호, 『김원봉연구: 의열단, 민족혁명당 40년사』, 창작과비평사, 1992, 85~90쪽.

46) 한상도, 『대륙에 남긴 꿈: 김원봉의 항일역정과 삶』, 역사공간, 2006, 46~47쪽.

47) 님 웨일즈 · 김산, 송영인 옮김, 『아리랑: 조선인혁명가 김산의 불꽃같은 삶』, 동녘, 2005, 163~164쪽.

48) 배경한, 『쑨원과 한국: 중화주의와 사대주의의 교차』, 한울아카데미, 2007, 207~209쪽.

49) 배경한, 「20세기 초 중국은 우리에게 누구였나?: 중화주의와 사대주의의 교차」, 『쑨원과 한국: 중화주의와 사대주의의 교차』, 한울아카데미, 2007, 231~250쪽; 김기철, 「쑨원의 민족주의에 한국은 없었다」, 『조선일보』, 2007년 8월 18일자.

50) 남종호, 「모택동 자서전의 시대배경」, 해방군문예출판사 편, 남종호 역, 『모택동 자서전』, 다락원, 2002, 180~181쪽; 추헌수, 『한민족의 독립운동과 임시정부의 위상』, 연세대학교출판부, 1995, 253쪽; 한국사사전편찬회 편, 『한국근현대사사전 1860~1990』, 가람기획, 1990, 140~141쪽.

51) 한상도, 『대륙에 남긴 꿈: 김원봉의 항일역정과 삶』, 역사공간, 2006, 48~50쪽.

52) 강만길, 『증보 조선민족혁명당과 통일전선』, 역사비평사, 2003, 36쪽.

53) 한상도, 『한국독립운동과 국제환경』, 한울아카데미, 2000, 301쪽.

54) 염인호, 『김원봉연구: 의열단, 민족혁명당 40년사』, 창작과비평사, 1992, 406~408쪽.

55) 류길재, 「[현대사 다시쓴다] 한국공산주의운동」, 『한국일보』, 1999년 3월 1일, 9면.

56) 반병률, 「제2장 사회주의운동」, 한국근현대사학회 엮음, 『한국독립운동사강의』, 한울아카데미, 1998, 321쪽.

57) 신용하, 『일제강점기 한국민족사(중)』, 서울대학교출판부, 2002, 498쪽.

58) 한상도, 『한국독립운동과 국제환경』, 한울아카데미, 2000, 311쪽.

59) 채영국, 『한민족의 만주독립운동과 정의부』, 국학자료원, 2000, 62~66쪽, 233~235쪽; 한국사사전편찬회 편, 『한국근현대사사전 1860~1990』, 가람기획, 1990, 207~208쪽.

60) 박영률, 「50년 만에 빛 본 독립운동가 김응섭 선생 회고록」, 『한겨레』, 2007년 8월 15일.

제2장

1) 최민지, 「한말~일제하 민족과 언론」, 송건호 외, 『한국언론 바로보기』, 다섯수레, 2000, 53~55쪽.

2) 김민철, 「총독관저에 드나든 조선인들」, 한국역사연구회, 『우리는 지난 100년 동안 어떻게 살았을까 3』, 역사비평사, 1999, 80~82쪽.

3) 정진석, 『역사와 언론인』, 커뮤니케이션북스, 2001, 245~246쪽.

4) 송건호, 『송건호 전집 2』, 한길사, 2002, 43~44쪽; 신용하, 『일제강점기 한국민족사(중)』, 서울대학교출판부, 2002, 25쪽.

5) 김운태, 『일본제국주의의 한국통치』, 박영사, 1998, 274쪽.

6) 송건호, 『직필과 곡필: 송건호 전집 10』, 한길사, 2002, 31~32쪽.

7) 최민지, 「한말~일제하 민족과 언론」, 송건호 외, 『한국언론 바로보기』, 다섯수레, 2000, 59쪽.

8) 권희영, 『한국사의 근대성 연구』, 백산서당, 2001, 245~247쪽.

9) 김철훈, 「현대사 다시 쓴다] 사이토 총독에 보낸 참모편지」, 『한국일보』, 1999년 2월 8일, 23면.

10) 김민철, 「총독관서에 드나든 조신인들」, 한국역사연구회, 『우리는 지난 100년 동안 어떻게 살았을까 3』, 역사비평사, 1999, 80~82쪽.

11) 정운현, 「[정직한 역사 되찾기] 친일의 군상(27) 崔麟」, 『서울신문』, 1999년 3월 15일, 13면.

12) 정태헌, 『한국의 식민지적 근대성찰: 근대주의 비판과 평화공존의 역사학 모색』, 선인, 2007, 47쪽.

13) 이영훈, 『대한민국 이야기: '해방 전후사의 재인식' 강의』, 기파랑, 2007, 100쪽.

14) 최봉영, 『한국문화의 성격』, 사계절, 1997, 222쪽.

15) 박노자, 『박노자의 만감일기: 나, 너, 우리, 그리고 경계를 넘어』, 인물과사상사, 2008, 132쪽.

16) 이규태, 『한국학 에세이 1: 전통과 생활의 접목』, 신원문화사, 1995, 206쪽.

17) 이규태, 『한국학 에세이 1: 전통과 생활의 접목』, 신원문화사, 1995, 206~207쪽.

18) 이규태, 『한국인의 정서구조 2: 인정 · 흥 · 신바람』, 신원문화사, 1994, 280쪽.

19) 임종국, 반민족연구소 엮음, 『실록 친일파』, 돌베개, 1996, 92쪽, 98쪽.

20) 최민지 · 김민주, 『일제하 민족언론사론』, 일월서각, 1978, 50쪽, 63쪽; 박용규, 「일제하 시대 · 중외 · 중앙 · 조선중앙일보에 관한 연구: 창간배경과 과정, 자본과 운영, 편집진의 구성과 특성을 중심으로」, 『언론과 정보』, 제2호(1996년), 부산대학교 언론정보연구소, 110쪽; 최준, 『한국신문사논고』, 일조각, 1995, 346쪽.

21) 송건호, 『송건호 전집 12』, 한길사, 2002, 211쪽.

22) 임종국, 반민족연구소 엮음, 『실록 친일파』, 돌베개, 1996, 101쪽.

23) 임종국, 반민족연구소 엮음, 『실록 친일파』, 돌베개, 1996, 102쪽.

24) 정운현, 「친일의 군상(22회)~독립선언서 기초 崔南善」, 『서울신문』, 1999년 1월 25일, 6면.

25) 김용석, 「[다시 쓰는 한반도 100년] (11)육당 '짧은 애국 긴 親日' 행적」, 『경향신문』, 2001년 10월 27일, 17면.

26) 김용석, 「[다시 쓰는 한반도 100년] (11)육당 '짧은 애국 긴 親日' 행적」, 『경향신문』, 2001년 10월 27일, 17면.

27) 김민환, 『한국언론사』, 사회비평사, 1996, 212쪽.

28) 이영화, 『최남선의 역사학』, 경인문화사, 2003, 35쪽.

29) 김상태 편역, 『윤치호 일기 1916~1943: 한 지식인의 내면세계를 통해 본 식민지시기』, 역사비평사, 2001, 248~249쪽.

30) 정진석, 『역사와 언론인』, 커뮤니케이션북스, 2001, 273쪽.

31) 정진석, 『한국현대언론사론』, 전예원, 1985, 154~155쪽.

32) 정재권, 「차치구의 손자 차용남 씨/ "농민봉기가 동학 때문은 아니지"/한학에 능통··· 아버지는 보천교 교주(인터뷰)」, 『한겨레』, 1993년 12월 28일, 9면; 신정일, 『한국사, 그 변혁을 꿈꾼 사람들』, 이학사, 2002, 338~341쪽; 김천, 「[한국의 창종자들]함양 황석산에서 창교와 건국을 선포하다」, 『뉴스메이커』, 767호, 2008년 3월 25일.

33) 송건호, 『송건호 전집 12』, 한길사, 2002, 212쪽.

34) 정진석, 『한국현대언론사론』, 전예원, 1985, 154~155쪽.

35) 김삼웅, 『친일정치 100년사』, 동풍, 1995, 124쪽.

36) 박용규, 「일제하 시대·중외·중앙·조선중앙일보에 관한 연구: 창간배경과 과정, 자본과 운영, 편집진의 구성과 특성을 중심으로」, 『언론과 정보』, 제2호(1996년), 부산대학교 언론정보연구소, 114쪽.

37) 강영주, 「벽초 홍명희 2: 3·1운동에서 신간회운동까지」, 『역사비평』, 계간 24호(1994년 봄), 151~153쪽.

38) 이영화, 『최남선의 역사학』, 경인문화사, 2003, 38~39쪽; 정진석, 『한국현대언론사론』, 전예원, 1985, 156쪽; 정진석, 『인물 한국언론사: 한국언론을 움직인 사람들』, 나남, 1995, 200쪽.

39) 정진석, 『한국언론사』, 나남, 1990, 512~513쪽.

40) 조선일보사 사료연구실, 『조선일보 사람들: 일제시대 편』, 랜덤하우스중앙, 2004, 206쪽.

41) 한우희, 「식민지 전기의 보통학교」, 우용제·류방란·한우희·오성철, 『근대한국초등교육연구: 동몽교육에서 초등교육으로』, 교육과학사, 1998, 69쪽; 송건호, 『한국민족주의의 탐구: 송건호 전집 7』, 한길사, 2002, 319쪽.

42) 신용하, 『일제강점기 한국민족사(상)』, 서울대학교출판부, 2002, 73~74쪽; 김태웅, 『우리 학생들이 나아가누나: 소학교 풍경, 조선 후기에서 3·1운동까지』, 서해문집, 2006, 123~124쪽.

43) 한우희, 「식민지 전기의 보통학교」, 우용제·류방란·한우희·오성철, 『근대한국초등교육연구: 동몽교육에서 초등교육으로』, 교육과학사, 1998, 70~91쪽.

44) 한우희, 「식민지 전기의 보통학교」, 우용제·류방란·한우희·오성철, 『근대한국초등교육연구: 동몽교육에서 초등교육으로』, 교육과학사, 1998, 87쪽.

45) 한우희, 「일제식민통치하 조선인의 교육열에 관한 연구: 1920년대 공립보통학교를 중심으로」, 우용제·류방란·한우희·오성철, 『근대한국초등교육연구: 동몽교육에서 초등교육으로』, 교육과학사, 1998, 102쪽.

46) 한우희, 「식민지 전기의 보통학교」, 우용제·류방란·한우희·오성철, 『근대한국초등교육연구: 동몽교육에서 초등교육으로』, 교육과학사, 1998, 91~98쪽.

47) 한우희, 「식민지 전기의 보통학교」, 우용제·류방란·한우희·오성철, 『근대한국초등교육연구: 동몽교육에서 초등교육으로』, 교육과학사, 1998, 93~96쪽.

48) 한우희, 「일제식민통치하 조선인의 교육열에 관한 연구: 1920년대 공립보통학교를 중심으로」, 우용제·류방란·한우희·오성철, 『근대한국초등교육연구: 동몽교육에서 초등교육으로』, 교육과학사, 1998, 104~105쪽.

49) 전봉관, 「토요 연재 [30년대 조선을 거닐다] (1) 살인적 입학난과 총독부 입시 정책」, 『조선일보』, 2005년 10월 8일자.

50) 전봉관, 「[전봉관의 '옛날 잡지를 보러가다' ⑥] 경성제대 입시 대소동」, 『신동아』, 2005년 12월호.

51) 한우희, 「일제식민통치하 조선인의 교육열에 관한 연구: 1920년대 공립보통학교를 중심으로」, 우용제 · 류방란 · 한우희 · 오성철, 『근대한국초등교육연구: 동몽교육에서 초등교육으로』, 교육과학사, 1998, 119~121쪽.

52) 오성철, 「1930년대 초등교육 확대와 조선인의 교육요구」, 우용제 · 류방란 · 한우희 · 오성철, 『근대한국초등교육연구: 동몽교육에서 초등교육으로』, 교육과학사, 1998, 126쪽; 한우희, 「식민지 전기의 보통학교」, 우용제 · 류방란 · 한우희 · 오성철, 『근대한국초등교육연구: 동몽교육에서 초등교육으로』, 교육과학사, 1998, 88쪽.

53) 유성운, 「일제강점기 조선은 '욕망의 식민지': 고려대 '식민지 근대를 가다' 학술대회」, 『동아일보』, 2006년 11월 14일, A23면.

54) 전봉관, 「토요 연재 [30년대 조선을 거닐다] (1) 살인적 입학난과 총독부 입시 정책」, 『조선일보』, 2005년 10월 8일자.

55) 전봉관, 「[전봉관의 '옛날 잡지를 보러가다' ⑥] 경성제대 입시 대소동」, 『신동아』, 2005년 12월호.

56) 송건호, 『송건호 전집 3』, 한길사, 2002, 256~257쪽.

57) 이명실, 「[발굴 신여성] 여고보 졸업해도 갈 곳 없어라」, 『여성신문』, 2003년 8월 15일자.

58) 이기훈, 「일제하 식민지 사범교육: 대구사범학교를 중심으로」, 역사문제연구소, 『역사문제연구 9』, 역사비평사, 2002, 43~45쪽.

59) 김중순, 유석춘 역, 『문화민족주의자 김성수』, 일조각, 1998, 135~136쪽.

60) 심지연, 『허헌 연구』, 역사비평사, 1994, 50쪽; 정선이, 『경성제국대학 연구』, 문음사, 2002, 59~60쪽.

61) 전택부, 『한국 기독교청년회 운동사』, 범우사, 1994, 292쪽.

62) 정선이, 『경성제국대학 연구』, 문음사, 2002, 28~32쪽.

63) 정선이, 『경성제국대학 연구』, 문음사, 2002, 61~62쪽.

64) 정선이, 『경성제국대학 연구』, 문음사, 2002, 31~32쪽.

65) 박성래 · 신동원 · 오동훈, 『우리 과학 100년』, 현암사, 2001, 91~93쪽.

66) 이나미, 「일제의 조선지배 이데올로기: 자유주의와 국가주의」, 강만길 외, 『일본과 서구의 식민통치 비교』, 선인, 2004, 117쪽.

67) 박걸순, 『식민지 시기의 역사학과 역사인식』, 경인문화사, 2004, 101~123쪽.

68) 전봉관, 「[전봉관의 '옛날 잡지를 보러가다' ⑥] 경성제대 입시 대소동」, 『신동아』, 2005년 12월호.

69) 정운현, 『서울시내 일제유산답사기』, 한울, 1995, 216~217쪽.

70) 전봉관, 「[전봉관의 '옛날 잡지를 보러가다' ⑥] 경성제대 입시 대소동」, 『신동아』, 2005년 12월호.

71) 천정환, 『끝나지 않는 신드롬: 친일과 반일을 넘어선 식민지시대 다시 읽기』, 푸른역사, 2005, 129~130쪽.

72) 다카사키 소지, 이규수 옮김, 『식민지 조선의 일본인들: 군인에서 상인, 그리고 게이샤까지』, 역사비평사, 2006, 126쪽.

73) 이혜령, 「1920년대 동인지 문학의 성격과 여성인식의 관련성」, 상허학회, 『1920년대 동인지 문학과 근대성 연구: 상허학보 2집』, 깊은샘, 2000, 136~137쪽.

74) 하정일, 『20세기 한국문학과 근대성의 변증법』, 소명출판, 2000, 194~195쪽.

75) 한우희, 「식민지 전기의 보통학교」, 우용제 · 류방란 · 한우희 · 오성철, 『근대한국초등교육 연구: 동몽교육에서 초등교육으로』, 교육과학사, 1998, 97쪽.

76) 이정규, 『한국사회의 학력 · 학벌주의: 근원과 발달』, 집문당, 2003, 102~108쪽.

77) 김종구, 「〈경성제대〉 파헤친 첫 논문 눈길/독립기념관 장세윤 연구원」, 『국민일보』, 1993년 2월 1일, 13면.

78) 김상봉, 「교육과 권력」, 『역사비평』, 통권 77호(2006년 겨울), 161~162쪽.

79) 정선이, 『경성제국대학 연구』, 문음사, 2002, 130~132쪽.

80) 정선이, 『경성제국대학 연구』, 문음사, 2002, 132쪽.

81) 정선이, 『경성제국대학 연구』, 문음사, 2002, 133~136쪽.

82) 정선이, 『경성제국대학 연구』, 문음사, 2002, 138쪽.

83) 정선이, 『경성제국대학 연구』, 문음사, 2002, 184~185쪽.

84) 강준만, 『서울대의 나라』, 개마고원, 1996, 187~192쪽.

제3장

1) 양현혜, 『윤치호와 김교신: 근대 조선에 있어서 민족적 아이덴티티와 기독교』, 한울, 1996, 87쪽.

2) 황민호, 『일제하 식민지 지배권력과 언론의 경향』, 경인문화사, 2005, 64쪽.

3) 임경석, 『한국 사회주의의 기원』, 역사비평사, 2003, 83쪽.

4) 임경석, 『한국 사회주의의 기원』, 역사비평사, 2003, 90쪽.

5) 임경석, 「3 · 1운동 전후 한국 민족주의의 변화」, 역사문제연구소, 『역사문제연구 4』, 역사비 평사, 2000, 85~86쪽.

6) 김재용, 『협력과 저항: 일제 말 사회와 문학』, 소명출판, 2004, 97~98쪽.

7) 신용하, 『일제강점기 한국민족사(중)』, 서울대학교출판부, 2002, 350쪽.

8) 역사학연구소, 『메이데이 100년의 역사』, 서해문집, 2004, 49~55쪽; 하일식, 『연표와 사진으로 보는 한국사』, 일빛, 1998, 271~272쪽.

9) 이준식, 「제5장 농촌사회의 변화와 농민운동」, 신용하 · 박명규 · 김필동 엮음, 『한국 사회사의 이해』, 문학과지성사, 1995, 409쪽.

10) 역사학연구소, 『메이데이 100년의 역사』, 서해문집, 2004, 47쪽.

11) 신용하, 『일제강점기 한국민족사(중)』, 서울대학교출판부, 2002, 362쪽.

12) 한국사사전편찬회 편, 『한국근현대사사전 1860~1990』, 가람기획, 1990, 218쪽.

13) 한국사사전편찬회 편, 『한국근현대사사전 1860~1990』, 가람기획, 1990, 219쪽.

14) 한국사사전편찬회 편, 『한국근현대사사전 1860~1990』, 가람기획, 1990, 219쪽.

15) 신희선, 「[발굴 신여성] "경제적 독립이 부인 해방": 최초 사회주의여성단체 '조선여성 동우회'」, 『여성신문』, 2003년 8월 22일.

16) 강정숙, 「일제 강점하의 여성운동」, 한국여성연구소 여성사연구실, 『우리 여성의 역사』, 청년사, 1999, 334쪽.

17) 박태균, 『조봉암 연구』, 창작과비평사, 1995, 43~44쪽.

18) 신용하, 『일제강점기 한국민족사(중)』, 서울대학교출판부, 2002, 362쪽.

19) 전명혁, 「사회주의 사상의 노입과 소선공산당 창건」, 『진보평론』, 제2호(1999년 겨울), 346~347쪽.

20) 오장환, 『한국 아나키즘운동사 연구』, 국학자료원, 1998, 40쪽; 박종린, 「꺼지지 않은 불꽃, 송산 김명식」, 『진보평론』 제2호(1999년 겨울), 364~365쪽.

21) 황민호, 『일제하 식민지 지배권력과 언론의 경향』, 경인문화사, 2005, 64~65쪽.

22) 황민호, 『일제하 식민지 지배권력과 언론의 경향』, 경인문화사, 2005, 72~74쪽.

23) 송건호, 『직필과 곡필: 송건호 전집 10』, 한길사, 2002, 31~32쪽.

24) 최서영, 『한국의 저널리즘: 120년의 역사와 사상』, 커뮤니케이션북스, 2002, 286쪽에서 재인용.

25) 유재천, 「일제하 한국신문의 공산주의 수용태도」, 이상희교수화갑기념논문집간행위원회 편, 『현대사회와 커뮤니케이션이론』, 한길사, 1989, 281~343쪽.

26) 배경식, 「'모던 보이'에서 'X 세대'까지」, 한국역사연구회, 『우리는 지난 100년 동안 어떻게 살았을까 2』, 역사비평사, 1998, 194~195쪽.

27) 임경석, 『한국 사회주의의 기원』, 역사비평사, 2003, 90쪽.

28) 정태영, 『조봉암과 진보당: 한 민주사회주의자의 삶과 투쟁』, 후마니타스, 2006, 39쪽.

29) 권희영, 『한국사의 근대성 연구』, 백산서당, 2001, 238쪽.

30) 권희영, 『한인 사회주의운동 연구』, 국학자료원, 1999, 310쪽.

31) 류길재, 「[현대사 다시 쓴다] 한국 공산주의운동」, 『한국일보』, 1999년 3월 1일, 9면; 신용하, 『일제강점기 한국민족사(중)』, 서울대학교출판부, 2002, 363쪽.

32) 박태균, 『조봉암 연구』, 창작과비평사, 1995, 53쪽.

33) 정태영, 『조봉암과 진보당: 한 민주사회주의자의 삶과 투쟁』, 후마니타스, 2006, 35쪽.

34) 전명혁, 「조선공산당 제1차 당대회 연구」, 성대경 엮음, 『한국현대사와 사회주의』, 역사비평사, 2000, 32쪽.

35) 정진석, 『한국언론사』, 나남, 1990, 483~484쪽.

36) 정진석, 『한국언론사』, 나남, 1990, 497~498쪽.

37) 정진석, 『한국언론사』, 나남, 1990, 499~507쪽.

38) 조선일보사 사료연구실, 『조선일보 사람들: 일제시대편』, 랜덤하우스중앙, 2004, 68쪽.

39) 정진석, 『한국언론사』, 나남, 1990, 501~503쪽.

40) 김을한, 『한국신문사화』, 탐구당, 1975, 91~92쪽.

41) 박태균, 『조봉암 연구』, 창작과비평사, 1995, 55쪽; 송건호, 『송건호 전집 3』, 한길사, 2002, 248쪽; 신용하, 『일제강점기 한국민족사(중)』, 서울대학교출판부, 2002, 366쪽.

42) 박태균, 『조봉암 연구』, 창작과비평사, 1995, 45쪽; 조선일보사 사료연구실, 『조선일보 사람들: 일제시대 편』, 랜덤하우스중앙, 2004, 160~163쪽.

43) 박태균, 『조봉암 연구』, 창작과비평사, 1995, 46쪽.

44) 임경석, 「박헌영과 김단야」, 『역사비평』, 통권 53호(2000년 겨울), 127~128쪽; 정태영, 『조봉암과 진보당: 한 민주사회주의자의 삶과 투쟁』, 후마니타스, 2006, 39~40쪽.

45) 임경석, 「박헌영과 김단야」, 『역사비평』, 통권 53호(2000년 겨울), 128쪽; 이기우, 「[책갈피 속의 오늘] 1925년 조선공산당 창당」, 『동아일보』, 2004년 4월 17일, 29면.

46) 조선일보사 사료연구실, 『조선일보 사람들: 일제시대 편』, 랜덤하우스중앙, 2004, 175쪽.

47) 임경석, 『이정 박헌영 일대기』, 역사비평사, 2004, 140쪽.

48) 원경·윤해동, 「한국 현대사의 증언/ 박헌영의 아들 원경 스님: 혁명과 박헌영과 나」, 『역사비평』, 계간 37호(1997년 여름), 109~110쪽.

49) 한국정신문화연구원 현대사연구소 편, 『격동기 지식인의 세 가지 삶의 모습』, 한국정신문화연구원 현대사연구소, 1999, 105쪽.

50) 소영현, 『부랑청년 전성시대: 근대 청년의 문화 풍경』, 푸른역사, 2008, 118~135쪽.

51) 윤병로, 『한국 근·현대 문학사』, 명문당, 1991, 216쪽; 서경석, 『한설야: 정치적 죽음과 문화적 삶』, 건국대학교출판부, 1996, 28쪽; 김성호, 『한국방송인물지리지』, 나남, 1997, 24쪽.

52) 김병익, 『한국문단사 1908~1970』, 문학과지성사, 2001, 163쪽.

53) 신재기, 『한국근대문학비평가론』, 월인, 1999, 29쪽.

54) 이영록, 『우리 헌법의 탄생: 헌법으로 본 대한민국 건국사』, 서해문집, 2006, 74~75쪽; 김병익, 『한국문단사 1908~1970』, 문학과지성사, 2001, 190쪽.

55) 김려실, 『투사하는 제국 투영하는 식민지: 1901~1945년의 한국영화사를 되짚다』, 삼인, 2006, 125쪽; 김종원·정중헌, 『우리 영화 100년』, 현암사, 2001, 152쪽.

56) 이준식, 「사회주의와 반공주의의 한 세기」, 한국역사연구회, 『우리는 지난 100년 동안 어떻게 살았을까 3』, 역사비평사, 1999, 52쪽.

57) 한국기독교역사연구소, 『한국기독교의 역사 II』, 기독교문사, 1990, 47쪽.

58) 한국기독교역사연구소, 『한국기독교의 역사 II』, 기독교문사, 1990, 48쪽.

59) 이만열, 『한국기독교와 민족의식: 한국기독교사연구논고』, 지식산업사, 1991, 326~327쪽.

60) 장규식, 『일제하 한국 기독교민족주의 연구』, 혜안, 2001, 165~166쪽.

61) 전명혁, 「조선공산당 제1차 당대회 연구」, 성대경 엮음, 『한국현대사와 사회주의』, 역사비평사, 2000, 48쪽.

62) 한국기독교역사연구소, 『한국기독교의 역사 II』, 기독교문사, 1990, 49쪽.

63) 민경배, 『한국기독교회사』, 연세대학교출판부, 1993, 398~401쪽.

64) 민경배, 『한국기독교회사』, 연세대학교출판부, 1993, 388쪽.

65) 한국기독교역사연구소, 『한국기독교의 역사 II』, 기독교문사, 1990, 169~170쪽.

66) 최기영, 『한국근대계몽사상연구』, 일조각, 2003, 339쪽.

67) 이길상, 「제국주의 문화침략과 한국교육의 대미종속화」, 『역사비평』, 계간 18호(1992년 가을), 114쪽.

68) 장규식, 『일제하 한국 기독교민족주의 연구』, 혜안, 2001, 167쪽.

69) 윤정란, 『한국기독교 여성운동의 역사: 1910년~1945년』, 국학자료원, 2003, 104~105쪽.

70) 한국기독교역사연구소, 『한국기독교의 역사 II』, 기독교문사, 1990, 48쪽.

71) 한국기독교역사연구소, 『한국기독교의 역사 II』, 기독교문사, 1990, 260~261쪽.

72) 서중석, 『한국현대민족운동연구: 해방후 민족국가 건설운동과 통일전선』, 역사비평사, 1991, 144쪽.

73) 권희영, 『한인 사회주의운동 연구』, 국학자료원, 1999, 558~560쪽.

제4장

1) 조선일보사 사료연구실, 『조선일보 사람들: 일제시대 편』, 랜덤하우스중앙, 2004, 61~62쪽.

2) 최준, 『한국신문사논고』, 일조각, 1995, 341~342쪽; 조선일보사, 『조선일보 역사 단숨에 읽기 1920』, 조선일보사, 2004, 40~41쪽; 유재천, 「민족언론과 월남 이상재: 조선일보와 민족주의」, 『한국언론과 이데올로기』, 문학과 지성사, 1990, 137~171쪽.

3) 김중순, 유석춘 역, 『문화민족주의자 김성수』, 일조각, 1998, 145~146쪽.

4) 김인덕, 『우리는 조센진이 아니다: 격랑의 민족사가 낳은 재일조선인 이야기』, 서해문집, 2004, 87쪽.

5) 「식민지시대 편 3. 동아일보 자본」, 『미디어 오늘』, 1995년 6월 7일자; 김인덕, 『우리는 조센진이 아니다: 격랑의 민족사가 낳은 재일조선인 이야기』, 서해문집, 2004, 88쪽.

6) 김을한, 『한국신문사화』, 탐구당, 1975, 79~81쪽; 최서영, 『한국의 저널리즘: 120년의 역사와 사상』, 커뮤니케이션북스, 2002, 267쪽.

7) 김을한, 『한국신문사화』, 탐구당, 1975, 79~81쪽.

8) 조선일보사 사료연구실, 『조선일보 사람들: 일제시대 편』, 랜덤하우스중앙, 2004, 73~75쪽.

9) 이성근, 『한일 양국 초대 여기자의 삶: 최은희와 이소무라 하루코』, 와우, 1999, 165~166쪽.

10) 김을한, 『한국신문사화』, 탐구당, 1975, 79~81쪽; 진성호, 「조선일보 80 한국언론 불멸의 기록들」, 『조선일보』, 2000년 2월 18일.

11) 신명직, 『모던보이, 경성을 거닐다: 만문만화로 보는 근대의 얼굴』, 현실문화연구, 2003, 6~9쪽.

12) 최인진, 『한국사진사 1631~1945』, 눈빛, 1999, 297쪽.

13) 박용규, 「신문의 사회문화사」, 유선영·박용규·이상길 외, 『한국의 미디어 사회문화사』, 한국언론재단, 2007, 179쪽.

14) 지수걸, 「일제하 충남 서산군의 '관료-유지 지배체제': 『서산군지』(1927)에 대한 분석을 중심으로」, 역사문제연구소, 『역사문제연구 3』, 역사비평사, 1998, 65쪽.

15) 임대식, 「이완용의 변신과정과 재산축적」, 『역사비평』, 계간 22호(1993년 가을), 163~164쪽.

16) 부형권, 「[책갈피 속의 오늘] 1926년 총독부 이완용 부고사설 삭제」, 『동아일보』, 2006년 2

월 13일, 31면.

17) 김기철·진성호, 「[창간특집] 명기사 명사설/풍자~은유로 본 일제비판」, 『조선일보』, 2001년 3월 12일자.

18) 이이화, 「이완용의 곡예: 친미·친로에서 친일로」, 『역사비평』, 계간 17호(1992년 여름), 202쪽.

19) 김정동, 「마지막 황제 순종의 일본 방문길(상)」, 『중앙일보』, 2003년 3월 17일자.

20) 김호일, 『한국근대학생운동사』, 선인, 2005, 217쪽.

21) 천정환, 「천정환의 문화오디세이10: 유행과 신드롬, 광기의 사회학」, 『신동아』, 2004년 11월, 520~529쪽.

22) 천정환, 「천정환의 문화오디세이10: 유행과 신드롬, 광기의 사회학」, 『신동아』, 2004년 11월, 520~529쪽.

23) 정운현·채영국, 「[義烈 독립투쟁] (4)송학선 의사」, 『서울신문』, 1999년 9월 3일, 6면.

24) 천정환, 「천정환의 문화오디세이10: 유행과 신드롬, 광기의 사회학」, 『신동아』, 2004년 11월, 520~529쪽.

25) 김삼웅 편저, 『사료로 보는 20세기 한국사』, 가람기획, 1997, 113쪽.

26) 신용하, 『일제강점기 한국민족사(중)』, 서울대학교출판부, 2002, 405쪽; 김용직, 「남과 북에서 외면당한 불운의 공산당원: 1926년 6·10만세운동 주도 권오설의 옥중 편지 발굴」, 『월간조선』, 2001년 7월, 576~589쪽; 김기철, 「'마지막 황제' 순종 國葬 사진 100여 장 발굴… 의친왕 손자 이혜원 씨 공개」, 『조선일보』, 2003년 6월 9일, 18면.

27) 김용직, 「남과 북에서 외면당한 불운의 공산당원: 1926년 6·10만세운동 주도 권오설의 옥중 편지 발굴」, 『월간조선』, 2001년 7월, 576~589쪽.

28) 심희정, 「'다시 쓰는 독립운동列傳' 제1부 국내편 Ⅱ~(3)권오설과 6·10만세운동」, 『경향신문』, 2005년 1월 24일, 6면.

29) 김용직, 「남과 북에서 외면당한 불운의 공산당원: 1926년 6·10만세운동 주도 권오설의 옥중 편지 발굴」, 『월간조선』, 2001년 7월, 576~589쪽.

30) 신용하, 『일제강점기 한국민족사(중)』, 서울대학교출판부, 2002, 403쪽.

31) 김용직, 「남과 북에서 외면당한 불운의 공산당원: 1926년 6·10만세운동 주도 권오설의 옥중 편지 발굴」, 『월간조선』, 2001년 7월, 576~589쪽.

32) 천정환, 「천정환의 문화오디세이10: 유행과 신드롬, 광기의 사회학」, 『신동아』, 2004년 11월, 520~529쪽.

33) 천정환, 「천정환의 문화오디세이10: 유행과 신드롬, 광기의 사회학」, 『신동아』, 2004년 11월, 520~529쪽.

34) 이승원, 『소리가 만들어낸 근대의 풍경』, 살림, 2005, 59~60쪽; 이상길, 「유성기의 활용과 사적 영역의 형성」, 『언론과 사회』, 제9권 4호(2001년 가을), 59~64쪽.

35) 이영미, 『한국대중가요사』, 시공사, 1998, 49쪽.

36) 이근태, 「일제시대의 대중가요」, 추억의 음악감상실 가요 114.

37) 신현규, 『꽃을 잡고: 파란만장한 일제강점기 기생인물·생활사』, 덕경, 2005, 80쪽.

38) 연구공간 수유+너머 근대매체연구팀, 『신여성: 매체로 본 여성 풍속사』, 한겨레신문사,

2005, 113, 166쪽.

39) 김미지, 『누가 하이카라 여성을 데리고 사누: 여학생과 연애』, 살림, 2005, 48쪽.

40) 김경일, 『여성의 근대, 근대의 여성: 20세기 전반기 신여성과 근대성』, 푸른역사, 2004, 63쪽.

41) 김현숙, 「현해탄에 꿈을 던진 성악가, 윤심덕」, 이배용 외, 『우리나라 여성들은 어떻게 살았을까 2: 개화기부터 해방까지』, 청년사, 1999, 228쪽.

42) 선성원, 『우리가 정말 알아야 할 우리 대중가요』, 현암사, 2008, 29쪽.

43) 이영미, 『흥남부두의 금순이는 어디로 갔을까?』, 황금가지, 2002, 19~20쪽.

44) 이영미, 『한국대중가요사』, 시공사, 1998, 49~50쪽.

45) 이철, 『경성을 뒤흔든 11가지 연애사건』, 나산초당, 2008, 64·~65쪽.

46) 권경안, 「[남도이야기 33] 현해탄에 몸 던진 김우진」, 『조선일보』, 2006년 9월 20일.

47) 노동은, 「최초의 여가수 윤심덕: 허무주의의 비가」, 『역사비평』, 계간 17호(1992년 여름), 248쪽.

48) 김영민, 「정사(情死)로써 사랑의 열정을 구원: 윤심덕과 김우진」, 『한겨레』, 2007년 1월 26일, 책·지성섹션 29면.

49) 이애숙, 「여성, 그들의 사랑과 결혼」, 한국역사연구회, 『우리는 지난 100년 동안 어떻게 살았을까 2』, 역사비평사, 1998, 158쪽.

50) 이강숙·김춘미·민경찬, 『우리 양악 100년』, 현암사, 2001, 180쪽.

51) 이준희, 「유행가 시대(3)-강남달이 밝아서 님이 놀던 곳」, 추억의 음악감상실 가요 114; 이근태, 「일제시대의 대중가요」, 추억의 음악감상실 가요 114.

52) 이승원, 『소리가 만들어낸 근대의 풍경』, 살림, 2005, 59~60쪽; 이상길, 「유성기의 활용과 사적 영역의 형성」, 『언론과 사회』, 제9권 4호(2001년 가을), 59~64쪽.

53) 이승원, 『소리가 만들어낸 근대의 풍경』, 살림, 2005, 48쪽.

54) 이상길, 「유성기의 활용과 사적 영역의 형성」, 『언론과 사회』, 제9권 4호(2001년 가을), 65쪽에서 재인용.

55) 장유정, 『오빠는 풍각쟁이야: 대중가요로 본 근대의 풍경』, 민음in, 2006, 29쪽.

56) 박상하, 『경성상계』, 생각의나무, 2008, 167~168쪽.

57) 이준희, 「유행가 시대(3)-강남달이 밝아서 님이 놀던 곳」, 추억의 음악감상실 가요 114; 이근태, 「일제시대의 대중가요」, 추억의 음악감상실 가요 114.

제5장

1) 정끝별, 「[애송시 100편-제47편] 빼앗긴 들에도 봄은 오는가」, 『조선일보』, 2008년 3월 4일.

2) 김재홍, 『이상화: 저항시의 활화산』, 건국대학교출판부, 1996, 26쪽.

3) 장석주, 『20세기 한국문학의 탐험 1 1900~1934』, 시공사, 2000, 287쪽.

4) 신용하, 『일제강점기 한국민족사(중)』, 서울대학교출판부, 2002, 166쪽.

5) 박천홍, 『매혹의 질주, 근대의 횡단: 철도로 돌아본 근대의 풍경』, 산처럼, 2003, 231~232쪽.

6) 윤홍기, 「제5장 경복궁과 구 조선총독부 건물 경관을 둘러싼 상징물 전쟁」, 한국문화역사지

리학회, 『우리 국토에 새겨진 문화와 역사』, 논형, 2003, 143쪽.

7) 윤홍기, 「제5장 경복궁과 구 조선총독부 건물 경관을 둘러싼 상징물 전쟁」, 한국문화역사지리
학회, 『우리 국토에 새겨진 문화와 역사』, 논형, 2003, 145쪽.

8) 염인호 · 정운현, 「[의열 독립투쟁] (8)김익상 의사」, 『서울신문』, 1999년 10월 22일, 6면; 서윤
영, 『세상을 닮은 집, 세상을 담은 집』, 서해문집, 2005, 132쪽.

9) 염인호 · 정운현, 「[의열 독립투쟁] (8)김익상 의사」, 『서울신문』, 1999년 10월 22일, 6면; 서윤
영, 『세상을 닮은 집, 세상을 담은 집』, 서해문집, 2005, 132쪽.

10) 윤홍기, 「제5장 경복궁과 구 조선총독부 건물 경관을 둘러싼 상징물 전쟁」, 한국문화역사지
리학회, 『우리 국토에 새겨진 문화와 역사』, 논형, 2003, 143~144쪽.

11) 윤홍기, 「제5장 경복궁과 구 조선총독부 건물 경관을 둘러싼 상징물 전쟁」, 한국문화역사지
리학회, 『우리 국토에 새겨진 문화와 역사』, 논형, 2003, 147~148쪽.

12) 김정동, 『남아있는 역사, 사라지는 건축물』, 대원사, 2000, 219~220쪽.

13) 김정동, 『남아있는 역사, 사라지는 건축물』, 대원사, 2000, 222쪽.

14) 기록문학회, 『부끄러운 문화 답사기』, 실천문학사, 1997, 93쪽.

15) 서윤영, 『세상을 닮은 집, 세상을 담은 집』, 서해문집, 2005, 132쪽.

16) 박상하, 『경성상계』, 생각의나무, 2008, 97쪽.

17) 기록문학회, 『부끄러운 문화 답사기』, 실천문학사, 1997, 49~50쪽.

18) 박상하, 『경성상계』, 생각의나무, 2008, 97~98쪽.

19) 윤병로, 『한국근 · 현대문학사』, 명문당, 1991, 151쪽.

20) 이종민, 「식민지 시기 형사 처벌의 근대화에 관한 연구: 근대 감옥의 이식 · 확장을 중심으
로」, 한국사회사학회, 『사회와 역사』, 통권 제55집(1999), 21쪽.

21) 이종민, 「식민지 시기 형사 처벌의 근대화에 관한 연구: 근대 감옥의 이식 · 확장을 중심으
로」, 한국사회사학회, 『사회와 역사』, 통권 제55집(1999), 21쪽.

22) 김미현 책임편집, 『한국영화사: 개화기(開化期)에서 개화기(開花期)까지』, 커뮤니케이션북
스, 2006, 34쪽.

23) 김려실, 『투사하는 제국 투영하는 식민지: 1901~1945년의 한국영화사를 되짚다』, 삼인,
2006, 68쪽.

24) 김종원 · 정중헌, 『우리 영화 100년』, 현암사, 2001, 65쪽.

25) 「한국 최초의 극영화 논쟁」, 『한국일보』, 1994년 1월 5일, 21면; 조희문, 『나운규』, 한길사,
1997, 180쪽.

26) 조희문, 『나운규』, 한길사, 1997, 182쪽.

27) 김정형, 「저축 장려한 첫 극영화 '월하의 맹서' 상영」, 『조선일보』, 2003년 4월 9일.

28) 김학수, 『스크린 밖의 한국영화사 I』, 인물과사상사, 2002, 53쪽.

29) 김정형, 「저축 장려한 첫 극영화 '월하의 맹서' 상영」, 『조선일보』, 2003년 4월 9일.

30) 신용하, 『일제강점기 한국민족사(중)』, 서울대학교출판부, 2002, 213쪽.

31) 변신원, 「다시 보는 신여성-최초의 여배우 이월화: 저축장려 계몽영화의 주인공」, 『여성신
문』, 2004년 4월 16일.

32) 안종화, 『한국영화측면비사』, 현대미학사, 1998, 50~52쪽; 김수남, 『한국 영화작가 연구: 나운규의 민족영화에서 김수용의 현대영화까지』, 예니, 1995, 40쪽.

33) 이효인, 『한국영화역사강의 1』, 이론과실천, 1992, 40~41쪽.

34) 안종화, 『한국영화측면비사』, 현대미학사, 1998, 33쪽.

35) 조희문, 「영화」, 역사문제연구소 엮음, 『사회사로 보는 우리 역사의 7가지 풍경』, 역사비평사, 1999, 292쪽.

36) 정종화, 『자료로 본 한국영화사 1 1905~1954』, 열화당, 1997, 24~26쪽.

37) 김종원·정중헌, 『우리 영화 100년』, 현암사, 2001, 101쪽.

38) 김민환, 『한국언론사』, 사회비평사, 1996, 286·294쪽.

39) 천정환, 『끝나지 않는 신드롬: 친일과 반일을 넘어선 식민지시대 다시 읽기』, 푸른역사, 2005, 163, 228쪽.

40) 김소희, 「아리랑에서 파업전야까지」, 한국역사연구회, 『우리는 지난 100년 동안 어떻게 살았을까 1』, 역사비평사, 1998, 84~85쪽.

41) 조정래, 『아리랑 : 조정래 대하소설 8』, 해냄, 2001, 202~208쪽.

42) 조희문, 『나운규』, 한길사, 1997, 175, 180쪽.

43) 김려실, 『투사하는 제국 투영하는 식민지: 1901~1945년의 한국영화사를 되짚다』, 삼인, 2006, 112~113쪽.

44) 김려실, 『투사하는 제국 투영하는 식민지: 1901~1945년의 한국영화사를 되짚다』, 삼인, 2006, 114~115쪽.

45) 김종원·정중헌, 『우리 영화 100년』, 현암사, 2001, 123쪽.

46) 김종원·정중헌, 『우리 영화 100년』, 현암사, 2001, 124~125쪽.

47) 정종화, 『자료로 본 한국영화사 ① 1905~1954』, 열화당, 1997, 38~39쪽.

48) 정종화, 『자료로 본 한국영화사 ① 1905~1954』, 열화당, 1997, 38~41쪽.

49) 김수남, 『한국 영화작가 연구: 나운규의 민족영화에서 김수용의 현대영화까지』, 예니, 1995, 69쪽.

50) 이효인, 『한국영화역사강의 1』, 이론과실천, 1992, 61쪽; 이중거, 「일제시대의 우리 영화」, 이중거 외 『한국영화의 이해: 「아리랑」에서 「은마는 오지 않는다」까지』, 예니, 1992, 149쪽.

51) 김은신, 『한국 최초 101 장면』, 가람기획, 1998, 307쪽에서 재인용.

52) 유현목, 『유현목의 한국영화발달사』, 책누리, 1997, 117~118쪽.

53) 이효인, 『한국영화역사강의 1』, 이론과실천, 1992, 63쪽.

54) 김태수, 『꽃가치 피어 매혹케 하라: 신문광고로 본 근대의 풍경』, 황소자리, 2005, 165~166쪽.

55) 정종화, 『자료로 본 한국영화사 1 1905~1954』, 열화당, 1997, 50~52쪽.

56) 이효인, 『한국영화역사강의 1』, 이론과실천, 1992, 239~241쪽.

57) 연구공간 수유+너머 근대매체연구팀, 『신여성: 매체로 본 여성 풍속사』, 한겨레신문사, 2005, 169~170쪽; 신명직, 『모던보이, 경성을 거닐다: 만문만화로 보는 근대의 얼굴』, 현실문화연구, 2003, 139쪽.

58) 김태수, 『꽃가치 피어 매혹케 하라: 신문광고로 본 근대의 풍경』, 황소자리, 2005, 159~160쪽.

59) 유현목, 『유현목의 한국영화발달사』, 책누리, 1997, 127~128쪽.

60) 강심호, 『대중적 감수성의 탄생: 도박, 백화점, 유행』, 살림, 2005, 37쪽.

61) 이준식, 「문화 선전 정책과 전쟁 동원 이데올로기: 영화 통제 체제의 선전 영화를 중심으로」, 방기중 편, 『일제 파시즘 지배정책과 민중생활』, 혜안, 2004, 193쪽.

62) 박정호, 「'나운규 차례상' 빼먹은 충무로」, 『중앙일보』, 2006년 10월 5일, 22면.

63) 김혁, 「김혁의 애니메이션 오디세이: 64년전 첫 토키만화 '개꿈' 있었다」, 『국민일보』, 2000년 2월 8일, 20면.

64) 정진석, 『역사와 언론인』, 커뮤니케이션북스, 2001, 273쪽.

65) 김을한, 『한국신문사화』, 탐구당, 1975, 94쪽.

66) 김을한, 『한국신문사화』, 탐구당, 1975, 95~96쪽.

67) 정진석, 『한국언론사연구』, 일조각, 1995, 231~232쪽.

68) 정진석, 『역사와 언론인』, 커뮤니케이션북스, 2001, 279쪽.

69) 정진석, 『인물 한국언론사: 한국언론을 움직인 사람들』, 나남, 1995, 201~202쪽.

70) 한국민족문제연구소, 『청산하지 못한 역사 2: 한국현대사를 움직인 친일파 60』, 청년사, 1994, 257쪽.

71) 신춘호, 『최서해: 궁핍과의 문학적 싸움』, 건국대학교출판부, 1994, 25~26쪽.

72) 정진석, 『역사와 언론인』, 커뮤니케이션북스, 2001, 244~245쪽.

73) 신인섭 · 서범석, 『한국광고사』, 나남, 1998, 45~46쪽.

74) 김민환, 『한국언론사』, 사회비평사, 1996, 282~283쪽.

75) 신인섭 · 서범석, 『한국광고사』, 나남, 1998, 135쪽.

76) 신인섭, 『한국광고발달사』, 일조각, 1992, 34쪽에서 재인용.

77) 김혜림, 「동척은 어떤 곳인가」, 『국민일보』, 2005년 8월 3일, 10면.

78) 김태웅, 『뿌리 깊은 한국사 샘이 깊은 이야기 6: 근대』, 솔, 2003, 288~289쪽.

79) 송건호, 『민주언론 민족언론 1: 송건호 전집 8』, 한길사, 2002, 324~326쪽.

80) 유석재, 「日 민간인이 오히려 식민통치의 첨병이었다」, 『조선일보』, 2006년 5월 13일.

81) 유석재, 「日 민간인이 오히려 식민통치의 첨병이었다」, 『조선일보』, 2006년 5월 13일.

82) 유숙란, 「잊혀진 여성 '조선어멈' 그리고 '식모'」, 『여성신문』, 2003년 6월 27일.

83) 이재선, 『한국소설사 근 · 현대편 I』, 민음사, 2000, 243~268쪽.

84) 정성희, 『한 권으로 보는 한국사 101장면』, 가람기획, 1997, 329~332쪽; 김송달, 『한국 근현대 100년사 1』, 거름, 1998, 288쪽; 하일식, 『연표와 사진으로 보는 한국사』, 일빛, 1998, 285~286쪽.

85) 정경은, 『한국현대민중가요사』, 사정시학, 2008, 47~49쪽.

86) 박천홍, 『매혹의 질주, 근대의 횡단: 철도로 돌아본 근대의 풍경』, 산처럼, 2003, 92쪽에서 재인용.

87) 강재언, 『한국근대사』, 한울, 1990, 187쪽.

88) 천정환, 『근대의 책읽기: 독자의 탄생과 한국 근대문학』, 푸른역사, 2003, 520쪽.

89) 윤선자, 「『한국 근 · 현대사』 교과서의 "3 · 1운동과 국내 독립운동" 서술과 쟁점」, 역사학회

편, 『한국 근·현대사 교과서의 '독립운동사' 서술과 쟁점』, 경인문화사, 2006, 81쪽.

90) 김희곤, 「[의열 독립투쟁] (12)나석주 의사」, 『서울신문』, 1999년 11월 19일, 6면.
91) 조선일보사 사료연구실, 『조선일보 사람들: 일제시대 편』, 랜덤하우스중앙, 2004, 97쪽.
92) 김려실, 『투사하는 제국 투영하는 식민지: 1901~1945년의 한국영화사를 되짚다』, 삼인, 2006, 113쪽.
93) 유성운, 「일제강점기 조선은 '욕망의 식민지': 고려대 '식민지 근대를 가다' 학술대회」, 『동아일보』, 2006년 11월 14일, A23면.
94) 정병욱, 「조선식산은행원, 식민지를 살다」, 『역사비평』, 통권 78호(2007년 봄), 350쪽.
95) 정병욱, 『한국근대금융연구: 조선식산은행과 식민지 경제』, 역사비평사, 2004, 437쪽.

제6장

1) 한윤정, 「다시 쓰는 한반도 100년 (23)매년 '축제' 같았던 中망명객들의 기념식」, 『경향신문』, 2002년 1월 19일, 7면.
2) 노경채, 『한국독립당연구』, 신서원, 1996, 36쪽.
3) 서경석, 『한설야: 정치적 죽음과 문화적 삶』, 건국대학교출판부, 1996, 30쪽.
4) 김운태, 『일본제국주의의 한국통치』, 박영사, 1998, 277~278쪽.
5) 신용하, 『일제강점기 한국민족사(중)』, 서울대학교출판부, 2002, 410~413쪽; 강재언, 『한국근대사』, 한울, 1990, 177쪽; 「지금 더욱 그리운 80년 전 신간회 정신(사설)」, 『조선일보』, 2007년 2월 15일, A31면.
6) 이기백, 『한국사신론』, 일조각, 1977, 459~461쪽; 최민지·김민주, 『일제하 민족언론사론』, 일월서각, 1978, 146쪽; 조선일보사, 『조선일보 역사 단숨에 읽기 1920~』, 조선일보사, 2004, 43~45쪽; 「지금 더욱 그리운 80년 전 신간회 정신(사설)」, 『조선일보』, 2007년 2월 15일, A31면.
7) 김성현, 「"80년전 신간회의 벅찬 정신 잇는 진짜 좌·진짜 우가 나와야 할 때": 신간회 기념사업회 오늘 창립총회」, 『조선일보』, 2007년 2월 15일, A21면.
8) 신용하, 『일제강점기 한국민족사(중)』, 서울대학교출판부, 2002, 414~417쪽.
9) 이현주, 「신간회운동 연구의 성과와 과제」, 한국근현대사연구회 편, 『한국근현대사연구 제2집』, 한울, 1995, 287쪽.
10) 신용하, 『일제강점기 한국민족사(중)』, 서울대학교출판부, 2002, 414쪽.
11) 유석재, 「80살 된 신간회, 21세기 대한민국의 통합을 얘기하다」, 『조선일보』, 2007년 2월 13일, A22면.
12) 윤정란, 『한국기독교 여성운동의 역사: 1910년~1945년』, 국학자료원, 2003, 131~135쪽.
13) 소현숙, 「여성 스스로 해방하는 날, 세계가 해방될 것이다: 1920년대 여성운동과 '근우회'」, 여성사연구모임 길밖세상, 『20세기 여성사건사: 근대 여성교육의 시작에서 사이버 페미니즘까지』, 여성신문사, 2001, 68~69쪽.
14) 이명화, 『도산 안창호의 독립운동과 통일노선』, 경인문화사, 2002, 281쪽.

15) 추헌수, 『한민족의 독립운동과 임시정부의 위상』, 연세대학교출판부, 1995, 253쪽; 박홍규, 『자유인 루쉰: 위대한 지식인의 초상』, 우물이있는집, 2002, 240~241쪽; 남종호, 「모택동 자서전의 시대배경」, 해방군문예출판사 편, 남종호 역, 『모택동 자서전』, 다락원, 2002, 181~182쪽.

16) 남종호, 「모택동 자서전의 시대배경」, 해방군문예출판사 편, 남종호 역, 『모택동 자서전』, 다락원, 2002, 184쪽.

17) 남종호, 「모택동 자서전의 시대배경」, 해방군문예출판사 편, 남종호 역, 『모택동 자서전』, 다락원, 2002, 182~183쪽.

18) 전명혁, 「조선공산당 제1차 당대회 연구」, 성대경 엮음, 『한국현대사와 사회주의』, 역사비평사, 2000, 36~37쪽.

19) 정태헌, 『한국의 식민지적 근대성찰: 근대주의 비판과 평화공존의 역사학 모색』, 선인, 2007, 151쪽.

20) 정태헌, 『한국의 식민지적 근대성찰: 근대주의 비판과 평화공존의 역사학 모색』, 선인, 2007, 151쪽.

21) 류길재, 「[현대사 다시 쓴다] 한국 공산주의운동」, 『한국일보』, 1999년 3월 1일, 9면.

22) 류길재, 「[현대사 다시 쓴다] 한국 공산주의운동」, 『한국일보』, 1999년 3월 1일, 9면.

23) 신용하, 『일제강점기 한국민족사(중)』, 서울대학교출판부, 2002, 394쪽.

24) 박찬승, 『한국근대 정치사상사연구: 민족주의 우파의 실력양성운동론』, 역사비평사, 1992, 22쪽.

25) 류길재, 「[현대사 다시 쓴다] 한국 공산주의운동」, 『한국일보』, 1999년 3월 1일, 9면.

26) 유병은, 『방송야사』, KBS문화사업단, 1998, 61쪽.

27) 고종석, 「[오늘] (1341) 京城放送局」, 『한국일보』, 2005년 2월 16일, 5면.

28) 김영희, 「일제시기 라디오의 출현과 청취자」, 『한국언론학보』, 제46-2호(2002년 봄), 153~154쪽에서 재인용.

29) 「무선전화 공개방송 시험: 조선일보사 주최 근일중 경성에서」, 『조선일보』, 1924년 12월 12일, 석간 2면.

30) 「생활의 현대화와 조선인: 본사 무선전화 방송에 임하야(사설)」, 『조선일보』, 1924년 12월 17일, 조간 1면.

31) 김태수, 『꼿가치 피어 매혹케 하라: 신문광고로 본 근대의 풍경』, 황소자리, 2005, 198쪽.

32) 「경이의 눈! 경이의 귀!: 성황을 극(極)한 본사 무선방송의 초일(初日)」, 『조선일보』, 1924년 12월 18일, 석간 2면; 「금일부터 공회당으로: 무선전화공개방송 변경」, 『조선일보』, 1924년 12월 18일, 조간 2면.

33) 이범경, 『한국방송사』, 범우사, 1994, 129쪽.

34) 「사고(謝告)」, 『조선일보』, 1924년 12월 20일, 조간 1면.

35) 김영희, 「일제시기 라디오의 출현과 청취자」, 『한국언론학보』, 제46-2호(2002년 봄), 173쪽에서 재인용.

36) 권혁주, 「라디오청취료 2원 시절을 아시나요」, 『중앙일보』, 1998년 9월 3일, 28면.

37) 유병은, 『방송야사』, KBS문화사업단, 1998, 24쪽.

38) 고종석, 「[오늘] (1341) 京城放送局」, 『한국일보』, 2005년 2월 16일, 5면.

39) 강경희, 「학계, 일제하 민족방송 논의 확산」, 『조선일보』, 1992년 9월 6일, 16면.

40) 쓰가와 이즈미, 김재홍 옮김, 『JODK, 사라진 호출부호』, 커뮤니케이션북스, 1999, 45~46쪽.

41) 이내수, 『이야기 방송사 1924~1948』, 씨앗을뿌리는사람, 2001, 88쪽.

42) 유병은, 『방송야사』, KBS문화사업단, 1998, 25~27쪽.

43) 유병은, 『방송야사』, KBS문화사업단, 1998, 25~27쪽; 쓰가와 이즈미, 김재홍 옮김, 『JODK, 사라진 호출부호』, 커뮤니케이션북스, 1999, 48쪽.

44) 김영희, 「일제시기 라디오의 출현과 청취자」, 『한국언론학보』, 제46-2호(2002년 봄), 173쪽에서 재인용.

45) 김준석, 「[책갈피 속의 오늘] 1927년 국내 최초 라디오 방송」, 『동아일보』, 2005년 2월 16일, 27면.

46) 소래섭, 『에로 그로 넌센스: 근대적 자극의 탄생』, 살림, 2005, 29~30쪽.

47) 김영희, 「일제시기 라디오의 출현과 청취자」, 『한국언론학보』, 제46-2호(2002년 봄), 159쪽.

48) 최창섭, 『방송원론』, 나남, 1985, 40~43쪽.

49) 김태수, 『꽃가치 피어 매혹케 하라: 신문광고로 본 근대의 풍경』, 황소자리, 2005, 204쪽.

50) 쓰가와 이즈미, 김재홍 옮김, 『JODK, 사라진 호출부호』, 커뮤니케이션북스, 1999, 50쪽.

51) 최창섭, 『방송원론』, 나남, 1985, 40~43쪽.

52) 이내수, 『이야기 방송사 1924~1948』, 씨앗을뿌리는사람, 2001, 99쪽.

53) 김순석·정운현, 「[의열 독립투쟁] (9)장진홍 의사」, 『서울신문』, 1999년 10월 29일, 6면.

54) 조창환, 『이육사: 투사의 길과 초극의 인간상』, 건국대학교출판부, 1998, 24쪽.

55) 조창환, 『이육사: 투사의 길과 초극의 인간상』, 건국대학교출판부, 1998, 23쪽.

56) 김순석, 「[의열 독립투쟁] (16)조명하 의사」, 『서울신문』, 1999년 12월 17일, 6면.

57) 김순석, 「[의열 독립투쟁] (16)조명하 의사」, 『서울신문』, 1999년 12월 17일, 6면.

58) 한윤정, 「다시 쓰는 한반도 100년 (23)매년 '축제' 같았던 中망명객들의 기념식」, 『경향신문』, 2002년 1월 19일, 7면.

59) 한윤정, 「다시 쓰는 한반도 100년 (23)매년 '축제' 같았던 中망명객들의 기념식」, 『경향신문』, 2002년 1월 19일, 7면.

60) 염인호, 『김원봉연구: 의열단, 민족혁명당 40년사』, 창작과비평사, 1992, 126쪽.

61) 박노자, 『박노자의 만감일기: 나, 너, 우리, 그리고 경계를 넘어』, 인물과사상사, 2008, 163~164쪽.

62) 염인호, 『김원봉연구: 의열단, 민족혁명당 40년사』, 창작과비평사, 1992, 129쪽.

63) 박노자, 『박노자의 만감일기: 나, 너, 우리, 그리고 경계를 넘어』, 인물과사상사, 2008, 162~163쪽.

64) 박노자, 『박노자의 만감일기: 나, 너, 우리, 그리고 경계를 넘어』, 인물과사상사, 2008, 163~164쪽.

65) 한윤정, 「다시 쓰는 한반도 100년 (23)매년 '축제' 같았던 中망명객들의 기념식」, 『경향신문』, 2002년 1월 19일, 7면.

66) 한상도, 『한국독립운동과 국제환경』, 한울아카데미, 2000, 105~106쪽.

제7장

1) 김현주, 「논쟁의 정치와 '민족개조론' 의 글쓰기」, 윤해동 외 엮음, 『근대를 다시 읽는다 2』, 역사비평사, 2006, 310쪽.

2) 이기훈, 「1920년대 민족주의 청년담론 연구」, 윤해동 외 엮음, 『근대를 다시 읽는다 2』, 역사비평사, 2006, 258~306쪽.

3) 이경훈, 『오빠의 탄생: 한국 근대문학의 풍속사』, 문학과지성사, 2003, 46쪽.

4) 이기훈, 「1920년대 민족주의 청년담론 연구」, 윤해동 외 엮음, 『근대를 다시 읽는다 2』, 역사비평사, 2006, 258~306쪽.

5) 이경훈, 『오빠의 탄생: 한국 근대문학의 풍속사』, 문학과지성사, 2003, 63쪽에서 재인용.

6) 원용진, 「광고속 '젊은 리얼리즘' 」, 『광고심의』, 2006년 1월, 76쪽.

7) 이욱순, 『식민지 조선의 희망과 절망, 인도』, 푸른역사, 2006, 171~173쪽.

8) 김상태 편역, 『윤치호 일기 1916~1943: 한 지식인의 내면세계를 통해 본 식민지시기』, 역사비평사, 2001, 597~598쪽.

9) 정수복, 『한국인의 문화적 문법: 당연의 세계 낯설게 보기』, 생각의나무, 2007, 372쪽.

10) 박찬승, 『민족주의의 시대: 일제하의 한국 민족주의』, 경인문화사, 2007, 374~375쪽.

11) 박찬승, 『민족주의의 시대: 일제하의 한국 민족주의』, 경인문화사, 2007, 331쪽.

12) 박찬승, 『민족주의의 시대: 일제하의 한국 민족주의』, 경인문화사, 2007, 332쪽.

13) 이승렬, 『제국과 상인: 서울·개성·인천 지역 자본가들과 한국 부르주아의 기원, 1896~1945』, 역사비평사, 2007, 347쪽.

14) 박노자, 『우리가 몰랐던 동아시아』, 한겨레출판, 2007, 226쪽.

15) 이기훈, 「'청년' , 갈 곳을 잃다: 1930년대 청년담론에 대한 연구」, 『역사비평』, 통권 76호(2006년 가을), 378쪽; 이광수, 『이광수 전집 10』, 삼중당, 1971, 206~207, 276~277쪽.

16) 이기훈, 「'청년' , 갈 곳을 잃다: 1930년대 청년담론에 대한 연구」, 『역사비평』, 통권 76호(2006년 가을), 378쪽.

17) 이기훈, 「'청년' , 갈 곳을 잃다: 1930년대 청년담론에 대한 연구」, 『역사비평』, 통권 76호(2006년 가을), 382쪽.

18) 신용하, 『일제강점기 한국민족사(중)』, 서울대학교출판부, 2002, 259쪽.

19) 김경일, 「[현대사 다시 쓴다] 원산총파업, 노동운동의 '큰획' 」, 『한국일보』, 1999년 3월 23일, 21면.

20) 송건호, 『송건호 전집 3』, 한길사, 2002, 239~240쪽.

21) 송건호, 『송건호 전집 3』, 한길사, 2002, 241쪽.

22) 최규진, 「일제의 조선지배와 식민지 노동정책(1920~1937)」, 강만길 외, 『일본과 서구의 식민통치 비교』, 선인, 2004, 379쪽.

23) 김경일, 『한국노동운동사 (2) 일제하의 노동운동 1920~1945』, 지식마당, 2004, 223~224쪽.

24) 김경일, 『한국 근대 노동사와 노동운동』, 문학과지성사, 2004, 328~333쪽.

25) 김경일, 『일제하 노동운동사』, 창작과비평사, 1992, 430쪽.

26) 김태수, 『꼿가치 피어 매혹케 하라: 신문광고로 본 근대의 풍경』, 황소자리, 2005, 43쪽.

27) 박상하, 『경성상계』, 생각의나무, 2008, 71~73쪽.

28) 고부자, 『우리 생활 100년 · 옷』, 현암사, 2001, 159~162쪽; 이현정, 「'조선식 고무신' 이 첫 발을 내딛을 적에…」, 『한국일보』, 2008년 5월 24일자.

29) 김태수, 『꼿가치 피어 매혹케 하라: 신문광고로 본 근대의 풍경』, 황소자리, 2005, 36, 40~41쪽.

30) 김경일, 『한국 근대 노동사와 노동운동』, 문학과지성사, 2004, 106쪽.

31) 박정애, 「을밀대 위의 투사, 강주룡: 1931년 평원고무공장파업」, 여성사연구모임 길밖세상, 『20세기 여성사건사: 근대 여성교육의 시작에서 사이버 페미니즘까지』, 여성신문사, 2001, 95쪽.

32) 강이수, 「공장체제와 노동규율」, 김진균 · 정근식 편저, 『근대주체와 식민지 규율권력』, 문화과학사, 1997, 155~156쪽.

33) 전경옥 · 변신원 · 박진석 · 김은정, 『한국여성문화사: 한국여성근현대사 1 개화기~1945년』, 숙명여자대학교 아시아여성연구소, 2004, 63쪽.

34) 신영숙, 「일제 식민지하의 변화된 여성의 삶」, 한국여성연구소 여성사연구실, 『우리 여성의 역사』, 청년사, 1999, 316~317쪽.

35) 송건호, 『송건호 전집 3』, 한길사, 2002, 257~260쪽.

36) 김호일, 『한국근대학생운동사』, 선인, 2005, 190~191쪽.

37) 송건호, 『송건호 전집 3』, 한길사, 2002, 277~278쪽.

38) 장석흥, 「광주학생운동의 사회경제적 배경: 영산포를 중심으로」, 『역사비평』, 계간 6호(1989 년 가을), 197쪽.

39) 안석배, 「광주학생운동 주인공 박준채 씨 별세」, 『조선일보』, 2001년 3월 8일자.

40) 신용하, 『일제강점기 한국민족사(중)』, 서울대학교출판부, 2002, 465~466쪽.

41) 신명직, 『모던보이, 경성을 거닐다: 만문만화로 보는 근대의 얼굴』, 현실문화연구, 2003, 8쪽.

42) 최민지 · 김민주, 『일제하 민족언론사론』, 일월서각, 1978, 149~150쪽.

43) 이준식, 「일제 침략기 한글 운동 연구: 조선어학회를 중심으로」, 한국사회사학회, 『사회변동 과 성 · 민족 · 계급』, 문학과지성사, 1996, 59쪽; 하일식, 『연표와 사진으로 보는 한국사』, 일빛, 1998, 298~299쪽.

44) 이명화, 「제5장 문화운동」, 한국근현대사학회 엮음, 『한국독립운동사강의』, 한울아카데미, 1998, 161쪽.

45) 정진석, 『한국언론사』, 나남, 1990, 519~520쪽.

46) 최현철, 「일제하 지하신문 연구: 1920년대를 중심으로」, 『언론과 사회』, 제5호(1994년 가을), 54~58쪽.

47) 최현철, 「일제하 지하신문 연구: 1920년대를 중심으로」, 『언론과 사회』, 제5호(1994년 가을), 58쪽에서 재인용.

48) 최현철, 「일제하 지하신문 연구: 1920년대를 중심으로」, 『언론과 사회』, 제5호(1994년 가을), 59~60쪽.

49) 최현철, 「일제하 지하신문 연구: 1920년대를 중심으로」, 『언론과 사회』, 제5호(1994년 가을), 56쪽.

제8장

1) 최덕교 편저, 『한국잡지백년 2』, 현암사, 2004, 11쪽.

2) 황선희, 『한국근대사상과 민족운동 I: 동학 · 천도교편』, 혜안, 1996, 292쪽.

3) 천정환, 『끝나지 않는 신드롬: 친일과 반일을 넘어선 식민지시대 다시 읽기』, 푸른역사, 2005, 226쪽; 최덕교 편저, 『한국잡지백년 2』, 현암사, 2004, 11쪽.

4) 김근수, 『한국잡지사연구』, 한국학연구소, 1999, 109~112쪽.

5) 유선영, 「객관주의 100년의 형식화 과정」, 『언론과 사회』, 제10호(1995년 겨울), 103~104쪽.

6) 최동호, [한국 현대시 10대 시인] 〈1〉김소월」, 『한국일보』, 2007년 10월 17일자.

7) 김영철, 『김소월: 비극적 삶과 문학적 형상화』, 건국대학교출판부, 1994, 52쪽.

8) 김영철, 『김소월: 비극적 삶과 문학적 형상화』, 건국대학교출판부, 1994, 42쪽.

9) 최덕교 편저, 『한국잡지백년 2』, 현암사, 2004, 130쪽.

10) 최덕교 편저, 『한국잡지백년 2』, 현암사, 2004, 134쪽.

11) 김동인, 「창조 · 폐허시대」, 강진호 엮음, 『한국문단 이면사』, 깊은샘, 1999, 41~42쪽.

12) 방인근, 「조선문단 시절」, 강진호 엮음, 『한국문단 이면사』, 깊은샘, 1999, 126~127쪽.

13) 최동호, 『한용운: 혁명적 의지와 시적 사랑』, 건국대학교출판부, 1996, 49~50쪽.

14) 홍용희, 「'님의 침묵' 이별의 역설… 슬픔의 극한서 찾은 희망: [한국 현대사 10대 시인] 〈2〉한용운」, 『한국일보』, 2007년 10월 16일자.

15) 천정환, 『끝나지 않는 신드롬: 친일과 반일을 넘어선 식민지시대 다시 읽기』, 푸른역사, 2005, 224~225쪽.

16) 백철, 「개벽시대」, 강진호 엮음, 『한국문단 이면사』, 깊은샘, 1999, 91~94쪽.

17) 천정환, 『끝나지 않는 신드롬: 친일과 반일을 넘어선 식민지시대 다시 읽기』, 푸른역사, 2005, 226쪽.

18) 장규식, 「근대문명의 확산과 대중문화의 출현」, 한국사연구회 편, 『새로운 한국사 길잡이(하)』, 지식산업사, 2008, 258쪽.

19) 장석만, 「수염 깎기와 남성성의 혼동: 한국적 근대는 어떻게 만들어졌나」, 『역사비평』, 통권 59호(2002년 여름), 392~393쪽.

20) 신영숙, 「성 해방의 선구자~여성지 편집인 김일엽」, 이배용 외, 『우리나라 여성들은 어떻게 살았을까 2: 개화기부터 해방기까지』, 청년사, 1999, 252~254쪽.

21) 최혜실, 『신여성들은 무엇을 꿈꾸었는가』, 생각의나무, 2000, 194~212쪽.

22) 전경옥 · 변신원 · 박진석 · 김은정, 『한국여성문화사: 한국여성근현대사 1 개화기~1945년』, 숙명여자대학교 아시아여성연구소, 2004, 198쪽.

23) 이배용, 「이배용 교수가 쓴 한국 근대여성언론의 역사」, 『여성신문』, 2001년 10월 26일자.

24) 이배용, 「이배용 교수가 쓴 한국 근대여성언론의 역사」, 『여성신문』, 2001년 10월 26일자.

25) 김미지, 『누가 하이카라 여성을 데리고 사누: 여학생과 연애』, 살림, 2005, 67~68쪽.

26) 권보드래, 『연애의 시대: 1920년대 초반의 문화와 유행』, 현실문화연구, 2003, 116쪽.

27) 이범진, 「[특종] 조선 기생들, 동인지 만들어 여성 운동했다」, 『주간조선』, 2005년 3월 21일자.

28) 이범진, 「[특종] 조선 기생들, 동인지 만들어 여성 운동했다」, 『주간조선』, 2005년 3월 21일자; 박정애, 「날고 싶은 '농중조' : 일제시대 기생 이야기」, 여성사연구모임 길밖세상, 『20세기 여성사건사: 근대 여성교육의 시작에서 사이버 페미니즘까지』, 여성신문사, 2001, 77쪽.

29) 이범진, 「[특종] 조선 기생들, 동인지 만들어 여성 운동했다」, 『주간조선』, 2005년 3월 21일자.

30) 최덕교 편저, 『한국잡지백년 2』, 현암사, 2004, 513~515쪽.

31) 조연현, 「청년 손기정 가슴에 민족혼 지핀 스승: 김교신 선생」, 『한겨레』, 2007년 3월 28일, 27면.

32) 신채호, 최광식 역주, 『단재 신채호의 '천고'』, 아연출판부, 2004, 47쪽.

33) 최광식, 「단재 신채호가 북경에서 발행한 잡지 『텬고』」, 『역사비평』, 통권 48호(1999년 가을), 413~418쪽.

34) 정기홍, 「신채호 발행 잡지 '텬고' 첫 공개」, 『서울신문』, 1999년 8월 28일, 21면.

35) 최영창, 「신채호 선생 1921년 베이징서 발행한 항일 잡지 월간 '天鼓' 1, 2권 번역됐다」, 『문화일보』, 2004년 3월 15일, 21면.

36) 김삼웅, 「'天鼓' 제2호 옌볜서 첫 발굴」, 『서울신문』, 2000년 6월 28일, 1면.

37) 최영창, 「신채호 선생 1921년 베이징서 발행한 항일 잡지 월간 '天鼓' 1, 2권 번역됐다」, 『문화일보』, 2004년 3월 15일, 21면.

38) 김삼웅, 「'天鼓' 제2호 옌볜서 첫 발굴」, 『서울신문』, 2000년 6월 28일, 1면.

39) 김형찬, 「신채호의 漢文월간지 '천고' 번역 출간」, 『동아일보』, 2004년 3월 16일, 21면.

40) 서울특별시사편찬위원회 『서울 육백년사』 인터넷 홈페이지.

41) 윤상길, 「통신의 사회문화사」, 유선영·박용규·이상길 외, 『한국의 미디어 사회문화사』, 한국언론재단, 2007, 134쪽.

42) 김영근, 「일제하 식민지적 근대성의 한 특징: 경성에서의 도시 경험을 중심으로」, 한국사회사학회, 『사회와 역사』, 제57집, 문학과지성사, 2000, 13쪽; 윤상길, 「통신의 사회문화사」, 유선영·박용규·이상길 외, 『한국의 미디어 사회문화사』, 한국언론재단, 2007, 122쪽.

43) 정인경, 「과학기술의 도입, 그 환희와 절망」, 한국역사연구회, 『우리는 지난 100년 동안 어떻게 살았을까 1』, 역사비평사, 1998, 22쪽.

44) 이현진, 「각광받는 여성의 직업은?」, 이배용 외, 『우리나라 여성들은 어떻게 살았을까 2: 개화기부터 해방기까지』, 청년사, 1999, 24~25쪽.

45) 박진희, 「서양 과학기술과의 만남」, 국사편찬위원회 편, 『근현대과학기술과 삶의 변화』, 두산동아, 2005, 25쪽.

46) 「자동전화 수입」, 『조선일보』, 1921년 5월 9일, 석간 2면.

47) 한국통신 인터넷 홈페이지; 이경훈, 『어떤 백년, 즐거운 신생: 이경훈 평론집』, 하늘연못,

1999, 251쪽.

48) 「매일 통화 10만번: 세말과 눈코 뜰 새 없는 교환수」, 『조선일보』, 1924년 12월 23일, 조간 2면.

49) 이경훈, 『어떤 백년, 즐거운 신생: 이경훈 평론집』, 하늘연못, 1999, 252~253쪽.

50) 「자동전화를 공중전화로」, 『조선일보』, 1927년 6월 2일, 조간 2면.

51) 정인경, 「과학기술의 도입, 그 환희와 절망」, 한국역사연구회, 『우리는 지난 100년 동안 어떻게 살았을까 1』, 역사비평사, 1998, 25~26쪽.

52) 노형석, 『모던의 유혹 모던의 눈물: 근대 한국을 거닐다』, 생각의나무, 2004, 68쪽.

53) 「작란전화로 대소동」, 『조선일보』, 1925년 2월 15일, 조간 2면.

54) 「전화 사주마 하며 금전만 사취」, 『조선일보』, 1925년 4월 7일, 조간 2면.

55) 「십일세 소녀를 능욕한 후 살해: 전화로 교묘히 유인하야」, 『조선일보』, 1926년 2월 17일, 조간 2면.

56) 「형의 이름 팔아 팔천원 횡령도주」, 『조선일보』, 1927년 2월 4일, 조간 2면.

57) 「교묘한 방법으로 귀금속 사취한」, 『조선일보』, 1928년 4월 19일, 석간 2면.

58) 「전화 이용의 도적: 창기와의 유흥비 얼고저」, 『조선일보』, 1928년 10월 30일, 석간 5면.

59) 이이화, 『빼앗긴 들에 부는 근대화 바람: 한국사 이야기 22』, 한길사, 2004, 39쪽.

60) 정근식, 「시간체제의 근대화와 식민화」, 공제욱·정근식 편, 『식민지의 일상, 지배와 균열』, 문과학사, 2006, 119쪽.

61) 정상우, 「개항 이후 시간관념의 변화」, 『역사비평』, 2000년 봄, 194~197쪽.

62) 박천홍, 『매혹의 질주, 근대의 횡단: 철도로 돌아본 근대의 풍경』, 산처럼, 2003, 360쪽, 370쪽.

63) 박천홍, 『매혹의 질주, 근대의 횡단: 철도로 돌아본 근대의 풍경』, 산처럼, 2003, 103쪽.

64) 박천홍, 『매혹의 질주, 근대의 횡단: 철도로 돌아본 근대의 풍경』, 산처럼, 2003, 250쪽.

65) 김태수, 『꼿가치 피어 매혹케 하리라: 신문광고로 본 근대의 풍경』, 황소자리, 2005, 177쪽.

66) 전영선, 「우리나라 최초 속도위반자는/1921년 서울 택시 운전사/시속 30km로 달리다 과태료」, 『동아일보』, 1997년 9월 23일, 25면.

67) 김태수, 『꼿가치 피어 매혹케 하리라: 신문광고로 본 근대의 풍경』, 황소자리, 2005, 177쪽; 김영근, 「일제하 식민지적 근대성의 한 특징: 경성에서의 도시 경험을 중심으로」, 한국사회사학회, 『사회와 역사』, 제57집 문학과지성사, 2000, 27쪽.

68) 김태수, 『꼿가치 피어 매혹케 하리라: 신문광고로 본 근대의 풍경』, 황소자리, 2005, 178~179쪽.

69) 김태수, 『꼿가치 피어 매혹케 하리라: 신문광고로 본 근대의 풍경』, 황소자리, 2005, 187~188쪽.

70) 김태수, 『꼿가치 피어 매혹케 하리라: 신문광고로 본 근대의 풍경』, 황소자리, 2005, 182쪽; 박영석, 「호색 탕아, 기방 대신 전차유람에 빠지다」, 『조선일보』, 2008년 5월 24일자.

71) 길윤형, 「일제시대 전차에서 시작된 대중교통사… 미군정부터 버스가 떠오르다 지하철에 자리 내줘」, 『한겨레 21』, 제686호(2007년 11월 22일).

72) 김태수, 『꽃가치 피어 매혹케 하리라: 신문광고로 본 근대의 풍경』, 황소자리, 2005, 184쪽.

73) 김영근, 「일제하 식민지적 근대성의 한 특징: 경성에서의 도시 경험을 중심으로」, 한국사회사학회, 『사회와 역사』, 제57집 문학과지성사, 2000, 27쪽.

74) 김영근, 「일제하 식민지적 근대성의 한 특징: 경성에서의 도시 경험을 중심으로」, 한국사회사학회, 『사회와 역사』, 제57집 문학과지성사, 2000, 13, 36쪽.

75) 김진송, 『장미와 씨날코: 1959년 이기붕가의 선물 꾸러미』, 푸른역사, 2006, 121쪽.

76) 홍순민, 「다시 "광화문이여 광화문이여": 조선황실의 운명과 일제의 궁궐 파괴」, 『역사비평』, 계간 36호(1997년 봄), 286쪽; 신명직, 「식민지 근대 도시의 일상과 만문만화」, 박지향 외 엮음, 『해방 전후사의 재인식 1』, 책세상, 2006, 240쪽.

77) 김영근, 「일제하 식민지적 근대성의 한 특징: 경성에서의 도시 경험을 중심으로」, 한국사회사학회, 『사회와 역사』, 제57집 문학과지성사, 2000, 13쪽.

78) 전승훈, 「[책갈피 속의 오늘] 1920년 조선총독부 우측통행 실시」, 『동아일보』, 2006년 5월 11일.

79) 한현우, 「[연중 기획/돌아본100년] 1921년 12월 좌측통행 실시」, 『주간조선』, 1999년 1월 14일자.

80) 한현우, 「[연중 기획/돌아본100년] 1921년 12월 좌측통행 실시」, 『주간조선』, 1999년 1월 14일.

81) 한현우, 「[연중 기획/돌아본100년] 1921년 12월 좌측통행 실시」, 『주간조선』, 1999년 1월 14일.

82) 김동국, 「좌측보행 87년 만에 바뀌려나」, 『한국일보』, 2007년 9월 5일, 12면.

83) 안성암, 「금석한담/말씀한 분 김윤기 씨/10년대엔 속공이 최고 테크닉: '뛴헨행' 길목에서 살펴본 초기의 '한국 축구'」, 『조선일보』, 1973년 5월 27일, 조간 4면.

84) 김성원, 『한국 축구 발전사』, 살림, 2006, 6~7쪽.

85) 천정환, 『끝나지 않는 신드롬: 친일과 반일을 넘어선 식민지시대 다시 읽기』, 푸른역사, 2005, 103쪽에서 재인용.

86) 장원재, 「내가 만난 김화집: 뿌리가 되고, 거름이 되어」, 대한축구협회 엮음, 『한국축구의 영웅들: 축구 명예의 전당 헌액 7인 열전』, 랜덤하우스중앙, 2005, 243쪽.

87) 천정환, 『끝나지 않는 신드롬: 친일과 반일을 넘어선 식민지시대 다시 읽기』, 푸른역사, 2005, 131쪽에서 재인용.

88) 박경호·김덕기, 『한국축구 100년 비사』, 책읽는사람들, 2000, 200~202쪽; 김성원, 『한국축구 발전사』, 살림, 2006, 7~8쪽.

89) 「인천에 초유(初有)한 축구대회 성황」, 『조선일보』, 1921년 3월 29일, 석간 3면.

90) 「축구대회는 무기연기」, 『조선일보』, 1923년 11월 25일, 석간 3면.

91) 천정환, 『끝나지 않는 신드롬: 친일과 반일을 넘어선 식민지시대 다시 읽기』, 푸른역사, 2005, 106쪽.

92) 천정환, 『끝나지 않는 신드롬: 친일과 반일을 넘어선 식민지시대 다시 읽기』, 푸른역사, 2005, 134~140쪽.

93) 신덕상·김덕기, 『국기(國技) 축구 그 화려한 발자취: 이야기 한국체육사 10』, 국민체육진흥
공단, 1999, 398쪽.

94) 「삼조경찰의 3월 1일 경계」, 『조선일보』, 1926년 3월 3일, 조간 2면.

95) 윤경헌·최창신, 『국기(國技) 축구 그 찬란한 아침: 이야기 한국체육사 3』, 국민체육진흥공
단, 1997, 284~285쪽.

96) 천정환, 『끝나지 않는 신드롬: 친일과 반일을 넘어선 식민지시대 다시 읽기』, 푸른역사,
2005, 143쪽에서 재인용.

97) 박경호·김덕기, 『한국축구 100년 비사』, 책읽는사람들, 2000, 147쪽.

98) 이규태, 「京平 축구」, 『조선일보』, 1998년 11월 10일, 4면.

99) 「폭죽성과 만세리에 위의당당 입성: 우승군 숭중축구단의 개선」, 『조선일보』, 1928년 1월 14
일, 석간 5면.

100) 박경호·김덕기, 『한국축구 100년 비사』, 책읽는사람들, 2000, 143쪽.

101) 「전경성과 전평양 장쾌할 축구대항전」, 『조선일보』, 1929년 10월 6일, 석간 2면.

102) 이규태, 「京平 축구」, 『조선일보』, 1998년 11월 10일, 4면.

103) 문갑식, "경평축구는 우리 민중의 큰 잔치"/2~5회 대회출전 김화집옹」, 『조선일보』, 1990년
10월 11일, 14면.

104) 박숙경, 「29년 첫 경평축구 개최(금주의 작은 역사)」, 『한겨레』, 1994년 10월 4일, 15면.

105) 이동윤, 「기록으로 본 경평축구/평양이 11승7무7패로 우세」, 『세계일보』, 1990년 9월 20일,
11면.

106) 윤경헌·최창신, 『국기(國技) 축구 그 찬란한 아침: 이야기 한국체육사 3』, 국민체육진흥공
단, 1997, 38쪽.

107) 이동윤, 「기록으로 본 경평축구/평양이 11승7무7패로 우세」, 『세계일보』, 1990년 9월 20일,
11면.

108) 전택부, 『한국 기독교청년회 운동사』, 범우사, 1994, 347쪽.

109) 박노자, 『나는 폭력의 세기를 고발한다: 박노자의 한국적 근대 만들기』, 인물과사상사,
2005, 167쪽.

110) 박노자, 『나는 폭력의 세기를 고발한다: 박노자의 한국적 근대 만들기』, 인물과사상사,
2005, 168~169쪽.

111) 박노자, 『나는 폭력의 세기를 고발한다: 박노자의 한국적 근대 만들기』, 인물과사상사,
2005, 169~170쪽.

112) 임옥희, 「복장의 정치학과 식민지 여성의 소비공간」, 태혜숙 외, 『한국의 식민지 근대와 여
성공간』, 여이연, 2004, 257~258쪽.

113) 박노자, 『우리가 몰랐던 동아시아』, 한겨레출판, 2007, 333~334쪽.

114) 변신원, 「신여성들 스포츠에 반했다」, 『여성신문』, 2003년 7월 11일자.

115) 임옥희, 「복장의 정치학과 식민지 여성의 소비공간」, 태혜숙 외, 『한국의 식민지 근대와 여
성공간』, 여이연, 2004, 258쪽.

116) 고부자, 『우리 생활 100년·옷』, 현암사, 2001, 155~156쪽; http://blog.naver.com/

smilesunkr?Redirect=Log · logNo=120025833302

117) http://blog.naver.com/smilesunkr?Redirect=Log · logNo=120025833302

제9장

1) 박연호, 「[박연호칼럼] 불량간판 추방운동」, 『국민일보』, 2000년 9월 6일, 6면.

2) 「간판문화(여적)」, 『경향신문』, 1991년 1월 14일, 1면.

3) 박연호, 「[박연호칼럼] 불량간판 추방운동」, 『국민일보』, 2000년 9월 6일, 6면.

4) 「간판문화(여적)」, 『경향신문』, 1991년 1월 14일, 1면.

5) 신명직, 「식민지 근대도시의 일상과 만문만화」, 연세대학교 국학연구원 편, 『일제의 식민지배와 일상생활』, 혜안, 2004, 298~299쪽.

6) 김진송, 『서울에 딴스홀을 허(許)하라: 현대성의 형성』, 현실문화연구, 1999, 258쪽.

7) 마정미, 『광고로 읽는 한국 사회문화사』, 개마고원, 2004, 99~100쪽.

8) 오진석, 「일제하 백화점업계의 동향과 관계인들의 생활양식」, 연세대학교 국학연구원 편, 『일제의 식민지배와 일상생활』, 혜안, 2004, 133쪽.

9) 김진송, 『서울에 딴스홀을 허(許)하라: 현대성의 형성』, 현실문화연구, 1999, 171쪽.

10) 고부자, 『우리 생활 100년 · 옷』, 현암사, 2001, 131~132쪽.

11) 천정환, 「천정환의 문화오디세이10: 유행과 신드롬, 광기의 사회학」, 『신동아』, 2004년 11월, 520~529쪽.

12) 이윤미, 「근대적인 교육공간과 사회적인 거리두기」, 태혜숙 외, 『한국의 식민지 근대와 여성공간』, 여이연, 2004, 303~304쪽; 고부자, 『우리 생활 100년 · 옷』, 현암사, 2001, 152쪽.

13) 김은정, 「[발굴 신여성] 신여성들도 시스루, 보이시스타일 즐겼다」, 『여성신문』, 2003년 1월 18일.

14) 고부자, 『우리 생활 100년 · 옷』, 현암사, 2001, 148쪽.

15) 고부자, 『우리 생활 100년 · 옷』, 현암사, 2001, 147쪽.

16) 장유정, 『오빠는 풍각쟁이야: 대중가요로 본 근대의 풍경』, 민음in, 2006, 223쪽; 신명직, 『모던보이, 경성을 거닐다: 만문만화로 보는 근대의 얼굴』, 현실문화연구, 2003, 103~104쪽.

17) 김주리, 『모던 걸, 여우 목도리를 버려라: 근대적 패션의 풍경』, 살림, 2005, 10쪽.

18) 천정환, 「천정환의 문화오디세이 10: 유행과 신드롬, 광기의 사회학」, 『신동아』, 2004년 11월, 520~529쪽.

19) 김영근, 「일제하 식민지적 근대성의 한 특징: 경성에서의 도시 경험을 중심으로」, 한국사회사학회, 『사회와 역사』, 제57집 문학과지성사, 2000, 36쪽.

20) 김영근, 「일제하 식민지적 근대성의 한 특징: 경성에서의 도시 경험을 중심으로」, 한국사회사학회, 『사회와 역사』, 제57집 문학과지성사, 2000, 22쪽.

21) 노형석, 「모던보이, 남대문로를 거닐다」, 『한겨레 21』, 제677호(2007년 9월 13일).

22) 김영근, 「일제하 식민지적 근대성의 한 특징: 경성에서의 도시 경험을 중심으로」, 한국사회사학회, 『사회와 역사』, 제57집 문학과지성사, 2000, 24쪽.

23) 김영근, 「일제하 식민지적 근대성의 한 특징: 경성에서의 도시 경험을 중심으로」, 한국사회 사학회, 『사회와 역사』, 제57집 문학과지성사, 2000, 24쪽.

24) 김영근, 「일제하 식민지적 근대성의 한 특징: 경성에서의 도시 경험을 중심으로」, 한국사회 사학회, 『사회와 역사』, 제57집 문학과지성사, 2000, 34쪽.

25) 김은신, 『한국 최초 101 장면』, 가람기획, 1998, 21~22쪽.

26) 신현규, 『꽃을 잡고: 파란만장한 일제강점기 기생인물·생활사』, 2005, 108쪽.

27) 이임하, 『계집은 어떻게 여성이 되었나』, 서해문집, 2004, 66~67쪽.

28) 김진송, 『서울에 딴스홀을 허(許)하라: 현대성의 형성』, 현실문화연구, 1999, 179쪽.

29) 이상경, 『인간으로 살고 싶다: 영원한 신여성 나혜석』, 한길사, 2000, 309쪽.

30) 이범진, 「[특종] 조선 기생들, 동인지 만들어 여성 운동했다」, 『주간조선』, 2005년 3월 21일.

31) 김진송, 『서울에 딴스홀을 허(許)하라: 현대성의 형성』, 현실문화연구, 1999, 172쪽.

32) 이광수, 「문사와 수양」, 『이광수 전집 10』, 삼중당, 1971, 355쪽.

33) 「화장」, 『조선일보』, 1968년 7월 7일, 4면.

34) 「화장」, 『조선일보』, 1968년 7월 7일, 4면.

35) 신인섭, 『광고로 보는 한국화장의 문화사』, 김영사, 2002, 14~15쪽, 20쪽.

36) 김덕록, 『화장과 화장품: 향장의 이론과 실제』, 답계, 1997, 53~54쪽, 57쪽.

37) 김태수, 『꽃가치 피어 매혹케 하라: 신문광고로 본 근대의 풍경』, 황소자리, 2005, 229~231쪽.

38) 신인섭, 『광고로 보는 한국화장의 문화사』, 김영사, 2002, 14~15쪽, 20쪽.

39) 김진송, 『서울에 딴스홀을 허(許)하라: 현대성의 형성』, 현실문화연구, 1999, 301~302쪽.

40) 「화장」, 『조선일보』, 1968년 7월 7일, 4면.

41) 김태수, 『꽃가치 피어 매혹케 하라: 신문광고로 본 근대의 풍경』, 황소자리, 2005, 235쪽.

42) 신인섭, 『광고로 보는 한국화장의 문화사』, 김영사, 2002, 14~15, 20쪽.

43) 황문평, 『한국 대중연예사』, 부루칸모로, 1989, 161~162쪽.

44) 김정동, 『문학속 우리 도시기행』, 옛오늘, 2001, 91쪽.

45) http://my.netian.com/%7Esolieip/frame15.htm; 김석수, 「한국 다방문화의 변천에 관한 연구」, 『실내디자인』, 1997년 12월호, 41쪽.

46) 이봉구, 「한국 최초의 다방 – 카카듀에서 에리자까지」, 『세대』, 1964년 4월호, 339쪽.

47) 노형석, 『모던의 유혹, 모던의 눈물 – 근대 한국을 거닐다』, 생각의 나무, 2004, 122쪽.

48) 이봉구, 『명동, 세월 따라 바람 따라』, 삼중당, 1967, 12쪽.

49) 서울시정개발연구원, 『서울 20세기 공간변천사』, 서울시정개발연구원, 2001, 125~126쪽.

50) 노형석, 『모던의 유혹, 모던의 눈물 – 근대 한국을 거닐다』, 생각의 나무, 2004, 127쪽.

51) 「카~피의 효력 – 유효성분 카페인은 흥분재로 몸에 유익」, 『동아일보』, 1926년 9월 1일 3면.

52) 「카피차 끄리는 법 – 카피의 분량은 얼마」, 『동아일보』, 1927년 10월 27일, 5면.

53) http://seoul600.visitseoul.net/seoul~history/sidaesa/txt/6~10~5~1~3.html

54) 이봉구, 「한국 최초의 다방 – 카카듀에서 에리자까지」, 『세대』, 1964년 4월호, 339~340쪽.

55) 이봉구, 「한국 최초의 다방 – 카카듀에서 에리자까지」, 『세대』, 1964년 4월호, 339쪽.

56) http://www.cine21.co.kr/kisa/sec~002400403/2001/07/p_010706105629125.html

57) 이영일, 『한국 영화인 열전』, 영화진흥공사, 1982, 115쪽.

58) 복혜숙, 「나의 교류록 – 비너스 다방 시절」, 『동아일보』, 1981년 5월 12일, 7면.

59) http://seoul600.visitseoul.net/seoul~history/sidaesa/txt/6~10~5~1~3.html

60) http://namelove.com/menu5_13B.htm

61) 이봉구, 「한국 최초의 다방 – 카카듀에서 에리자까지」, 『세대』, 1964년 4월호, 340쪽.

62) 조용만, 「남기고 싶은 이야기들 – 30년대의 문화계」, 『중앙일보』, 1984년 8월 29일, 11면.

63) 이규태, 「이규태 역사에세이 – (32) 접객업소 이야기」, 『조선일보』, 1999년 10월 22일, 21면.

64) 오명근, 『그 이상은 없다: 팩션으로 읽는 1930년대 문화예술인의 초상』, 동양문고 · 상상공방, 2006, 45쪽.

65) 김수기, 「다방에 드리워진 현대의 음영」, 『월간 말』, 2000년 4월호, 203쪽.

66) http://namelove.com/menu5_13B.htm; 김태수, 『꼿가치 피어 매혹케 하라: 신문광고로 본 근대의 풍경』, 황소자리, 2005, 283쪽.

67) 권보드래, 『연애의 시대: 1920년대 초반의 문화와 유행』, 현실문화연구, 2003, 12~13쪽, 199쪽.

68) 권보드래, 『연애의 시대: 1920년대 초반의 문화와 유행』, 현실문화연구, 2003, 124쪽, 134쪽, 140쪽.

69) 김미지, 『누가 하이카라 여성을 데리고 사누: 여학생과 연애』, 살림, 2005, 59쪽.

70) 천정환, 『근대의 책읽기: 독자의 탄생과 한국 근대문학』, 푸른역사, 2003, 158쪽.

71) 천정환, 『근대의 책읽기: 독자의 탄생과 한국 근대문학』, 푸른역사, 2003, 157쪽.

72) 천정환, 『근대의 책읽기: 독자의 탄생과 한국 근대문학』, 푸른역사, 2003, 161~163쪽.

73) 연구공간 수유+너머 근대매체연구팀, 『신여성: 매체로 본 근대 여성 풍속사』, 한겨레신문사, 2005, 190쪽.

74) 조선일보사 사료연구실, 『조선일보 사람들: 일제시대 편』, 랜덤하우스중앙, 2004, 497쪽.

75) 조선일보사 사료연구실, 『조선일보 사람들: 일제시대 편』, 랜덤하우스중앙, 2004, 157~158쪽.

76) 권보드래, 『연애의 시대: 1920년대 초반의 문화와 유행』, 현실문화연구, 2003, 186쪽.

77) 이철, 『경성을 뒤흔든 11가지 연애사건』, 다산초당, 2008, 84쪽.

78) 김경일, 「일제하의 신여성 연구: 성과 사랑의 문제를 중심으로」, 한국사회사학회, 『사회와 역사 제57집』, 문학과지성사, 2000, 71~72쪽; 이철, 「모던보이와 절세미녀의 자살여행」, 『경성을 뒤흔든 11가지 연애사건』, 다산초당, 2008, 13~40쪽.

79) 조선일보사 사료연구실, 『조선일보 사람들: 일제시대편』, 랜덤하우스중앙, 2004, 236쪽.

80) 조선일보사 사료연구실, 『조선일보 사람들: 일제시대편』, 랜덤하우스중앙, 2004, 259~261쪽.

81) 권보드래, 「연애의 형성과 독서」, 역사문제연구소, 『역사문제연구 7』, 역사비평사, 2001, 122쪽.

82) 신명직, 『모던보이, 경성을 거닐다: 만문만화로 보는 근대의 얼굴』, 현실문화연구, 2003, 203쪽.

83) 이철, 『경성을 뒤흔든 11가지 연애사건』, 다산초당, 2008, 255~257쪽; 조선일보사 사료연구실, 『조선일보 사람들: 일제시대 편』, 랜덤하우스중앙, 2004, 180~181쪽.

84) 김경일, 「일제하의 신여성 연구: 성과 사랑의 문제를 중심으로」, 한국사회사학회, 『사회와 역사』, 제57집 문학과지성사, 2000, 58쪽.

85) 권보드래, 「연애의 형성과 독서」, 역사문제연구소, 『역사문제연구 7』, 역사비평사, 2001, 129~130쪽.

86) 김경일, 「일제하의 신여성 연구: 성과 사랑의 문제를 중심으로」, 한국사회사학회, 『사회와 역사』, 제57집 문학과지성사, 2000, 55쪽.

87) 신명직, 『모던보이, 경성을 거닐다: 만문만화로 보는 근대의 얼굴』, 현실문화연구, 2003, 6~9쪽.

88) 신명직, 『모던보이, 경성을 거닐다: 만문만화로 보는 근대의 얼굴』, 현실문화연구, 2003, 201쪽.

89) 박상하, 『경성상계』, 생각의나무, 2008, 80쪽.

90) 전상국, 『김유정: 시대를 초월한 문학성』, 건국대학교출판부, 1995, 18~28쪽; 김병익, 『한국 문단사 1908~1970』, 문학과지성사, 2001, 211~212쪽.

91) 윤정란, 『한국기독교 여성운동의 역사: 1910년~1945년』, 국학자료원, 2003, 87쪽; 김송달, 『한국 근현대 100년사 1』, 거름, 1998, 301쪽.

92) 김미지, 『누가 하이카라 여성을 데리고 사누: 여학생과 연애』, 살림, 2005, 5쪽.

93) 전경옥 · 변신원 · 박진석 · 김은정, 『한국여성문화사: 한국여성근현대사 1 개화기~1945년』, 숙명여자대학교 아시아여성연구소, 2004, 75~77쪽.

94) 전경옥 · 변신원 · 박진석 · 김은정, 『한국여성문화사: 한국여성근현대사 1 개화기~1945년』, 숙명여자대학교 아시아여성연구소, 2004, 149쪽.

95) 문영희, 「공간의 재배치와 식민지 근대체험: 학교 · 병원 · 공장 여성의 기숙사생활을 중심으로」, 태혜숙 외, 『한국의 식민지 근대와 여성공간』, 여이연, 2004, 279쪽.

96) 연구공간 수유+너머 근대매체연구팀, 『신여성: 매체로 본 여성 풍속사』, 한겨레신문사, 2005, 91쪽.

97) 최혜실, 『신여성들은 무엇을 꿈꾸었는가』, 생각의나무, 2000, 191쪽.

98) 김미지, 『누가 하이카라 여성을 데리고 사누: 여학생과 연애』, 살림, 2005, 29~30쪽.

99) 김진송, 『서울에 딴스홀을 허(許)하라: 현대성의 형성』, 현실문화연구, 1999, 293쪽.

100) 변신원, 「"광고판을 그려도 젖퉁이를 내민 여자를…": 19세기부터 시작된 여성의 성상품화」, 『여성신문』, 2003년 6월 13일, 24면.

101) 이승원, 『학교의 탄생: 100년전 학교의 풍경으로 본 근대의 일상』, 휴머니스트, 2005, 166쪽.

102) 김태수, 『꽃가치 피어 매혹케 하라: 신문광고로 본 근대의 풍경』, 황소자리, 2005, 370~371쪽.

103) 김태수, 『꽃가치 피어 매혹케 하라: 신문광고로 본 근대의 풍경』, 황소자리, 2005, 372쪽.

104) 김태수, 『꽃가치 피어 매혹케 하라: 신문광고로 본 근대의 풍경』, 황소자리, 2005, 373~374쪽.

105) 임종국, 민족문제연구소 엮음, 『한국인의 생활과 풍속(하)』, 아세아문화사, 1995, 197~198쪽.

106) 김진송, 『서울에 딴스홀을 허(許)하라: 현대성의 형성』, 현실문화연구, 1999, 292쪽.

107) 박정애, 「국가의 관리 아래 신음하는 매춘 여성: 일제시대 공창제」, 여성사연구모임 길밖세상, 『20세기 여성사건사: 근대 여성교육의 시작에서 사이버 페미니즘까지』, 여성신문사, 2001, 35~36쪽.

108) 박정애, 「국가의 관리 아래 신음하는 매춘 여성: 일제시대 공창제」, 여성사연구모임 길밖세상, 『20세기 여성사건사: 근대 여성교육의 시작에서 사이버 페미니즘까지』, 여성신문사, 2001, 35~36쪽.

109) 김태수, 『꼿가치 피어 매혹케 하라: 신문광고로 본 근대의 풍경』, 황소자리, 2005, 50~52쪽.

110) 강심호, 『대중적 감수성의 탄생: 도박, 백화점, 유행』, 살림, 2005, 33쪽.

111) 홍성철, 『유곽의 역사』, 페이퍼로드, 2007, 99쪽.

112) 홍성철, 『유곽의 역사』, 페이퍼로드, 2007, 134쪽.

113) 유해정, 「일제 식민지하의 여성정책」, 한국여성연구소 여성사연구실, 『우리 여성의 역사』, 청년사, 1999, 297~298쪽.

114) 김삼웅, 『박열 평전: 일왕 폭살을 꾀한 아나키스트』, 가람기획, 1996, 96~97쪽.

115) 윤정란, 『한국기독교 여성운동의 역사: 1910년~1945년』, 국학자료원, 2003, 190~192쪽.